毛上文 温芳 编著

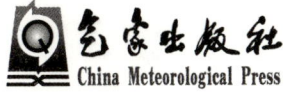

宝宝起名全书
（第四版）

气象出版社
China Meteorological Press

内容简介

姓名是一个人区别于他人的特定"符号"，如何给新生宝宝起个好名字，是家长们普遍关心的问题。本书介绍了中国古代姓氏的起源与演变、古代起名礼仪，讲解了起名基础知识，重点阐述了为宝宝起名的各种方法，包括辈谱起名法、提炼诗词起名法、生肖起名法等，详细介绍了名字的读音、字形结构、寓意等的搭配原则和注意事项，列举了大量起名和改名实例。本书融知识性、系统性、实用性于一体，内容丰富，通俗易懂，可供新生宝宝家长、姓氏文化研究者阅读参考。

图书在版编目（CIP）数据

宝宝起名全书 / 毛上文，温芳编著. -- 4 版.
北京：气象出版社，2025. 1. -- ISBN 978-7-5029-8372-7

Ⅰ. K810.2

中国国家版本馆 CIP 数据核字第 2024VM1467 号

宝宝起名全书（第四版）
BAOBAO QIMING QUANSHU（DISIBAN）

出版发行：气象出版社	
地　　址：北京市海淀区中关村南大街 46 号　邮政编码：100081	
电　　话：010-68407112（总编室）　010-68408042（发行部）	
网　　址：http://www.qxcbs.com　E-mail：qxcbs@cma.gov.cn	
责任编辑：杨　辉　王子淇	终　　审：张　斌
责任校对：张硕杰	责任技编：赵相宁
封面设计：艺点设计	
印　　刷：北京盛通印刷股份有限公司	
开　　本：710 mm×1000 mm　1/16	印　　张：16.75
字　　数：265 千字	
版　　次：2025 年 1 月第 1 版	印　　次：2025 年 1 月第 1 次印刷
定　　价：68.00 元	

本书如存在文字不清、漏印以及缺页、倒页、脱页等，请与本社发行部联系调换。

题 诗

毛卿睿智翰墨香，

上乘文域著华章。

文才横溢施甘露，

敬业务实家永昌。

中国书法家协会 李苏浩

壬午年元月于深圳

序 诗

自从盘古开天地，

黄帝圣贤论命名。

杰出人物功卓著，

缘由吉名伴终生。

炎黄后裔本一家，

寻根问祖格外亲。

新生宝宝前程美，

始于幼时起好名。

送君一本起名书，

亲朋好友寄真情。

新版前言

《宝宝起名全书》自2005年5月第1版发行以来,得到很多读者好评,深受读者喜爱。2010年,经过专家和读者的评选,被纳入《2010—2011年农家书屋重点出版物推荐目录》,作为起名类重点图书向社会大众进行推荐。

近二十年来,许许多多读者来信来电告诉我们,他们从《宝宝起名全书》获得很多知识,懂得了什么是天干、地支、五行、姓名数理,学会了如何给宝宝起名,了解了博大精深的中国姓名文化,领悟到姓名对人们成长的心理暗示作用,欣赏了中国名人起名、改名缘由、趣闻。

金无足赤,人无完人,本书也非完美无瑕。感谢一些热心读者给我们指正,我们尽力传承和弘扬中华优秀传统文化,希望给读者奉献精品。《宝宝起名全书(第四版)》纠正了原书中的一些错误,补充了受到读者关注的关于起名的实用内容。

孔子说:"吾十有五而志于学,三十而立,四十而不惑,五十而知天命,六十而耳顺,七十而从心所欲,不逾矩。"(《论语·为政》)笔者毛上文年过半百,回头细想:人生之路上,好像有一只看不见的手指使自己往前走,难道人生命运非这样不可吗?其实,不完全是这样,在尊重与顺应自然法则的前提下,每个人都可以自己掌握人生命运,像叶绍钧改名叶圣陶那样最终成为著名作家、教育家和编辑出版家,像陈港生(族谱原姓名:房仕龙)改名成龙那样坚持不懈地拼搏成为国际影视明星。笔者毛上文,原名毛中文,大学毕业后因工作不顺而改名毛上文,至今在旅馆经营行业成绩斐然,在传统文化写作方面也是成果丰硕,出版了30多部关于起名、《周易》、生涯规划的精品书。因此,我们想对读者朋友们说:起个好名字,激励自己一辈子!

毛上文　温芳

2024年8月

前言

在中国传统文化中，姓名文化有着举足轻重的地位。汉字在音、形、义等方面蕴含着广泛的信息，因此，中国人在起名字时就多了些许品位与意趣，有一些讲究与学问。这使得名字在传情达意、励志抒怀等方面有了广阔的表现空间。

名字究竟对我们有什么作用、有什么影响呢？有人认为，名字只不过是人类个体在社会中的一个代号，叫什么名字根本是无关紧要的事情。我们不妨仔细回想，周围亲友中有没有人因为其名字起得不好而在生活中遇到了很多困扰？一个聪明可爱的小朋友，学习成绩却总是让家长不满意，问其原因，原来，他的名字叫"刘昊"，男孩子取名"昊"，很是大气，却因为他姓"刘"而被爱开玩笑的同学戏称"溜号"，给他造成心理困扰，有时还产生上课分心的心理暗示；一个胸怀大志的年轻人，却没想到会因为名字导致求职受挫，原来，父亲给他起名"世德"，希望他继承家族世代相传的美好品德，能有个似锦前程，却没想到这名与他的姓连读起来是"常世德"，可能会使人联想到其谐音"常失德"，听起来令人心生疑虑，这与他父亲给他起名的初衷恰好相反；王二壮是王家二儿子，他的父母希望他身体结结实实，便在姓名中加了个"壮"字，他毕业于名校，有稳定的工作，但是有人给他介绍相亲，女孩一听他的名字，连面都没见就拒绝了，原因是王二壮的名字听起来没有文化，女孩觉得他可能没什么品位。

在生活中，因为名字造成各种困扰的例子比比皆是。我们不得不承认，在我们与别人交往的过程中，有关姓名文化的传统观念还根深蒂固地留在我们的头脑中，对我们的生活产生着影响。古人云："形以定名，名以定事，事以验名，名正则言顺。"也就是说，事必先为其定名，名为何则成何事，而事情的成败，又可以验证其名符不符实。"名者，实之宾也"，从一个人的名字大概可以了解此人的特征。东汉许慎《说文解字》中提到"名"为"命"也，由此可见，古人认为人的姓名与其人生命运有着密不可分的联系。名字不仅仅是一个代号，也可以是别人认识我们的第一印象，可能承载着我们的性格与品德，在某种意义上影响着我们的运气与健康，进而关系到我们未来的发展方向。

  如何起个好名字呢？这就要谈及常见的几种起名方法。主要有干支五行起名法、十二生肖起名法、提炼诗词起名法等，本书主要阐述作者独创的五维全息起名法，可以兼顾干支五行、音形义等诸多因素，相信读者可以从中得到一些启发，给宝宝起出好名字。

  当今人们的物质生活水平显著提高，精神生活也应紧随时代洪流，向更加充实的方向发展。人们的生活早已不单是生存，更要求质量；不仅需要健康，也需要品位与价值。而对于或多或少影响我们生活质量的姓名，理应给予更多的关注。在个人积极进取的前提下，有一个好名字，或许能带给您一生的好运。

作者
2015 年 8 月

目录

题诗

序诗

新版前言

前言

实例方法篇

第一章　成功起名实例赏析 3

成功起名实例之一：于创因 3

成功起名实例之二：谭笑坤 5

成功起名实例之三：樊纡宁 6

成功起名实例之四：管天君 7

成功起名实例之五：孙伊南 8

成功起名实例之六：付金钊 9

成功起名实例之七：何枝蔻 10

成功起名实例之八：欧阳明仑 12

成功起名实例之九：车明昕 13

成功起名实例之十：文艺迪 14

成功起名实例之十一：康起源 15

成功起名实例之十二：刘声乐 16

成功起名实例之十三：林艺格 17

成功起名实例之十四：岑浦瑞 18

成功起名实例之十五：赵里浩 20

成功起名实例之十六：雷晴雁 21

第二章　起名实例详解 23

起名实例详解之一：赵益姗 23
起名实例详解之二：黄诗晴 25
起名实例详解之三：于正宸 26
起名实例详解之四：慕钟远 28
起名实例详解之五：祝嘉崎 30
起名实例详解之六：贠豪轩 32
起名实例详解之七：郝仪婷 34
起名实例详解之八：石放钢 36
起名实例详解之九：红思羽 37
起名实例详解之十：喻震轩 39
起名实例详解之十一：毛政焜 41
起名实例详解之十二：孙业钊 42
起名实例详解之十三：谢昊儒 44
起名实例详解之十四：雷雅棋 46
起名实例详解之十五：蓝声锐 47
起名实例详解之十六：巨紫丹蓝 49

第三章　怎样起个好名字 52

起名十忌 52
如何起小名 54
干支五行起名法 56
五维全息起名法 57
十二生肖起名法 58
提炼诗词起名法 71
哪些情况需要改名 79
怎样改好名 80

第四章　姓名与人生 81

姓名对性格和交际的影响 81
姓名与健康 82

姓名与人的心理 83
姓氏密码与医学 85

第五章　姓名权很重要 86

改名遭拒，少女向法院上诉 86
孩子可以不随父母姓 86
姓名权受到侵害怎么办 88

起名基础篇

第六章　姓名的意象、形象、音象、数象 91

NISS 名字识别成功系统 91
MI：名字的意象识别 91
VI：名字的形象识别 92
HI：名字的音象识别 93
NS：名字的数象识别 96
FI：名字的功能识别 96
NISS 起名需结合性别 98
NISS 起名创意技巧 98
NISS 起名策划实例 100

第七章　起名基础哲学知识 102

五行生克制化 102
干支的含义 106
天干 107
地支 108
干支组合与纳音五行 112

第八章　用干支表示出生时间 114

怎样确定出生年、月、日、时的干支 114
如何判断日元五行旺衰 114

姓名与干支的关系 116
干支五行、姓名与运气 116
干支五行与人的性格 117

第九章　起名五格意义 119

数与五行的对应关系 119
正确计算姓名用字的笔画数 119
怎样确定姓名的五格数理 121
姓名五格意义全方位例解 122
天格、人格、地格三才五行关系 123
五格起名注意事项 123
姓与名字笔画数理想组合 124

第十章　起名用字笔画数 133

姓名文化篇

第十一章　奇趣姓名联与姓名诗 143

奇趣姓名联 143
如何嵌姓名联 147
姓名联实例赏析 152
姓名诗 156

第十二章　姓氏文化 160

民族大融合对中华姓氏的影响 160
郡望、堂号与姓氏的关系 160
中国复姓知多少 162
从姓名演变看中国历史文化 163
各姓氏寻根认祖 168
古代《百家姓》 216
当前中国"大姓"新排名 217

璧联姓 218

第十三章　漫谈姓名的避讳 219

五花八门的避讳 219
避讳下的血与泪 220
避讳的成因 221
为什么对逝者的名字要避讳 221

第十四章　姓、名、字、号简说 222

由"弓长张"所想——说姓 222
说名 229
说字 230
说号 231

第十五章　神奇的汉字 233

汉字与《易经》相通 233
汉字是"好医生" 236
汉字是"好老师" 237

第十六章　名人姓名故事 239

叶圣陶改名立志"陶钧万物" 239
苏步青数学天地"平步青云" 240
何香凝自号"双清楼主" 241
张恨水改名要"惜时如金" 242
徐悲鸿改名自励 243
国画大师张大千有"大千世界" 244
徐志摩得名于和尚摩骨 245
华罗庚因出生时进箩筐"消灾"而得名 245
三毛笔名由来 247
文学家冰心"以心鉴人" 247
鲁迅并不姓"鲁" 248
杨公骥三更其名 250

实例方法篇

　　许多人发现，有很多杰出人物人如其名，比如乔冠华、苏步青等。为什么会这样呢？因为姓名隐含着人的情、意、志，蕴藏着人的精、气、神。名字对个人成长、发展的心理暗示作用不可轻视，一个寓意美好的名字足以给人的一生带来积极的影响，一个好名字可以激励人成就一番事业……

第一章　成功起名实例赏析

本章起名实例都是笔者根据五维全息起名法精心创作的。五维全息起名法根据需要起名者的出生时间干支五行、姓名数理、姓名意象、姓名形象、姓名音象这五大方面起名，是笔者从长期起名实践经验中归纳出来的一种很实用的起名方法。"五维"之中，姓名数理（Number Science，简写为 NS）是指由姓名用字笔画数组合的五格意义（详见本书第九章），姓名意象（Meaning Image，简写为 MI）即姓名字义，姓名形象（Visual Image，简写为 VI）即姓名字形搭配，姓名音象（Hearing Image，简写为 HI）即姓名读音。姓名意象、姓名形象、姓名音象与姓名功能（Function Identity，简写为 FI）构成了笔者独创的名字识别成功系统（Name Identity Success System，简称 NISS）。NISS 讲究姓名的语义美、字形美、音韵美以及姓名的实用功能，详见本书第六章[①]。

成功起名实例之一：于创因

基本信息：

父：于先生

母：尹女士

宝宝性别：女

宝宝出生时间：公历 2004 年 5 月 29 日 1 时 40 分（农历甲申年四月十一日丑时）

出生地点：略

起名要求：无

[①] 对于本章实例，读者如有疑问请联系作者手机 13013576514 或者微信 msw3333。

起名创意过程：

宝宝出生时间对应的天干地支组合为[①]：

甲	己	戊	癸
申	巳	申	丑

出生时间为甲申年己巳月戊申日癸丑时，对应的五行情况[②]是：3土、1木、1火、2金、1水，日元（即日天干五行）戊土旺盛，起名可增强木、金、水的力量。根据五维全息起名法，创意姓名方案如下：

A. 于宜格
B. 于立椿
C. 于仕宸
D. 于创因
E. 于本卿

家长最后选中：于创因

创意分析：

从姓名意象（以下简称 MI）上讲，创，指创造、创立；因，指因素。"创因"意味着创造一个合理因素，必然会产生一种有利结果。这个名字体现了因果哲理。

从姓名形象（以下简称 VI）上讲，"于创因"字形搭配美观，饱满度恰到好处，有一种亲切感。

从姓名音象（以下简称 HI）上讲，此名读作 Yú Chuàngyīn，抑扬顿挫，读音响亮，没有不吉不雅的谐音意义。读起来朗朗上口。"创因"名字，比较奇特，减少了重名的概率，有利于保护其本人的姓名权。

从姓名功能（以下简称 FI）上讲，该姓名寓意对人起努力开拓进取的积极心理暗示作用。

[①]本书中月和月干支均以节气的起止时间点为界限确定，与农历月份起止时间有所不同。
[②]不包括年、月、日、时地支暗藏的五行，余同。

成功起名实例之二：谭笑坤

基本信息：

父：谭先生

母：王女士

宝宝性别：男

宝宝出生时间：公历 2004 年 4 月 24 日 11 时 36 分（农历甲申年三月初六日午时）

出生地点：略

起名要求：无

起名创意过程：

宝宝出生时间对应的天干地支组合为：

甲	戊	癸	戊
申	辰	酉	午

出生时间为甲申年戊辰月癸酉日戊午时，对应的五行情况是：3 土、1 水、1 木、2 金、1 火，五行齐全，癸水比较平衡。根据五维全息起名法，创意姓名方案如下：

A. 谭亦程

B. 谭中宁

C. 谭心源

D. 谭笑坤

E. 谭益坤

家长最后选中：谭笑坤

创意分析：

从 MI 上讲，"谭笑坤"有笑谈天下之事的意思，在这个竞争激烈的年代，能用宽广的心胸去笑谈天下之事，实属不易。

从 VI 上讲，"谭"为左右结构，"笑"为上下结构，"坤"为左右结构，此名字形搭配美观、简洁、易书写。

从 HI 上讲，此名读作 Tán Xiàokūn，读音响亮，没有不吉不雅的谐音意义。

从 FI 上讲，此名寓意对人具有开朗、乐观的心理暗示作用，有利于其成长和发展。

成功起名实例之三：樊纾宁

基本信息：

父：樊先生

母：王女士

宝宝性别：女

宝宝出生时间：公历 2003 年 3 月 12 日 23 时 20 分（农历癸未年二月初十日子时）

出生地点：略

起名要求：人生节律分析

起名创意过程：

宝宝出生时间对应的天干地支组合为：

癸	乙	甲	丙
未	卯	申	子

出生时间为癸未年乙卯月甲申日丙子时，五行齐全，日元甲木符合中和平衡之法则。根据五维全息起名法，创意姓名方案如下：

A. 樊盈娜

B. 樊书绮

C. 樊纾宁

D. 樊思彤

家长最后选中：樊纾宁

创意分析：

从 MI 上讲，纾，指缓解、放松；宁，指宁静、安静。纾宁，意指轻松愉快的人生。

从 VI 上讲，"樊纾宁"字形搭配美观，"樊"是上下结构，"纾"是左右结构，"宁"是上下结构，"纾宁"二字书写简便。

从 HI 上讲，此名读音为 Fán Shūníng，姓名的声母、韵母不同，声调也不同，读起来朗朗上口，没有不吉不雅的谐音意义。

从 FI 上讲，此名寓意给人宁静、愉快的心理暗示，有利于其成长。

成功起名实例之四：管天君

基本信息：

父：管先生

母：王女士

宝宝性别：男

宝宝出生时间：公历 2002 年 3 月 29 日 8 时 18 分（农历壬午年二月十六日辰时）

出生地点：河南

起名要求：辈分是"天"字辈

起名创意过程：

宝宝出生时间对应的天干地支组合为：

壬	癸	丙	壬
午	卯	申	辰

出生时间为壬午年癸卯月丙申日壬辰时，对应的五行情况是：3 水、1 旺木、2 火、1 土、1 金，五行齐全，日元丙火旺盛，男孩以日元五行稍强为佳。根据五维全息起名法，创意姓名方案如下：

A. 管天宏

B. 管天君

C. 管天瑞

D. 管天悦

E. 管天晟

家长最后选中：管天君

创意分析：

从 MI 上讲，"天君"出自宋朝范浚《心箴》"天君泰然，百体从令"。此名寓意身体健康。

从 VI 上讲，"管天君"书写简单，美观大方，字形搭配符合 VI 要求，气魄雄伟。

从 HI 上讲，此名读音为 Guǎn Tiānjūn，声母、韵母皆不相同，声调也不同，读音响亮，朗朗上口。

从 FI 上讲，此名给人积极向上的心理暗示，有利于其成长。

成功起名实例之五：孙伊南

基本信息：

父：孙先生

母：高女士

宝宝性别：女

宝宝出生时间：公历 2002 年 3 月 24 日 18 时 30 分（农历壬午年二月十一日酉时）

出生地点：湖南

起名要求：无

起名创意过程：

宝宝出生时间对应的天干地支组合为：

壬	癸	辛	丁
午	卯	卯	酉

出生时间为壬午年癸卯月辛卯日丁酉时，五行缺土，日元辛金稍弱，起名补土为佳。根据五维全息起名法，创意姓名方案如下：

A. 孙夕然

B. 孙立格

C. 孙玉修

D. 孙伊南

E. 孙仪璇

家长最后选中：孙伊南

创意分析：

从 MI 上讲，"伊"指有魅力，"南"指二月的南风，象征温暖。

从 VI 上讲，"孙"是左右结构，"伊"是左右结构，"南"是上下结构，搭配美观，没有单调感。

从 HI 上讲，此名的读音为 Sūn Yīnán，声母、韵母各不相同，声调也不尽相同，读起来朗朗上口。

从 FI 上讲，此名给人以意志坚定、知识丰富、多才多艺、家庭幸福的心理暗示作用。

成功起名实例之六：付金钊

基本信息：

父：付先生

母：张女士

宝宝性别：男

宝宝出生时间：公历 2004 年 1 月 25 日 12 时 25 分（农历癸未年正月初四日午时）

出生地点：海南

起名要求：无

起名创意过程：

宝宝出生时间对应的天干地支组合为：

癸	乙	癸	戊
未	丑	卯	午

出生时间为癸未年乙丑月癸卯日戊午时，五行缺金，日元癸水在此时令稍弱，起名补金更符合男性阳刚之气。根据五维全息起名法，创意姓名方案如下：

A. 付名辰

B. 付迪安

C. 付金钊

D. 付沉恒

E. 付岱伦

家长最后选中：付金钊

创意分析：

从 MI 上讲，"钊"指勉励，"金钊"是指用好的办法激励人成长，用于人名有助于其本人自我激励。

从 VI 上讲，"付金钊"字形搭配美观，书写简单，有利于其本人树立自我形象。

从 HI 上讲，此名读音为 Fù Jīnzhāo，声母、韵母都不同，声调也不尽相同，音律抑扬顿挫，听起来像音乐一样给人轻松快乐的感觉，读起来朗朗上口，具有阳刚之美。

从 FI 上讲，该姓名蕴含着自我激励的心理暗示意义。

成功起名实例之七：何枝蔻

基本信息：

父：何先生

母：耿女士
宝宝性别：女
宝宝出生时间：公历 1992 年 1 月 11 日 8 时 15 分（农历辛未年十二月初七日辰时）
出生地点：河南
起名要求：全方位姓名策划

起名创意过程：

宝宝出生时间对应的天干地支组合为：

辛	辛	丙	壬
未	丑	戌	辰

出生时间为辛未年辛丑月丙戌日壬辰时，五行缺木，日元丙火在此时节不得令，起名补木为佳。根据五维全息起名法，创意姓名方案如下：

A. 何佳璇

B. 何柏慧

C. 何枝蔻

D. 何英琪

E. 何晨枫

家长最后选中：何枝蔻

创意分析：

从 MI 上讲，"蔻"指豆蔻年华、人生美好。"蔻"又是一种有香味的植物。"枝""蔻"都属木。

从 VI 上讲，字形搭配美观，易读、易写、易记。

从 HI 上讲，此名读音为 Hé Zhīkòu，声母、韵母都不相同，声调也不相同，读起来朗朗上口，没有不吉不雅的谐音意义。

从 FI 上讲，此名具有朝气蓬勃、开创美好生活的心理暗示力量。

成功起名实例之八：欧阳明仑

基本信息：

父：欧阳先生

母：赵女士

宝宝性别：男

宝宝出生时间：公历 2003 年 9 月 1 日 10 时 40 分（农历癸未年八月初五日巳时）

出生地点：云南

起名要求：无

起名创意过程：

宝宝出生时间对应的天干地支组合为：

癸	庚	丁	乙
未	申	丑	巳

出生时间为癸未年庚申月丁丑日乙巳时，日元丁火在申金之月不得时令，幸亏有巳火之火种使丁火不致太弱。根据五维全息起名法，创意姓名方案如下：

A. 欧阳誉进

B. 欧阳昕君

C. 欧阳竞林

D. 欧阳明仑

E. 欧阳沛林

家长最后选中：欧阳明仑

创意分析：

从 MI 上讲，"仑"指昆仑、高大的山峰，寓意是威风凛凛、事业有成；"明"指光明，能加强日元火的势力。

从 VI 上讲，字形搭配美观，整体感觉新奇、顺眼、易读、易写。

从 HI 上讲，此名读音为 Ōuyáng Mínglún，响亮、上口，易记。

从 FI 上讲，该姓名信息具有威猛、事业有成的心理暗示意义。

成功起名实例之九：车明昕

基本信息：

父：车先生

母：张女士

宝宝性别：男

宝宝出生时间：公历 2004 年 4 月 1 日 18 时 32 分（农历甲申年闰二月十二日酉时）

出生地点：河北

起名要求：全方位姓名策划

起名创意过程：

宝宝出生时间对应的天干地支组合为：

甲	丁	庚	乙
申	卯	戌	酉

出生时间为甲申年丁卯月庚戌日乙酉时，五行个数情况是：0 水、3 旺木、1 火、1 土、3 金。日元庚金在闰二月即卯月不得时令，因为卯月是五行木旺盛的月份，但是有土生金，且有申金、酉金之根基，地支卯、戌相合，所以日元庚金由弱趋向平衡的状态，根据《周易》五行平衡原理，缺水没有影响，所以不需要补水。按五维全息起名法，创意姓名方案如下：

A. 车昀潇

B. 车浩铭

C. 车康源

D. 车明昕

E. 车沛文

家长最后选中：车明昕

创意分析：

从 MI 上讲，昕，一束阳光。"明昕"指阳光普照，心胸宽广，光明磊落，谐音"明心"，圆了心中的梦想。

从 VI 上讲，"明""昕"虽然都是左右结构，但是写法不同，字形搭配显得美观、大方。

从 HI 上讲，此名读音为 Chē Míngxīn，由阴平、阳平、阴平组成，音律抑扬顿挫，听起来像音乐一样动听美妙，易记。

从 FI 上讲，"明昕"具有五行火的特性，这对日元庚金的平衡有利。

成功起名实例之十：文艺迪

基本信息：

父：文先生

母：赵女士

宝宝性别：女

宝宝出生时间：公历 2002 年 7 月 19 日 1 时 40 分（农历壬午年六月初十日丑时）

出生地点：山东

起名要求：无

起名创意过程：

宝宝出生时间对应的天干地支组合为：

壬	丁	戊	癸
午	未	子	丑

出生时间为壬午年丁未月戊子日癸丑时，五行个数情况是：3 土、2 火、3 水、0 木、0 金，日元戊土稍强，对于女宝宝来说，起名补金或木为佳。根据五维全息起名法，创意姓名方案如下：

A. 文思敏

B. 文采佳

C. 文艺迪

家长最后选中：文艺迪

创意分析：

从 MI 上讲，"文"是姓氏，"艺迪"寓意为技艺有成、启迪智慧。

从 VI 上讲，"文艺迪"三字字形搭配美观。

从 HI 上讲，此名读音为 Wén Yìdí，声母、韵母各不相同，声调也不尽相同，好听、好记，没有不吉不雅的谐音意义。

从 FI 上讲，"艺"字具有五行木的特性，以之补木符合五行平衡需求。

成功起名实例之十一：康起源

基本信息：

父：康先生

母：康女士

宝宝性别：男

宝宝出生时间：公历 2004 年 2 月 19 日 11 时 25 分（农历甲申年正月廿九日午时）

出生地点：广西

起名要求：名字符合五行，好听、易读、易记、易写

起名创意过程：

宝宝出生时间对应的天干地支组合为：

甲	丙	戊	戊
申	寅	辰	午

出生时间为甲申年丙寅月戊辰日戊午时，五行个数情况是：3 土、2 火、2 木、1 金、0 水，日元戊土比较平衡，缺水可不补。根据五维全息起名法，

创意姓名方案如下：

A. 康笑铭

B. 康起源

C. 康城嘉

D. 康瑞轩

家长最后选中：康起源

创意分析：

从 MI 上讲，此名寓意为健康的起源，任何事物都有开始，以一种健康的心态去面对世事，好的开始是成功的一半，凡事都会朝着一个积极的方向发展。

从 VI 上讲，"康起源"字形搭配美观，写起来好看，易读，耐看。

从 HI 上讲：此名读音为 Kāng Qǐyuán，声母、韵母、声调各不相同，读起来朗朗上口，有利于记忆。

从 FI 上讲，此名蕴含着健康、积极努力的心理暗示信息。

成功起名实例之十二：刘声乐

基本信息：

原名：刘××

性别：女

出生时间：公历 1976 年 11 月 30 日 16 时 40 分（农历丙辰年十月初十日申时）

出生地点：北京

改名要求：好听、易读、易记、全方位姓名策划分析

改名创意过程：

刘女士出生时间对应的天干地支组合为：

丙	己	丙	丙
辰	亥	戌	申

出生时间为丙辰年己亥月丙戌日丙申时，日元丙火生于亥水之月不得时令，缺木。根据五维全息起名法，创意姓名方案如下：

A. 刘子楠

B. 刘柏杉

C. 刘锦艺

D. 刘声乐

刘女士最后选中：刘声乐

创意分析：

从 MI 上讲，声乐，指乐曲、美妙的声音，此名寓意为人的说话声音甜美，就像音乐一样。"声"还指声誉、声名远扬。

从 VI 上讲，此名简洁易写，搭配美观，有利于书写。

从 HI 上讲，此名读音为 Liú Shēngyuè，声母、韵母、声调各不相同，读音响亮，易读、易记。

从 FI 上讲，此名有美妙、成功的暗示意义，对本人身体、心理、事业、社会交际等的发展均有积极的心理暗示作用。

成功起名实例之十三：林艺格

基本信息：

父：林先生

母：吕女士

宝宝性别：女

宝宝出生时间：公历 1981 年 10 月 18 日 15 时 52 分（农历辛酉年九月廿一日申时）

出生地点：湖南

起名要求：无

起名创意过程：

宝宝出生时间对应的天干地支组合为：

辛	戊	己	壬
酉	戌	巳	申

出生时间为辛酉年戊戌月己巳日壬申时，五行个数情况是：1水、0木、1火、3土旺、3金较旺，起名补木为佳。根据五维全息起名法，创意姓名方案如下：

A. 林珂露

B. 林汐南

C. 林沅静

D. 林艺格

E. 林格俪

家长最后选中：林艺格

创意分析：

从MI上讲，艺，艺术；格，标准。"艺格"寓意是懂得艺术、会欣赏艺术。

从VI上讲，"林"是左右结构，"艺"是上下结构，"格"是左右结构，字形搭配合理，"艺""格"都是常用字，简洁易读。

从HI上讲，此名读音为Lín Yìgé，声母、韵母、声调都不相同，读起来有节奏感，便于记忆。

从FI上讲，此名富有艺术气息，给人愉快的心理暗示。

成功起名实例之十四：岑浦瑞

基本信息：

父：岑先生

母：赵女士

宝宝性别：男

宝宝出生时间：公历 1999 年 7 月 1 日 14 时 20 分（农历己卯年五月十八日未时）

出生地点：山西

起名要求：无

起名创意过程：

宝宝出生时间对应的天干地支组合为：

己	庚	甲	辛
卯	午	寅	未

出生时间为己卯年庚午月甲寅日辛未时，五行缺水，日元甲木稍弱，起名补水则促进甲木茂盛。根据五维全息起名法，创意姓名方案如下：

A. 岑康汇

B. 岑启渲

C. 岑浦瑞

D. 岑浩楚

E. 岑沐廷

家长最后选中：岑浦瑞

创意分析：

从 MI 上讲，岑浦瑞，此名意思是小山独矗于河流的入海处，犹如泰山立于平原之地，正所谓"物以稀为贵"，寓意为事业有成，能够达到人生的顶峰。

从 VI 上讲，"岑"是上下结构，"浦"是左右结构，"瑞"也是左右结构，字体偏旁不同，显得大方美观。

从 HI 上讲，此名读音为 Cén Pǔruì，响亮、洋气，音律抑扬顿挫，非常好听。

从 FI 上讲，"浦"带有"氵"，弥补五行之水。

成功起名实例之十五：赵里浩

基本信息：

父：赵先生

母：赵女士

宝宝性别：男

宝宝出生时间：公历 2004 年 3 月 25 日 9 时 35 分（农历甲申年闰二月初五日巳时）

出生地点：山东

起名要求：辈分字为"里"

起名创意过程：

宝宝出生时间对应的天干地支组合为：

甲	丁	癸	丁
申	卯	卯	巳

出生时间为甲申年丁卯月癸卯日丁巳时，五行个数情况是：1 水、3 木旺、3 火较旺、0 土、1 金。日元癸水在闰二月不得时令，根据《周易》五行平衡原理，癸水很弱，怕土，缺土反而好，起名可加强水或金。根据五维全息起名法，创意姓名方案如下：

A. 赵里源

B. 赵里铭

C. 赵里浩

D. 赵里康

E. 赵里郡

家长最后选中：赵里浩

创意分析：

从 MI 上讲，"浩"指广大、声势浩大。用"里"字起名的人比较少，重名的概率比较小。

从 VI 上讲，此名恰到好处，有利于识别，简洁易读，没有单调感。

从 HI 上讲，此名读音为 Zhào Lǐhào，给人很强的听觉冲击，容易让人记住。

从 FI 上讲，此名具有大气磅礴、积极进取的心理暗示意义，充满正能量，有助于其成长。

成功起名实例之十六：雷晴雁

基本信息：

父：雷先生

母：周女士

宝宝性别：女

宝宝出生时间：公历 2001 年 6 月 17 日 22 时 30 分（农历辛巳年闰四月廿六日亥时）

出生地点：福建

起名要求：无

起名创意过程：

宝宝出生时间对应的天干地支组合为：

辛	甲	辛	己
巳	午	亥	亥

出生时间为辛巳年甲午月辛亥日己亥时，五行齐全，日元辛金此时处于相对中和的状态。根据五维全息起名法，创意姓名方案如下：

A. 雷晴雁

B. 雷舒景

C. 雷雅雯

家长最后选中：雷晴雁

创意分析：

从 MI 上讲，"雷"是姓氏；"晴"指天空晴朗；雁，大雁。雷晴雁，此名寓意为：雷雨过后，天空晴朗无云，大雁自由自在地飞翔，人生春风得意。

从 VI 上讲，雷，上下结构，属实型字，富有朝气；晴，左右结构，属柔型字，有温柔宜人之象；雁，半包围结构，属柔型字，给人轻盈的感觉。这三个字的笔画数相当，形体优美，无单调呆板之象。

从 HI 上讲，此名读音为 Léi Qíngyàn，听起来响亮悦耳，不会产生不吉不雅的谐音意义联想。

从 FI 上讲，此名蕴含轻松自在的意境，对其本人有正向的心理暗示意义。

第二章　起名实例详解

起名实例详解之一：赵益姗

基本信息：

父亲：赵先生

母亲：李女士

宝宝性别：女

宝宝出生时间：2016年1月2日5时43分（农历乙未年十一月廿三日卯时）

出生地点：内蒙古

起名要求：不用"兰""颖""雅""慧"等字

起名创意过程：

宝宝出生时间对应的天干地支组合为：

乙	戊	癸	乙
未	子	未	卯

出生时间为乙未年戊子月癸未日乙卯时，五行个数情况是：2旺水、3木较旺、0火、3土、0金。日元癸水在十一月即子月得时令，因为子月是五行水旺盛的月份，幸而有月天干戊与日天干癸相合，日元癸水处于旺盛状态，冬季旺水不需要金生水，而需要火，根据《周易》五行平衡原理，五行缺火需补，缺金无害则不需要补。为此，起名如下：

```
+1                     +1                     +1
     ⎫ 15 天格数             ⎫ 15 天格数             ⎫ 15 天格数
赵 14 ⎬                赵 14 ⎬                赵 14 ⎬
     ⎭ 24 人格数             ⎭ 24 人格数             ⎭ 18 人格数
纾 10 ⎫                益 10 ⎫                文  4 ⎫
     ⎬ 18 地格数             ⎬ 18 地格数             ⎬ 11 地格数
昕  8 ⎭                姗  8 ⎭                彤  7 ⎭

   32 总格数              32 总格数              25 总格数
```

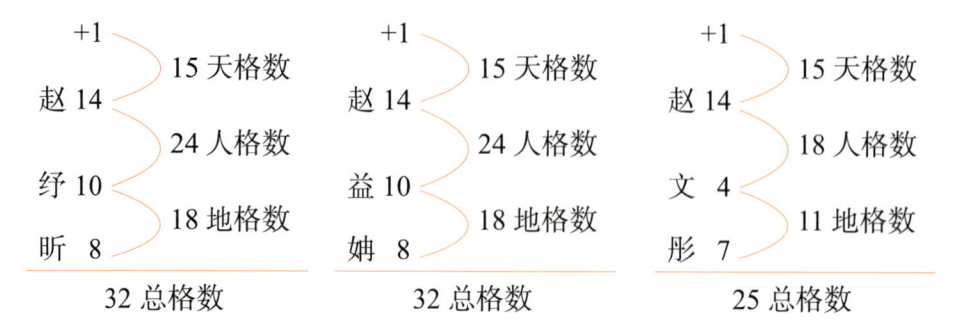

家长最后选中：赵益姗

创意分析：

（1）从姓名信息功能上看，此名人格数 24 对应五行火，达到补火的目的。

（2）从姓名意象即姓名的字义、寓意上看：

赵：姓氏。繁体字写作"趙"，计为 14 画。据《史记·赵世家》记载，上古贤士伯益的后裔造父（父，甫也，古人对有才德的男子的美称，多缀于名字后面，后指人的表字）因功被封赐于赵城，由此为赵氏。

益：一指增加，如益寿延年；二指好处，如利益、益处、受益匪浅。两个意思都很好。

姗：形容女子细长柔美的样子。

赵益姗，此名寓意为继承祖先美德、受益匪浅、苗条柔美，对自我发展具有积极的心理暗示意义。

（3）从姓名形象即姓名的字形视觉美感上看：

赵：半包围结构，笔画简洁。

益：上下结构，笔画简洁。

姗：左右结构，笔画简洁。

姓名"赵益姗"的字形搭配非常好看。

（4）从姓名音象即姓名的音律、听觉效果上看，赵益姗，读音为 Zhào Yìrǎn，去声与上声搭配，且姓名的声母、韵母不同，读起来特别顺口，听起来非常好听，没有不吉不雅的谐音意义。

（5）从姓名数理暗示意义看，人格数、地格数与总格数理分别为 24、18、32。24 的数理意义：锦绣前程，贵人得宠，白手起家，财源广进。18 的数理意义：谨慎勿骄，机遇重来，有志竟成，博得名利。32 的数理意义：荣幸多成，贵人得助，财帛丰裕，繁荣昌盛。

起名实例详解之二：黄诗晴

基本信息：

父亲：黄先生

母亲：于女士

宝宝性别：女

宝宝出生时间：2015年8月15日6时15分（农历乙未年七月初二日卯时）

出生地点：广西

起名要求：无

起名创意过程：

宝宝出生时间对应的天干地支组合为：

乙	甲	癸	乙
未	申	亥	卯

出生时间为乙未年甲申月癸亥日乙卯时，五行个数情况是：2水、4木、0火、1土、1旺金。日元癸水在七月即申月得时令，因为申月是五行金旺盛的月份，金生水，还有亥水之源，这使日元五行癸水处于相对旺盛的状态，根据《周易》阴阳五行原理，起名补火为佳。为此，起名如下：

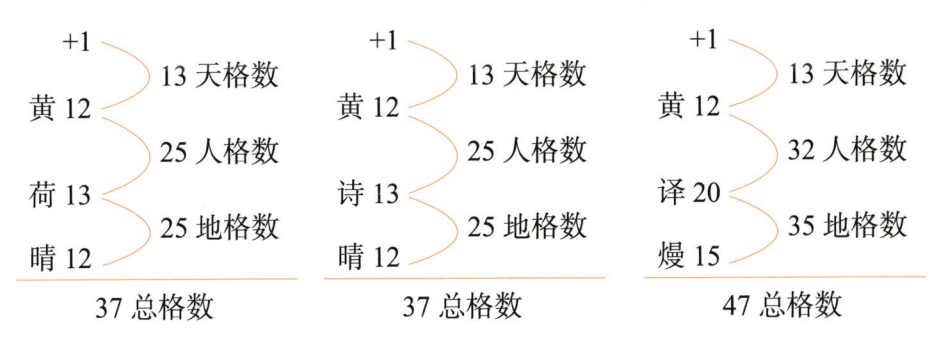

+1　　　　　　　　　+1　　　　　　　　　+1
黄 12 ─ 13 天格数　　黄 12 ─ 13 天格数　　黄 12 ─ 13 天格数
　　　　 25 人格数　　　　　　 25 人格数　　　　　　 32 人格数
荷 13 　　　　　　　诗 13 　　　　　　　译 20
　　　　 25 地格数　　　　　　 25 地格数　　　　　　 35 地格数
晴 12 　　　　　　　晴 12 　　　　　　　熠 15

37 总格数　　　　　　37 总格数　　　　　　47 总格数

家长最后选中：黄诗晴

创意分析：

（1）从姓名信息功能上看，此名符合五行补火的需求。

（2）从姓名意象即姓名的字义、寓意上看：

黄：姓氏。

诗：繁体字写作"詩"。《尚书·舜典》："诗言志。"《说文解字注》："在心为志，发言为诗。"人们用"诗"表达志向、情感。

晴：属于形声字，从日，青声。"日"指太阳，有五行火的意象。"青"指蓝色，也有五行木的意义。木火通明，本义是雨止无云、天气晴朗的天象，组词如：晴朗、晴和、晴丽（晴朗美好）。

黄诗晴，此名充满诗情画意，寓意为晴空万里、人生境界美好，对自我发展有积极的心理暗示作用，没有不吉不雅的谐音意义。

（3）从姓名形象即姓名的字形视觉美感上看：

黄：上下结构，笔画简洁。

诗：左右结构，笔画很简洁。

晴：左右结构，笔画简洁。

姓名"黄诗晴"，字形搭配合理，具有美观的视觉效果。

（4）从姓名音象即姓名的音律、听觉效果上看，黄诗晴，读音为 Huáng Shīqíng，声调有别，且声母、韵母各异，读起来很顺口。

（5）从姓名数理暗示意义看，人格数与总格数理分别为25、37，地格数也是25。25 的数理意义：资性灵敏，才能奇特，诚信和气，自成大业。37 的数理意义：权威显达，热诚忠信，涵养雅量，终身荣富。

起名实例详解之三：于正宸

基本信息：

父亲：于先生

母亲：沈女士

宝宝性别：男

宝宝出生时间：2015年12月19日23时53分（农历乙未年十一月初九日子时）

出生地点：山东

起名要求:"正"字辈可用,也可不用。为免跟长辈重名,不拟用字:琪、晋、书、纯、航、仁、驰、义、丙、传、钰、辉、典

起名创意过程:

对于中国传统历法的十二时辰来说,"子时"是十二时辰的第一个时辰,这个时辰既包含了过去一天的末尾,又包含了新一天的开始,因此子时很特殊,唯有子时须进一步细分为晚子时(也称夜子时、子初时、子阴时)与早子时(也称子正时、子阳时)两个时段。晚子时是属于"昨日"的子初,相当于23时00分00秒至23时59分59秒,也是"昨日"的终点;早子时是属于"今日"的子正,相当于凌晨00时00分00秒至00时59分59秒,亦即"今天"的起点。对于子时出生的人,查其出生时间对应的天干地支组合需要格外注意,以免出错。

宝宝出生时间对应的天干地支组合为:

乙	戊	己	丙
未	子	巳	子

出生时间为乙未年戊子月己巳日丙子时,五行个数情况是:2旺水、1木、2火、3土、0金。日元己土在十一月即子月不得时令,因为子月是五行水旺盛的月份,幸有月天干戊土相助,还有未土根基,二火调候,火生土,这使冬季的己土处于相对平衡状态,缺金可补。根据《周易》五行平衡原理,起名补金为佳。为此,起名如下:

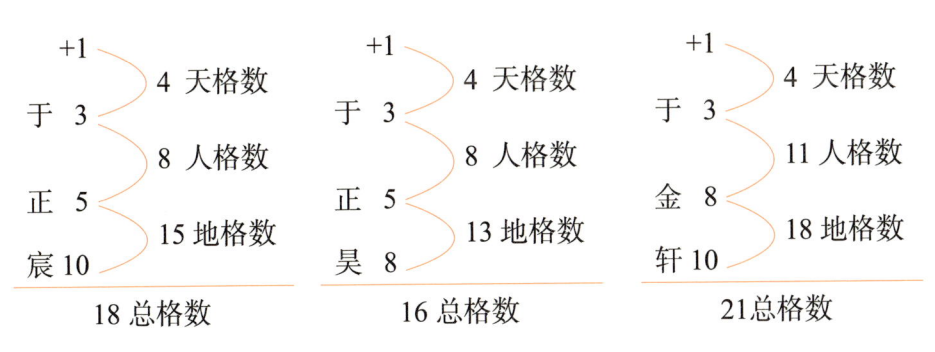

```
+1                  +1                  +1
于 3  ── 4 天格数    于 3  ── 4 天格数    于 3  ── 4 天格数
      ── 8 人格数          ── 8 人格数          ── 11 人格数
正 5                正 5                金 8
      ── 15 地格数         ── 13 地格数         ── 18 地格数
宸 10               昊 8                轩 10

  18 总格数           16 总格数           21 总格数
```

家长最后选中:于正宸

创意分析：

（1）从姓名信息功能上看，此名人格数 8 与总格数 18 都对应五行金，通过数理五行达到补金目的。

（2）从姓名意象即姓名的字义、寓意上看：

于：姓氏。周武王第三子邘叔受封于邘（西周诸侯国名，在今河南省沁阳市西万镇），其后以国名邘为氏，其后人去掉表示"邑"的"阝"为于姓。"于"姓与"於"姓不是简体字与繁体字的关系，二者是两个不同的姓氏，起源不同。《姓氏急就篇》："黄帝臣於则造履。"宋代有於清言。

正：指正道、正直、正义、正气、正大光明。

宸：本义是屋宇、房屋，后借指帝王所居，又为王位的代称，引申义表示地位崇高。

于正宸，此名寓意为正大光明、地位崇高、事业有成，可谓新颖不俗，对自我发展具有积极的心理暗示作用。

（3）从姓名形象即姓名的字形视觉美感上看：

于：交叉结构，笔画十分简洁。

正：上下结构，笔画简洁。

宸：上下结构，笔画比较简洁。

姓名"于正宸"字形搭配相对美观。

（4）从姓名音象即姓名的音律、听觉效果上看，于正宸，读音为 Yú Zhèngchén，声调有差异，声母、韵母也不同，读起来非常顺口，听起来好听，没有不吉不雅的谐音意义。

（5）从姓名数理暗示意义看，人格数、地格数与总格数理分别为 8、15、18。8 的数理意义：八卦之数，努力发达，志刚意坚，遂成大功。15 的数理意义：福寿圆满，涵养雅量，立业兴家，必有成就。18 的数理意义：谨慎勿骄，机遇重来，有志竟成，博得名利。

起名实例详解之四：慕钟远

基本信息：

父亲名：慕先生

母亲：杨女士

宝宝性别：男

宝宝出生时间：2003年3月19日10时26分（农历癸未年二月十七日巳时）

出生地点：山东

起名要求：改名

起名创意过程：

宝宝出生时间对应的天干地支组合为：

癸	乙	辛	癸
未	卯	卯	巳

出生时间为癸未年乙卯月辛卯日癸巳时，五行个数情况是：2水、3旺木、1火、1土、1金，五行齐全。日元辛金在二月即卯月不得时令，因为卯月是五行木旺盛的月份，木旺木多，只有一土生金，所以日元五行辛金处于相对较弱的状态，根据《周易》阴阳五行原理，起名可加强金或者土。为此，起名如下：

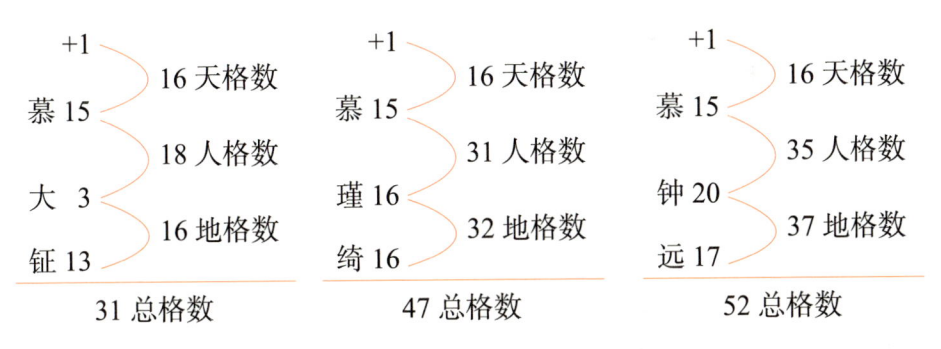

```
+1                  +1                  +1
慕 15  16 天格数    慕 15  16 天格数    慕 15  16 天格数
       18 人格数           31 人格数           35 人格数
大  3                瑾 16                钟 20
       16 地格数           32 地格数           37 地格数
钲 13                绮 16                远 17

  31 总格数            47 总格数            52 总格数
```

家长最后选中：慕钟远

创意分析：

（1）从姓名信息功能上看，此名地格数37对应五行金，"钟"也属于金，都能补金。

（2）从姓名意象即姓名的字义、寓意上看：

慕：姓氏。"慕"在《康熙字典》里属于"心"部，表示心里向往、敬仰、思念，所以笔画数是15。当今有些人误将"慕"归为"艹"部，导致搞错其笔画数。

钟：繁体字写作"鐘"，笔画数计为20，意思是用金属制成的响器或乐器，象征吉祥、快乐。

远：繁体字写作"遠"，笔画数计为17，代表远见卓识。

慕钟远，此名寓意吉祥快乐、志向远大、见识高超，对自我发展具有积极的心理暗示作用。

（3）从姓名形象即姓名的字形视觉美感上看：

慕：上下结构，笔画较多。

钟：左右结构，笔画简洁。

远：半包围结构，笔画简洁。

姓名"慕钟远"字形搭配美观。

（4）从姓名音象即姓名的音律、听觉效果上看，慕钟远，读音为Mù Zhōngyuǎn，声调有别，且姓名的声母、韵母不同，悦耳动听，朗朗上口，铿锵有力。

（5）从姓名数理暗示意义看，人格数、地格数与总格数理分别为35、37、52。35数理意义：温和平静，理智兼具，文昌技艺，成就非凡。37数理意义：权威显达，热诚忠信，涵养雅量，终身荣富。52数理意义：卓识慧眼，先见之明，智谋超群，名利双收。

起名实例详解之五：祝嘉琦

基本信息：

父亲：祝先生

母亲：张女士

宝宝性别：女

宝宝出生时间：2016年1月6日7时34分（农历乙未年十一月廿七日辰时）

出生地点：河南

起名要求：无

起名创意过程：

宝宝出生时间对应的天干地支组合为：

乙	己	丁	甲
未	丑	亥	辰

出生时间为乙未年己丑月丁亥日甲辰时，五行个数情况是：1水、2木、1火、4旺土、0金。日元丁火在十一月即丑月不得时令，因为丑月是五行土旺盛的月份，好在有二木生火，所以日元五行丁火处于相对较弱的状态，根据《周易》阴阳五行原理，缺金反而好，起名加强火为佳。为此，起名如下：

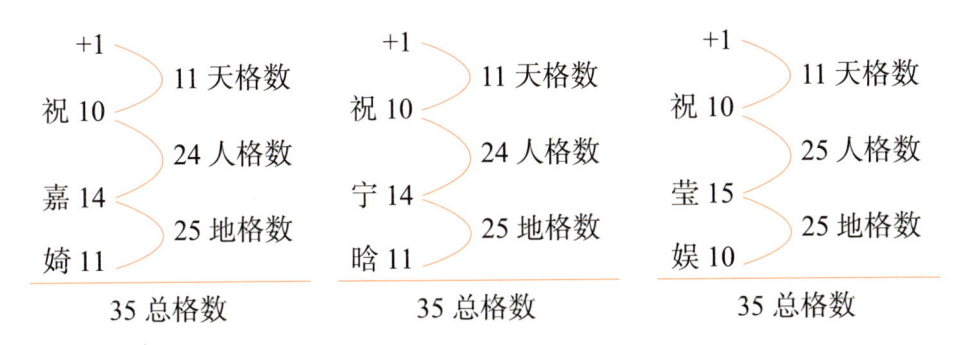

```
      +1                        +1                         +1
祝 10 ╱  11 天格数       祝 10 ╱  11 天格数        祝 10 ╱  11 天格数
      ╲  24 人格数              ╲  24 人格数               ╲  25 人格数
嘉 14 ╱                  宁 14 ╱                   莹 15 ╱
      ╲  25 地格数              ╲  25 地格数               ╲  25 地格数
婍 11                    晗 11                     娱 10

    35 总格数                35 总格数                  35 总格数
```

家长最后选中：祝嘉婍

创意分析：

（1）从姓名信息功能上看，此姓名人格数24五行对应火。

（2）从姓名意象即姓名的字义、寓意上讲：

祝：姓氏。《康熙字典》将"祝"归为"示"部。

嘉：美善，赞许，吉庆，幸福，欢乐。

婍：容貌美丽。

祝嘉婍，此名寓意嘉言善行、幸福快乐，对自我发展具有积极的心理暗示作用。

（3）从姓名形象即姓名的字形视觉美感上看：

祝：左右结构，笔画简洁。

嘉：上下结构，笔画简洁。

婍：左右结构，笔画简洁。

姓名"祝嘉婍"字形搭配美观。

（4）从姓名音象即姓名的音律、听觉效果上看，祝嘉婍，读音为Zhù Jiāqǐ，声调不同，声母、韵母也不相同，悦耳动听，朗朗上口，非常便于人际交往。

（5）从姓名数理暗示意义看，人格数、地格数与总格数理分别为24、25、35。24的数理意义：锦绣前程，贵人得宠，白手起家，财源广进。25的数理意义：资性灵敏，才能奇特，诚信和气，自成大业。35的数理意义：温和平静，理智兼具，文昌技艺，成就非凡。

起名实例详解之六：贠豪轩

基本信息：

父亲：贠先生

母亲：刘女士

宝宝性别：男

宝宝出生时间：2005年2月6日13时45分（农历乙酉年十二月廿八日未时）

出生地点：甘肃

起名要求：无

起名创意过程：

宝宝的出生时间对应的天干地支组合为：

乙	戊	辛	乙
酉	寅	酉	未

出生时间为乙酉年戊寅月辛酉日乙未时，五行个数情况是：3金、0水、3旺木、0火、2土。日元辛金在十二月即立春（2005年2月4日）后寅月不得时令，因为寅月是五行木旺盛的月份，但是此时刚立春，甘肃仍天寒地冻，辛

而有年支酉与日支金根基，需要火来温暖土，土才能生金，这样有利于促使日元辛金趋向平衡的状态，根据《周易》阴阳五行原理，缺水不需要补，起名补火为佳。为此，起名如下：

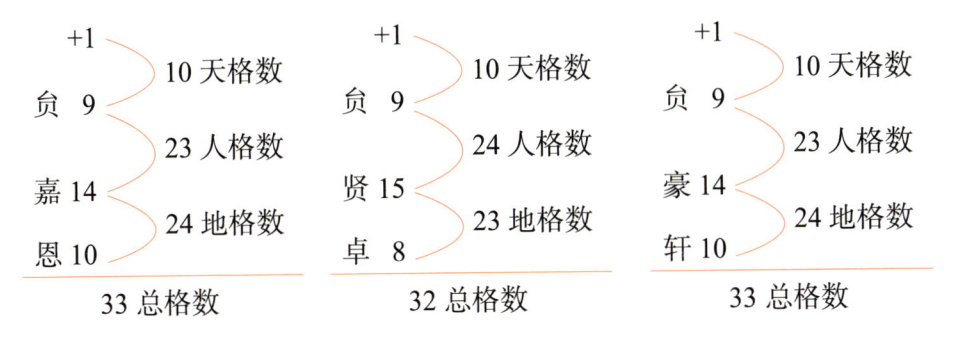

```
  +1                    +1                    +1
贠  9   10 天格数      贠  9   10 天格数      贠  9   10 天格数
        23 人格数              24 人格数              23 人格数
嘉 14                  贤 15                  豪 14
        24 地格数              23 地格数              24 地格数
恩 10                  卓  8                  轩 10
   33 总格数              32 总格数              33 总格数
```

家长最后选中：贠豪轩

创意分析：

（1）从姓名信息功能上看，此名人格数 23、地格数 24、总格数 33 都能补火。

（2）从姓名意象即姓名的字义、寓意上看：

贠：姓氏。繁体字写作 9 画的"貟"，当姓读 yùn，不可读为 yuán。贠氏是芈姓伍氏的一个分支，出自春秋时期的军事家伍子胥（名贠，字子胥），属于以先祖名为氏。

豪：具有杰出才能的人，如豪杰。又指气魄大，如豪迈、豪爽、豪气。

轩：气宇轩昂，形容人精力充沛、气度不凡。

贠豪轩，此名寓意大气豪爽、气宇轩昂，对自我发展具有积极的心理暗示作用。

（3）从姓名形象即姓名的字形视觉美感上看：

贠：上下结构，笔画简洁。

豪：上下结构，笔画较简洁。

轩：左右结构，笔画简洁。

姓名"贠豪轩"字形搭配合理，具有美观的视觉效果。

（4）从姓名音象即姓名的音律、听觉效果上看，贠豪轩，读音为 Yùn Háoxuān，声调抑扬顿挫，声母、韵母不同，悦耳动听，朗朗上口，铿锵有力。

（5）从姓名数理暗示意义看，人格数、地格数与总格数理分别为23、24、33。23的数理意义：旭日东升，壮丽可观，逐步进展，功名荣达。24的数理意义：锦绣前程，贵人得宠，白手起家，财源广进。33的数理意义：旭日东升，鸾凤相会，才德双全，家门昌隆。

起名实例详解之七：郝仪婷

基本信息：

父亲：郝先生

母亲：王女士

宝宝性别：女

宝宝出生时间：2014年9月4日10时43分（农历甲午年八月十一日巳时）

出生地点：上海

起名要求：无

起名创意过程：

宝宝出生时间对应的天干地支组合为：

甲	壬	戊	丁
午	申	寅	巳

出生时间为甲午年壬申月戊寅日丁巳时，五行个数情况是：1水、2木、3火、1土、1旺金，五行齐全。日元戊土在八月即申月不得时令，因为申月是五行金旺盛的月份，幸好有丁火、午火、巳火生土，地支申、寅、巳三刑使旺盛的申金之力得到少许削减，又因有五行火通关，年天干甲木对戊土克制不足，反而对戊土有益处，因此日元戊土处于相对平衡的状态，根据《周易》阴阳五行原理，起名数理恰当对本人发展有积极的心理暗示作用。为此，起名如下：

```
 +1
郝 14 ┐
      ├ 15 天格数
      │
      ├ 29 人格数
仪 15 ┤
      │
      ├ 27 地格数
婷 12 ┘
```
41 总格数

```
 +1
郝 14 ┐
      ├ 15 天格数
      │
      ├ 24 人格数
盈 10 ┤
      │
      ├ 25 地格数
萱 15 ┘
```
39 总格数

```
 +1
郝 14 ┐
      ├ 15 天格数
      │
      ├ 18 人格数
心  4 ┤
      │
      ├ 11 地格数
彤  7 ┘
```
25 总格数

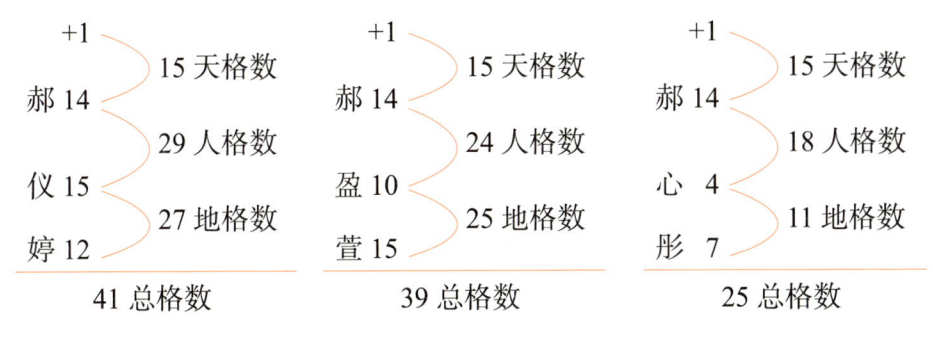

家长最后选中：郝仪婷

创意分析：

（1）从姓名信息功能上看，此名对本人发展有积极的心理暗示作用。

（2）从姓名意象即姓名的字义、寓意上看：

郝：姓氏。"郝"在《康熙字典》里属于"邑"部，所以笔画数是14。依据唐朝著名训诂学家颜师古考证，郝姓发源于"郝乡"，因地以命氏。据东汉文字学家许慎《说文解字》，"郝乡"在今陕西省西安市周至县。商王帝乙将功臣子期封于郝乡，其后子孙以地名"郝"为氏。

仪：繁体字写作15画的"儀"，指仪态、礼仪。

婷：形容人或花木美好。

郝仪婷，此名寓意仪态万方、优雅美好。

（3）从姓名形象即姓名的字形视觉美感上看：

郝：左右结构，笔画简洁。

仪：左右结构，笔画简洁。

婷：左右结构，笔画较简。

姓名"郝仪婷"包含的三个字，虽然都是左右结构，但是相对好看。

（4）从姓名音象即姓名的音律、听觉效果上看，郝仪婷，读音为 Hǎo Yítíng，声调依次是上声、阳平、阳平，声母、韵母不同，悦耳动听，好读顺口。

（5）从姓名数理暗示意义看，人格数、地格数与总格数理分别为29、27、41。29的数理意义：智谋奇略，财利俱备，名闻海内，成就大业。27的数理意义：自信心强，意志坚定，愿望强烈，可以成功。41的数理意义：天赐吉运，和顺畅达，德高望重，博得名利。

起名实例详解之八：石放钢

基本信息：

父亲：石先生

母亲：温女士

宝宝性别：男

宝宝出生时间：2015年3月28日11时20分（农历乙未年二月初九日午时）

出生地点：云南

起名要求：无

起名创意过程：

宝宝出生时间对应的天干地支组合为：

乙	己	癸	戊
未	卯	卯	午

出生时间为乙未年己卯月癸卯日戊午时，五行个数情况是：1水、3旺木、1火、3土、0金。日元癸水在二月即卯月不得生，因为卯月是五行木旺盛的月份，幸而出生干支组合里的天干有癸、戊相合有利，这使日元癸水处于相对较弱的状态，根据《周易》阴阳五行原理，起名可补金或加强水。为此，起名如下：

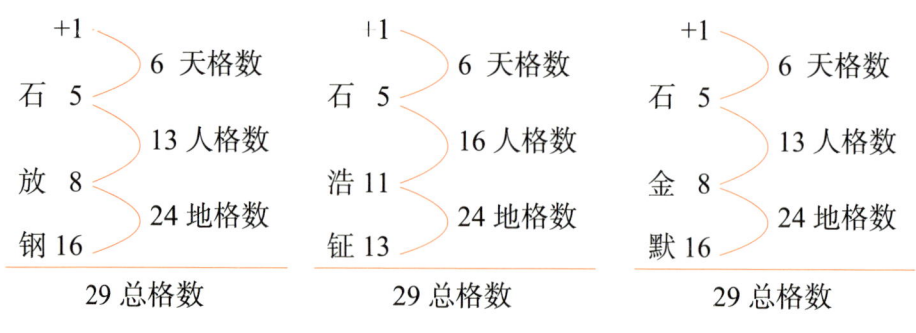

```
+1                    +1                    +1
石 5 ─ 6 天格数       石 5 ─ 6 天格数       石 5 ─ 6 天格数
     ─ 13 人格数           ─ 16 人格数           ─ 13 人格数
放 8                  浩 11                 金 8
     ─ 24 地格数           ─ 24 地格数           ─ 24 地格数
钢 16                 钲 13                 默 16

29 总格数             29 总格数             29 总格数
```

家长最后选中：石放钢

创意分析：

（1）从姓名信息功能上看，此名中的"钢"属金，可作为补金要素。

（2）从姓名意象即姓名的字义、寓意上看：

石：姓氏。春秋卫国大夫石碏孙子骀仲，以祖父字"石"命氏，称石氏。郑国大夫石癸与宋国公子段（字子石）的后代中有人以石为氏。

放：豪放、开放。

钢：繁体字写作"鋼"，笔画数为16，一种金属，钢铁。

石放钢，此名寓意热情奔放、意志坚定、性格刚强、事业有成。

（3）从姓名形象即姓名的字形视觉美感上看：

石：上下结构，笔画简洁。

放：左右结构，笔画简洁。

钢：左右结构，笔画较简。

姓名"石放钢"，字形搭配比较美观好看。

（4）从姓名音象即姓名的音律、听觉效果上看：石放钢，读音为 Shí Fànggāng，尽管名字的韵母相同，但声调有别，声母不同，仍然顺口悦耳。

（5）从姓名数理暗示意义看，人格数、地格数与总格数理分别为13、24、29。13的数理意义：才艺多能，智谋奇略，忍柔处事，必获大功。24的数理意义：锦绣前程，贵人得宠，白手起家，财源广进。29的数理意义：智谋奇略，财利俱备，名闻海内，成就大业。

起名实例详解之九：红思羽

基本信息：

父亲：红先生

母亲：丁女士

宝宝性别：女

宝宝出生时间：2015年3月4日15时13分（农历乙未年正月十四日申时）

出生地点：辽宁

起名要求：无

起名创意过程：

宝宝出生时间对应的天干地支组合为：

乙	戊	己	壬
未	寅	卯	申

出生时间为乙未年戊寅月己卯日壬申时，五行个数情况是：1水、3旺木、0火、3土、1金。日元己土在正月即寅月不得时令，因为春季寅月是五行木旺盛的月份，所以日元五行己土处于相对较弱的状态，根据《周易》阴阳五行原理，缺火需补，起名补火加强土。为此，起名如下：

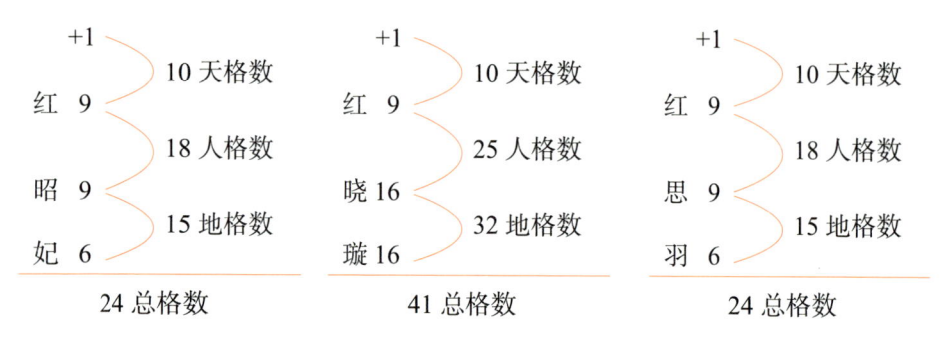

```
    +1                    +1                    +1
红 9 ⎫ 10 天格数      红 9 ⎫ 10 天格数       红 9 ⎫ 10 天格数
     ⎬ 18 人格数           ⎬ 25 人格数            ⎬ 18 人格数
昭 9 ⎭                晓 16⎭                 思 9 ⎭
     ⎫ 15 地格数           ⎫ 32 地格数            ⎫ 15 地格数
妃 6 ⎭                璇 16⎭                 羽 6 ⎭

  24 总格数              41 总格数               24 总格数
```

家长最后选中：红思羽

创意分析：

（1）从姓名信息功能上看，此名总格数24对应五行火，"红""思"的五行都属火，对本人发展有正向心理暗示作用。

（2）从姓名意象即姓名的字义、寓意上看：

红：姓氏。"红"在《康熙字典》里写作"紅"，所以其笔画数为9。红姓是古老的芈姓的一个分支，始祖是春秋时期楚国公族熊挚红（又称熊红），其后以先祖名字为氏，称为红氏。

思：在《康熙字典》里属于"心"部，指思想、思考。

羽：本义指羽毛，象征柔美、辅助。羽翼，比喻辅佐的人或力量。

红思羽，此名寓意为见贤思齐、温柔美好、得到辅助，对自我发展具有积极的心理暗示作用。

（3）从姓名形象即姓名的字形视觉美感上看：

红：左右结构，笔画简洁。
思：上下结构，笔画简洁。
羽：左右结构，笔画简洁。
姓名"红思羽"字形搭配美观。

（4）从姓名音象即姓名的音律、听觉效果上看，红思羽，读音为 Hóng Sīyǔ，声调有别，声母、韵母不同，悦耳动听。

（5）从姓名数理暗示意义看，人格数、地格数与总格数理分别为 18、15、24。18 的数理意义：谨慎勿骄，机遇重来，有志竟成，博得名利。15 的数理意义：福寿圆满，涵养雅量，立业兴家，必有成就。24 的数理意义：锦绣前程，贵人得宠，白手起家，财源广进。

起名实例详解之十：喻震轩

基本信息：

父亲：喻先生
母亲：高女士
宝宝性别：男
宝宝出生时间：2015 年 9 月 26 日 10 时 12 分（农历乙未年八月十四巳时）
出生地点：贵州
起名要求：可用与"熙""泽""轩""瀚""熙""哲""轩"等字同音的汉字

起名创意过程：

宝宝出生时间对应的天干地支组合为：

乙	乙	乙	辛
未	酉	巳	巳

出生时间为乙未年乙酉月乙巳日辛巳时，五行个数情况是：3 木、0 水、2 火、1 土、2 旺金。日元乙木在八月即酉月不得时令，因为酉月是五行金旺盛的月份，幸而有另外两个乙木帮助，这使日元五行乙木处于相对微弱的状

态，根据《周易》阴阳五行原理，水生木，本人五行缺水需补，起名可补水。为此，起名如下：

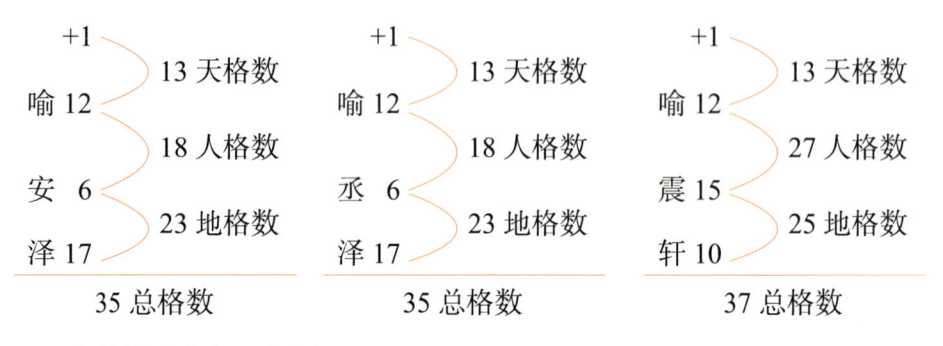

+1 喻 12　　13 天格数 　　　　18 人格数 安 6 　　　　23 地格数 泽 17 35 总格数	+1 喻 12　　13 天格数 　　　　18 人格数 丞 6 　　　　23 地格数 泽 17 35 总格数	+1 喻 12　　13 天格数 　　　　27 人格数 震 15 　　　　25 地格数 轩 10 37 总格数

家长最后选中：喻震轩

创意分析：

（1）从姓名信息功能上看，此名中的"震"字属水，弥补五行之水。

（2）从姓名意象即姓名的字义、寓意上看：

喻：姓氏。

震：振兴、振奋、声威大震。

轩：繁体字写作"軒"，笔画数计为 10，指气宇轩昂。

喻震轩，此名寓意精力充沛、振奋人心、气度不凡，对自我发展具有积极的心理暗示作用。

（3）从姓名形象即姓名的字形视觉美感上看：

喻：左右结构，笔画较简。

震：上下结构，笔画较简。

轩：左右结构，笔画简洁。

姓名"喻震轩"字形搭配美观。

（4）从姓名音象即姓名的音律、听觉效果上看，喻震轩，读音为 Yù Zhènxuān，声调有别，声母、韵母不同，响亮上口，铿锵有力。

（5）从姓名数理暗示意义看，人格数、地格数与总格数理分别为 27、25、37。27 的数理意义：自信心强，意志坚定，愿望强烈，可以成功。25 的数理意义：资性灵敏，才能奇特，诚信和气，自成大业。37 的数理意义：权威显达，热诚忠信，涵养雅量，终身荣富。

起名实例详解之十一：毛政焜

基本信息：

父亲：毛先生

母亲：华女士

宝宝性别：男

宝宝出生时间：2015年3月23日5时52分（农历乙未年二月初四日卯时）

出生地点：湖南

起名要求：无

起名创意过程：

宝宝出生时间对应的天干地支组合为：

乙	己	戊	乙
未	卯	戌	卯

出生时间为乙未年己卯月戊戌日乙卯时，五行个数情况是：4旺木、0水、0火、4土、0金。日元戊土在二月即卯月不得时令，因为春季卯月是五行木旺盛的月份，4木与4土相比，木最旺，幸而有年地支未土与日地支戌土，且地支卯戌相合，木克土，缺火需补，补火就能在木、土之间通关，缺水、金无碍，不需要补水、金，所以日元五行戊土处于相对弱的状态，根据《周易》阴阳五行原理，起名补火为佳。为此，起名如下：

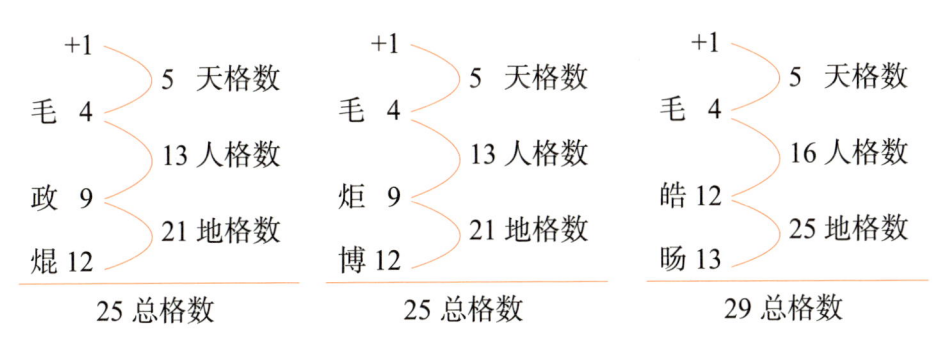

```
  +1                    +1                    +1
毛  4   5 天格数      毛  4   5 天格数      毛  4   5 天格数
        13 人格数              13 人格数              16 人格数
政  9   21 地格数     炬  9   21 地格数     皓 12   25 地格数
焜 12                 博 12                 旸 13

   25 总格数              25 总格数              29 总格数
```

家长最后选中：毛政焜

创意分析：

（1）从姓名信息功能上看，此名中的"焜"字五行属火，可以补火。

（2）从姓名意象即姓名的字义、寓意上看：

毛：姓氏。毛姓是由中国古老的姬姓分支而来的，以国名"毛"为氏，始祖是周文王（姓姬名昌）之子、周武王之弟毛郑。

政：一指治理国家事务；二指正，即正大、正道、正当。"政"字由"正"与"攴（攵）"构成，而"正"在《康熙字典》里的笔画是5画，"攴（攵）"在《康熙字典》里的笔画都是4画，所以"政"的总笔画应该是9画，由此可知，《康熙字典·卯集下·攴（攵）字部》所标笔画数8是错误的。

焜：从火，昆声，光明之义。

（3）毛政焜，此名寓意正大光明、博得名利。

从姓名形象即姓名的字形视觉美感上看：

毛：独体结构，笔画简洁。

政：左右结构，笔画简洁。

焜：左右结构，笔画简洁。

姓名"毛政焜"字形比较美观。

（4）从姓名音象即姓名的音律、听觉效果上看，毛政焜，读音为 Máo Zhèngkūn，声调有别，声母、韵母不同，悦耳动听，朗朗上口。

（5）从姓名数理暗示意义看，人格数、地格数与总格数理分别为13、21、25。13的数理意义：才艺多能，智谋奇略，忍柔处事，必获大功。21的数理意义：为人尊仰，富贵荣华，立业兴家，大博名利。25的数理意义：资性灵敏，才能奇特，诚信和气，自成大业。

起名实例详解之十二：孙业钊

基本信息：

父亲：孙先生

母亲：王女士

宝宝性别：男

宝宝出生时间：2015年2月17日9时52分（农历乙未年十二月廿九日巳时）

出生地点：宁夏
起名要求：无

起名创意过程：

宝宝出生时间对应的天干地支组合为：

乙	戊	甲	己
未	寅	子	巳

出生时间为乙未年戊寅月甲子日己巳时，五行个数情况是：1水、3旺木、1火、3土、0金。日元甲木生于寅木之月得时令，寅月是五行木旺盛的月份，甲木有2木帮助，有1水生之，甲己相合吉，所以甲木旺盛，五行缺金需补，根据《周易》阴阳五行原理，起名补金更佳。为此，起名如下：

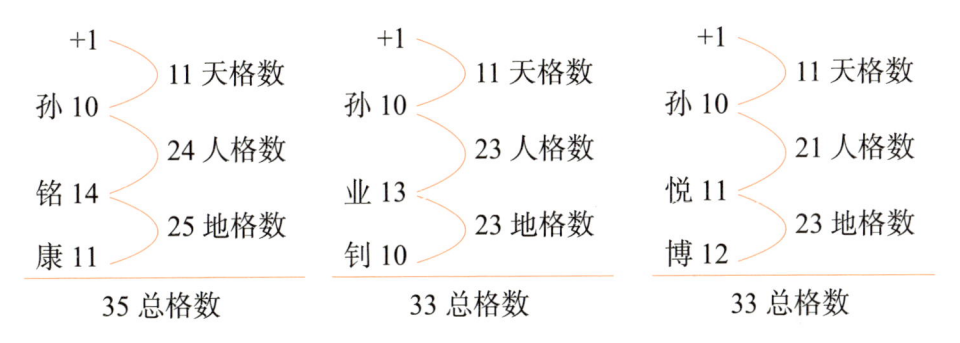

```
    +1                  +1                  +1
孙 10 ─┐ 11 天格数    孙 10 ─┐ 11 天格数    孙 10 ─┐ 11 天格数
       ├ 24 人格数           ├ 23 人格数           ├ 21 人格数
铭 14 ─┤              业 13 ─┤              悦 11 ─┤
       ├ 25 地格数           ├ 23 地格数           ├ 23 地格数
康 11 ─┘              钊 10 ─┘              博 12 ─┘

   35 总格数             33 总格数             33 总格数
```

家长最后选中：孙业钊

创意分析：

（1）从姓名信息功能上看，此名符合五行补金的需求。

（2）从姓名意象即姓名的字义、寓意上看：

孙：姓氏。"孙"的繁体字是"孫"，计为10画，按照10画起名。

业：繁体字写作"業"，计为13画，本义是古时乐器架子横木上的大版，引申义为学业、事业。

钊：繁体字写作"釗"，计为10画，属于会意字，从刀从金，本义是用刀削金属，引申义为用勇气、精神或希望鼓舞别人。

孙业钊，此名寓意不断接受正能量的激励或用正能量去鼓舞别人，事业更辉煌，人生更完美。

（3）从姓名形象即姓名的字形视觉美感上看：

孙：左右结构，笔画简洁。

业：上下结构，笔画很简洁。

钊：左右结构，笔画简洁。

姓名"孙业钊"字形搭配合理、美观。

（4）从姓名音象即姓名的音律、听觉效果上看，孙业钊，读音为Sūn Yèzhāo，声调为阴平、去声、阴平，声母、韵母有别，读起来很上口，没有不吉不雅的谐音意义。

（5）从姓名数理暗示意义看，人格数、地格数与总格数分别为23、23、33。23的数理意义：旭日东升，壮丽可观，逐步进展，功名荣达。33的数理意义：旭日东升，鸾凤相会，才德双全，家门昌隆。

起名实例详解之十三：谢昊儒

基本信息：

父亲：谢先生

母亲：李女士

宝宝性别：男

宝宝出生时间：2016年1月5日17时39分（农历乙未年十一月廿六日酉时）

出生地点：黑龙江

起名要求：无

起名创意过程：

宝宝出生时间对应的天干地支组合为：

乙	戊	丙	丁
未	子	戌	酉

出生时间为乙未年戊子月丙戌日丁酉时，五行个数情况是：1旺水、1木、

2火、3土、1金，五行齐全。日元丙火在十一月即子月不得时令，因为子月是五行水旺盛的月份，丙火有丁火帮助，有乙木生之，所以日元五行丙火处于偏弱的状态，根据《周易》阴阳五行原理，起名加强木、火会更好。为此，起名如下：

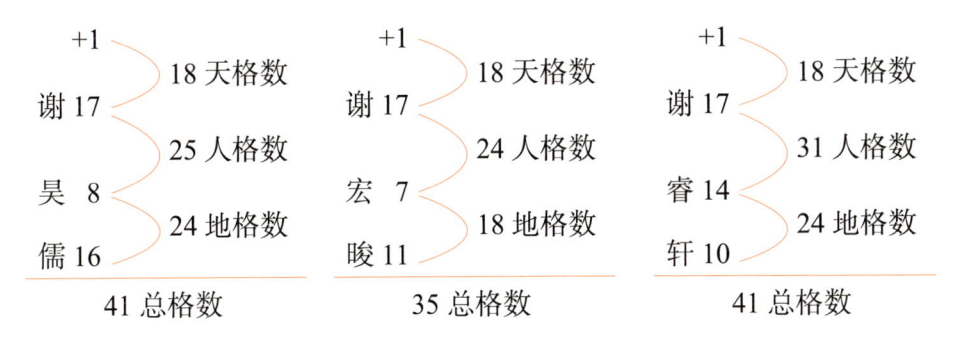

```
+1                      +1                      +1
谢 17 ─┐ 18 天格数       谢 17 ─┐ 18 天格数       谢 17 ─┐ 18 天格数
       ├ 25 人格数              ├ 24 人格数              ├ 31 人格数
昊  8 ─┤                 宏  7 ─┤                 睿 14 ─┤
       ├ 24 地格数              ├ 18 地格数              ├ 24 地格数
儒 16 ─┘                 晙 11 ─┘                 轩 10 ─┘
     41 总格数                 35 总格数                 41 总格数
```

家长最后选中：谢昊儒

创意分析：

（1）从姓名信息功能上看，此名符合五行强木或火的需求。

（2）从姓名意象即姓名的字义、寓意上看：

谢：姓氏。

昊：属于会意字，计为8画，本义是广大无边，如昊空、昊天。

儒：原指读书人，引申义为儒雅之人，温文尔雅，博识多闻。

谢昊儒，此名寓意胸怀宽广、博学多闻。

（3）从姓名形象即姓名的字形视觉美感上看：

谢：左右结构，笔画简洁。

昊：上下结构，笔画很简洁。

儒：左右结构，笔画简洁。

姓名"谢昊儒"字形搭配合理，具有美观的视觉效果。

（4）从姓名音象即姓名的音律、听觉效果上看，谢昊儒，读音为 Xiè Hàorú，声调是去声、去声、阳平搭配，声母、韵母有别，读起来很响亮，没有不吉不雅的谐音意义。

（5）从姓名数理暗示意义看，人格数、地格数与总格数分别为25、24、41。25的数理意义：资性灵敏，才能奇特，诚信和气，自成大业。24的数理意义：锦绣前程，贵人得宠，白手起家，财源广进。41 的数理意义：天赐吉运，和顺畅达，德高望重，博得名利。

起名实例详解之十四：雷雅棋

基本信息：

父亲：雷先生

母亲：张女士

宝宝性别：女

宝宝出生时间：2010 年 11 月 15 日 23 时 58 分（农历庚寅年十月初十日子时）

出生地点：浙江

起名要求：无

起名创意过程：

宝宝出生时间对应的天干地支组合为：

庚	丁	己	丙
寅	亥	巳	子

出生时间为庚寅年丁亥月己巳日丙子时，五行个数情况是：3 火、2 水、1 木、1 土、1 金。日元己土生于亥水之月，不得时令五行水之力，日元己土得 3 火生之，所以日元己土相对平衡，根据《周易》阴阳五行原理，起名数理意义积极对本人发展有正面的心理暗示作用。为此，起名如下：

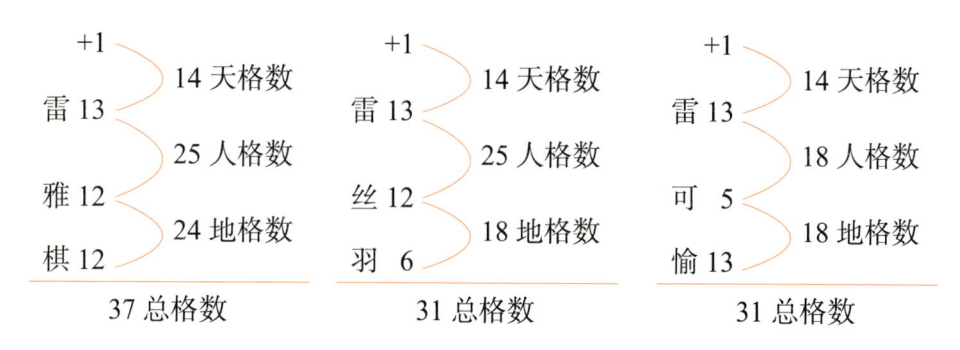

```
  +1                          +1                          +1
雷 13  ┐ 14 天格数         雷 13  ┐ 14 天格数         雷 13  ┐ 14 天格数
       ┘ 25 人格数                ┘ 25 人格数                ┘ 18 人格数
雅 12  ┐                    丝 12  ┐                    可  5  ┐
       ┘ 24 地格数                ┘ 18 地格数                ┘ 18 地格数
棋 12                        羽  6                       愉 13

  37 总格数                  31 总格数                   31 总格数
```

家长最后选中：雷雅棋

创意分析：

（1）从姓名信息功能上看，此名对本人有正向的心理暗示。

（2）从姓名意象即姓名的字义、寓意上看：

雷：姓氏。

雅：形声字，计为12画，从隹（音zhuī），牙声，引申义为美好的、高尚的。

棋：属于形声字，计为12画，从木，其声，指一类文娱项目。

雷雅棋，此名寓意人生如棋，稳扎稳打，才能走向成功。

（3）从姓名形象即姓名的字形视觉美感上看：

雷：上下结构，笔画简洁。

雅：左右结构，笔画简洁。

棋：左右结构，笔画简洁。

姓名"雷雅棋"字形搭配恰当、美观。

（4）从姓名音象即姓名的音律、听觉效果上看，雷雅棋，读音为Léi Yǎqí，声调是阳平、上声、阳平搭配，声母、韵母有别，读起来很上口，没有不吉不雅的谐音意义。

（5）从姓名数理暗示意义看，人格数、地格数与总格数分别为25、24、37。25的数理意义：资性灵敏，才能奇特，诚信和气，自成大业。24的数理意义：锦绣前程，贵人得宠，白手起家，财源广进。37的数理意义：权威显达，热诚忠信，涵养雅量，终身荣富。

起名实例详解之十五：蓝声锐

基本信息：

父亲：蓝先生

母亲：肖女士

宝宝性别：男

宝宝出生时间：2015年11月2日10时58分（农历乙未年九月廿一日巳时）

出生地点：陕西
起名要求：无

起名创意过程：

宝宝出生时间对应的天干地支组合为：

乙	丙	壬	乙
未	戌	午	巳

出生时间为乙未年丙戌月壬午日乙巳时，五行个数情况是：1水、2木、3火、2旺土、0金。先天日元壬水生于戌土之月，不得时令五行土之力，日元壬水弱，根据《周易》阴阳五行原理，五行缺金需补。为此，起名如下：

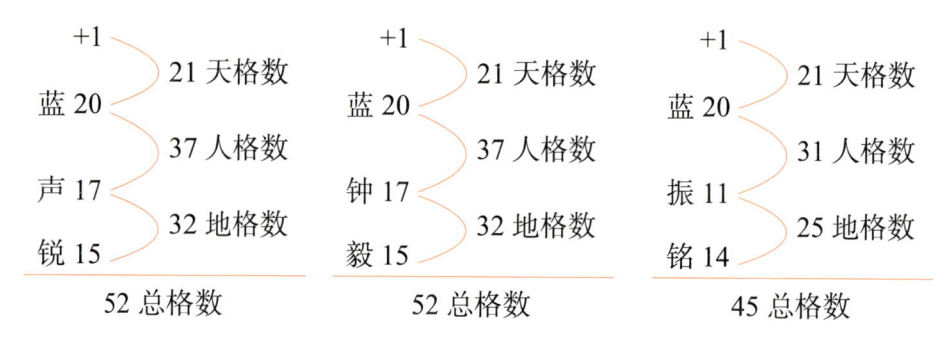

```
   +1                  +1                  +1
蓝 20 ⎫ 21 天格数    蓝 20 ⎫ 21 天格数    蓝 20 ⎫ 21 天格数
      ⎬                   ⎬                   ⎬
声 17 ⎬ 37 人格数    钟 17 ⎬ 37 人格数    振 11 ⎬ 31 人格数
      ⎬                   ⎬                   ⎬
锐 15 ⎭ 32 地格数    毅 15 ⎭ 32 地格数    铭 14 ⎭ 25 地格数

  52 总格数            52 总格数            45 总格数
```

家长最后选中：蓝声锐

创意分析：

（1）从姓名信息功能上看，起名补金生水，对本人发展有积极的心理暗示作用。

（2）从姓名意象即姓名的字义、寓意上看：

蓝：姓氏。繁体字写作"藍"，计为20画。

声：形声字，繁体字写作"聲"，计为17画，本义为声音、声响，引申为名声、名誉。

锐：形声字，繁体字写作"銳""鋭"，计为15画，从金，兑声，有锋利、勇往直前的气势、精良等义。

蓝声锐，此名寓意为名闻四海、锐意进取。

（3）从姓名形象即姓名的字形视觉美感上看：

蓝：上下结构，笔画简洁。

声：上下结构，笔画很简洁。

锐：左右结构，笔画简洁。

蓝声锐，姓名字形搭配合理、美观。

（4）从姓名音象即姓名的音律、听觉效果上看，蓝声锐，读音为 Lán Shēngruì，声调阳平、阴平、去声搭配，声母、韵母有别，读起来很上口，没有不吉不雅的谐音意义。

（5）从姓名数理暗示意义看，人格数、地格数与总格数分别为37、32、52。37的数理意义：权威显达，热诚忠信，涵养雅量，终身荣富。32的数理意义：荣幸多成，贵人得助，财帛丰裕，繁荣昌盛。52的数理意义：卓识慧眼，先见之明，智谋超群，名利双收。

起名实例详解之十六：巨紫丹蓝

基本信息：

父亲：巨先生

母亲：海女士

孩子性别：女

孩子出生时间：1991年11月18日16时42分（农历辛未年十月十三日未时，此时辰地支特殊性详见下文）

出生地点：新疆

改名要求：改为四字名

起名创意过程：

出生时间相同的人由于出生空间不同，他们的生辰所对应的天干地支组合也不同，这是由于十二时辰是古人根据一天之间太阳出没的自然规律、天色的变化以及人们日常的生产活动、生活习惯而归纳总结出来的地方时。太阳露出地平线之前，天刚蒙蒙亮的时段称"平旦"，也就是我们现在所说的黎明时段，用地支表示这个时段则为寅时，大致相当于现今的3—5时，"日出"

是在卯时……所以，真太阳时对确定时辰仅仅是参考而已，不是真正的标准。日出、日落时间是根据太阳的运动轨迹计算出来的，但它与人们的感受有所不同。对于出生于新疆的人，不能以北京时间换算时辰，更不能以北京时间换算干支纪时。因为新疆的日出、日落时辰与河北、山东、天津、北京等地相差约两个小时。这位出生于新疆的女孩出生时间对应的天干地支组合就为：

| 辛 | 己 | 壬 | 丁 |
| 未 | 亥 | 辰 | 未 |

出生时间为辛未年己亥月壬辰日丁未时，五行个数情况是：2旺水、0木、1火、4土、1金。日元壬水在十月即亥月得时令，因为亥月是五行水旺盛的月份，日天干壬和时天干丁相合，所以日元壬水处于很旺盛的状态，根据《周易》阴阳五行原理，改名需补木。为此，起名如下：

巨 5　　11 天格数
朵 6
　　　　11 人格数
加 5
桦 16　　21 地格数
32 总格数

巨 5　　14 天格数
信 9
　　　　24 人格数
葳 15
伊 6　　21 地格数
35 总格数

巨 5　　17 天格数
紫 12
　　　　16 人格数
丹 4
蓝 20　　24 地格数
41 总格数

孩子最后选中：巨紫丹蓝

创意分析：

（1）从姓名信息功能上看，此名总格数41对应五行木，"蓝"也属于木，都能补木，对本人发展有积极的心理暗示作用。

（2）从姓名意象即姓名的字义、寓意上看：

巨：姓氏。

紫：紫色、紫气，象征吉祥、祥瑞。

丹：红色，丹心。

蓝：繁体字写作"藍"，指一种颜色或植物。

巨紫丹蓝，此名寓意为吉祥如意、万紫千红、蔚蓝壮观。

（3）从姓名形象即姓名的字形视觉美感上看：

巨：半包围结构，笔画简洁。

紫：上下结构，笔画简洁。

丹：半包围结构，笔画简洁。

蓝：上下结构，笔画简洁。

姓名"巨紫丹蓝"字形美观好看。

（4）从姓名音象即姓名的音律、听觉效果上看，巨紫丹蓝，读音为Jù Zǐdānlán，声调有别，声母、韵母不同，悦耳动听，朗朗上口。

（5）从姓名数理暗示意义看，人格数、地格数与总格数理分别为16、24、41。16的数理意义：厚德载物，安富尊荣，财官双美，功成名就。24的数理意义：锦绣前程，贵人得宠，白手起家，财源广进。41的数理意义；天赐吉运，和顺畅达，德高望重，博得名利。

第三章 怎样起个好名字

起名十忌

一忌：用生僻字。

起名要自爱、自尊、利己、利他，因为姓名毕竟不是一个揣在怀里的宝贝，它要"见人"，要在社会里"传播"，而这种"传播"不仅与个人利益息息相关，还涉及社会、家庭的方方面面，用生僻字起名给人们带来麻烦的事例古已有之。

清末小说家吴趼人的《二十年目睹之怪现状》，被列为晚清"四大讽刺小说"之一。吴趼（jiǎn，音同"茧"）人，原名吴沃尧，字小允，号茧人，后改趼人，因故居在广东佛山市，又自号"我佛山人"。吴趼人出生在一个家道没落的官僚家庭，父亲吴允吉去世后，吴趼人18岁就到上海谋生，起初当抄写员，后来任报社编辑，并从事小说写作。

1891年，吴沃尧在上海起笔名"茧人"，取"作茧自缚"之意。不料别人往往写错，有位女士为他画扇面，题名时，就误写为"茧仁"二字。他看后惊叫："这不变成僵蚕了吗？"于是改"茧"为"趼"，这两个字同音，取"百舍重趼而不敢息"之意。可是，以后又遇人将"趼"念错写错，或念成"研人"，或写成"妍人"，为此，他不得不专门写一首诗"正名"：

姓名从来自有真，不曾玩石证前生；

古端经手无多日，底事频呼作研人。

又云：

偷向妆台揽镜照，阿侬原不是妍人。

吴沃尧取笔名"趼人"常引起人们的误写与错读。他年仅45岁即因哮喘病发作而亡。其墓碑上"趼"也被写成"研"。现在还有读者误称他为"吴研人"。

在现实生活中，用生僻字取名的人也不少，他们尝到了苦头，因名字带来的麻烦接连不断。例如，有个家长为孩子取名叫张珕（实际只有繁体字形"瓅"，读 lì，音同"砾"），由于该字太不常见，往往被人错念成"烁"，错写成"砾"，令其苦恼不已。

二忌：给孩子起有消极含义的名字。

用含有消极含义的字是父母或长辈为孩子起名时应努力避免的错误之一。

因为姓名对人具有心理暗示作用，孩子可能把自己名字的消极含义和他自身联系起来，具有消极含义的名字可能给孩子留下长久的负面影响。含消极语义的名字大体有三种类型：一是纤弱型，如陆瘦燕、陈秋草、雷弱仕；二是忧伤型，含辛茹苦、忧伤孤独、内心酸楚、令人哀叹，如黄连茹、庞晃（音似"彷徨"）；三是灰暗型，寒风嘶鸣、前途暗淡、令人心凉，如孙默、严霜、姜晦。

三忌：用多音字起名。

中华姓氏中多半属于单音字，也有个别姓氏属于多音字，如覃（Qín，Tán）、乐（Lè，Yuè）两姓。如果说多音姓氏是无可奈何的事实，那么起名完全可以避免多音字带来的诸多麻烦。如果非要用多音字取名不可，最好通过姓名语意搭配暗示出读音，例崔乐天，通过"天"说明"乐"应读 lè。

四忌：大姓忌用单字名。

"张颖"是个不错的名字，可是在 20 世纪 80 年代末，仅北京市就有 4000 多个"张颖"。根据 2024 年我国人口姓氏数量排名数据，李、王、张、刘、陈是中国人口最多的五大姓氏，其中王、李、张位列前三，人口数各 1 亿多。统计显示，单姓单名的重名率占一半以上。

五忌：姓名谐音意义不美。

起名时如果谐音运用得巧妙，会使人感到含蓄，不落俗套。但是，起名者有时注意了所选用字的本身意义，却忽略了姓与名连起来谐意可能是贬义的，像费彦（可能被谐音为"肺炎"）、杜紫藤（可能被谐音为"肚子疼"）、胡丽晶（可能被谐音为"狐狸精"）之类谐音意义不美以及容易造成歧义的名字，起名时应避免。

六忌：随意拼凑，名不副实。

有的名字不是经过深思熟虑、反复推敲、精心选字斟酌出来的，而是随意找几个字凑起来，不讲究生辰五行、笔画信息，使"名"与"命"相悖。

七忌：姓名绕口，难读难听。

在现实生活中，人们常常会因读错别人的名字而陷入非常尴尬的境地，特别是一些需要签名或发言的公共场合。有些名字确实读起来拗口、听起来吃力，不留神很容易读错、听错，有时感觉是一句"绕口令"，如沈既济、金镜清、张尚昌。

八忌：姓名字形搭配不美观。

人们常言"字如其人"，名字结构单一或字形搭配不和谐，会给人没有活力、不稳定的感觉。比如：杨林桦、付佳伟、张鑫培、申真岳、丁大巍。有些姓是先天笔画少，比如卜姓，根据这个姓配字特别难，但大部分姓起名还是能做到字形搭配美观的。

九忌：追求十全十美。

起名既要考虑姓名的音、形、义，又要考虑姓名五格数理，加上能用于起名的规范汉字不过3000个，所以很难做到新颖不俗、卓尔不群，笔者认为起个完美无缺的名字是几乎无法实现的美好愿望。

十忌：过分相信测名软件。

现在互联网上有免费的软件起名打分服务，但是网上测名软件毕竟不是人脑，测名软件只会按照设计好的固定程序测名。所以，测名软件有很大的局限性，测名打分低的姓名不见得不好。

如何起小名

小名是人在幼小时期所用的名字，又称乳名、幼名，在取人名前起个小名，古今都有这一习俗。古代人起小名无等级贵贱之分，上至帝王将相，下至平民百姓，都可以有小名。

据《史记》记载，汉代文学家司马相如有一个有趣的小名叫"犬子"，这证明，使用小名的历史在我国至少可以追溯到两千多年前的西汉。宋代爱国词人辛弃疾在《永遇乐·京口北固亭怀古》一文中就曾提起南朝宋武帝刘裕的小名"寄奴"。翻阅史书，历史人物有小名的也不少，三国时魏武帝曹操的小名叫"阿瞒"，刘备的儿子刘禅的小名叫"阿斗"。明代著名航海家郑和的小名叫"三保",现代教育家蔡元培的乳名叫"阿培"。郭沫若的小名叫"文豹",郭沫若专门讲过他的小名的来历,他在《少年时代》一书中写道:"我母亲(杜邀贞)说我受胎的时候,梦见一个小豹子突然咬着她的左手,便一觉醒了,所以我的乳名叫'文豹'。"又因他在家族中排行第八,他母亲总是亲切地称呼他为"八儿"。尽管小名对人的作用影响不及正式的名字,但由于从古至今人人都有,因此现代人起小名成为姓名学的一部分。小名为什么普遍受到人们的喜爱呢?一是因为小名体现出长辈对子女的喜爱,听起来亲切;二是叫起来简单顺口,显得风趣,活泼;三是取小名比较随便,叫什么都行。起大名有很多讲究,而小名可以不拘一格。

现代的小名中带"小""大""子"等字的较多,如小莲、小文、小菊、小三、小妮、大刚、大明、大鹏、兰子、祥子、柱子、英子等,为了表达父母对宝宝的关爱亲切之情,往往把小名叫成又轻又短的儿化音,如小妮儿、小明儿、平儿。

起小名虽没有太多的讲究,但小名也不容易起,这里介绍几种起小名的技巧,希望能给读者一些灵感。

1. 结合大名,采用双声叠韵字取小名

过去,家长先给孩子起个小名,等孩子上幼儿园时再取学名,这个学名就是终生的大名了。现在这种习俗已经改变了,不少家长希望给孩子起名一步到位,一般是大名起好后再考虑小名,这样随大名起小名就容易些。例如,张天雨的小名叫小雨,刘宇轩的小名叫轩轩,刘彦彬的小名叫彬彬。

2. 以叠字起小名

这种起名方法包含家长对孩子的爱,也寄托了家长对下一代的期望和祝愿。例如,体现喜爱信息的小名有:毛毛、媛媛、楠楠、妞妞、豆豆、晶晶、西西;希望孩子健康美丽的小名有:丽丽、轩轩、婷婷、飞飞、强强;期望孩子有成就的小名有:成成、圆圆、佳佳、明明、庆庆、胜胜。

3. 以出生时间、地点、节气起小名

据出生时间可起小名:晨晨、亮亮、皎皎。

据出生地点可起小名:京京、杭杭、宁宁、津津。

据出生节气可起小名:冬冬、小雪、小雨、苗苗。

4. 以重大事件起小名

著名相声演员姜昆给女儿起小名叫南南，原因是南南出生的时候，姜昆正在云南边境为解放军做慰问演出，所以起了这个小名。2003年杨利伟完成神舟五号载人航天飞行任务，实现了中国人的飞天梦，当年，有的家长为宝宝取乳名叫大航。

5. 以出生时吉兆起小名

例如，奶奶在小孙子出生前梦见鳄鱼飞上天了，为此给孙子起小名"飞龙"。

6. 以英文起小名

不少白领夫妇紧跟国际潮流，起小名也日益国际化，比如Lisa（丽莎）、Sunny（阳光）、Jerry（杰瑞）。

干支五行起名法

五行指金、木、水、火、土五种元素，五行的"行"指的是事物运动轮回规律。五行之间的相生相克关系，是事物存在的前提和基础。如果没有五行的生克关系，便没有发展、没有前进。五行相生就是"木生火、火生土、土生金、金生水、水生木"，五行就这样无限地循环相生，我们可以形象地讲五行相生的原理：古时候，人类为了得到火，最简单的方法就是用木与木相互摩擦生火，这是自然之理，木生火就这样发生了。物质如果燃烧，留下一堆灰，灰是土的成分，火生土乃是真正的自然法则。金属之类多埋藏于土中，人从土中才能提炼到金属，因此土生金。金属被熔化后变成液体状态犹如水一样，这就是"金生水"的道理。一切植物（即木气）均先靠水而活，如果没有水，草木将枯死，这就是"水生木"。宇宙万物如果单独强调"生"，一直发展下去的后果必然很悲惨。因为宇宙的天理是平衡，为避免一直生下去的灾难，还必须强调克制，这就道出五行相克之理，即"木克土，土克水，水克火，火克金，金克木"。相克之中有生，相生之中有克。形象地讲，土既能被草木穿透，也能因此而防止山崖崩塌和飞沙走石，水既可被土抑制其行为，也能因此而保持溪水河流的势态；火被水抑制，也能借水气烧毁一切；金属因火而被熔化，也能因此被做成金属制品；木被金器所砍伐，又能因此被金器制成各种各样的木质产品而得以再生。

五行原理被广泛应用在中医学，这已是妇孺皆知，但是人们对五行原理应用于起名还较陌生。现举例来讲，何先生要求改名，其出生时间干支为庚申（年）丙戌（月）己酉（日）甲子（时），日元己土生于戌月处"养"的状态，己土得丙火生，地支申、酉、戌三会金局，年干庚金透出，戌土变质显出金性，出生干支中显然金旺且金多，金消耗土的元气，生己土的丙火坐戌墓，火弱而无力制旺金，天干甲己合而不化，综合分析得出：日元己土弱，金气亢盛，需要利用旺火克制强金，并能生日元己土，改名加强五行火的力量为佳，这就符合五行中和平衡之理，有利于当事人发展。笔者为何先生提出三个姓名方案：何炳坚、何碧坤、何独熠，何先生选中"何炳坚"。炳之火可谓大火，坚之土可谓厚土，这里运用了汉字五行"形补法"与"意补法"加强其先天五行火、土力量，对其事业发展有利。

通过上例，大家可以看出运用生辰五行起名法的关键是分析出日主（日元）五行的旺衰，凡是日主五行属木者，必先看一看木势的盛衰，木多有根是为木旺盛，起名宜用"金"，木旺水多者，起名宜用"土"，因为一方面土能生金制木，另一方面木又能克土，使木自身的盛势得到抑制。木失时机而金得时令的是为木衰弱，这时姓名信息含水更好，起名宜用"水"。日主属火、属土、属金、属水，起名与此同理。

五维全息起名法

五维全息起名中的"五维"指干支五行、姓名五格数象、姓名意象、姓名形象、姓名音象。五维全息起名法不但重视姓名的音、形、义、数所含的信息，而且重视生辰五行。经作者多年来对此法的研究、观察与验证，根据先天五行的实际情况、配合姓名笔画组合原理，考虑姓名的音、形、义，取名、改名效果最佳。名字起得好且姓名信息积极，能给人带来良好的心理暗示。

笔者为宝宝起名步骤如下：家长提供宝宝的性别、确认宝宝的出生时间、考虑宝宝先天五行、选择适合宝宝的笔画数组合，结合名字策划系统与起名要求，拟定起名方案，再优选出3~8个姓名方案，最后由家长任选一个名字，具体实例见本书第一章和第二章内容。

十二生肖起名法

民间有些人利用十二生肖给孩子起名，因为中国有用生肖纪年的传统，且生肖起名法比较简单。十二生肖，又叫十二属相，即子鼠、丑牛、寅虎、卯兔、辰龙、巳蛇、午马、未羊、申猴、酉鸡、戌狗、亥猪。按十二生肖起名法，给属牛的人起名前最好先了解牛的特性，牛年生人起名宜选用带"艹"头字，因为牛以草为食，名字有草，代表粮食丰富，一生不愁吃穿，比如莉、芝、莲；有的字代表牛在屋檐下休息，比如安、宏、宇；民间认为，属牛的人起名忌用"忄"旁的字、"羊"形的字、"马"字旁的字、"衣"字旁的字、"王"字旁的字，比如：恒、忠、志、怀、群、祥、骏、骅、福、玲、瑞、璋；因为牛不吃荤，名字有"忄"或"心"旁暗含相害之意，名字有"衣"或"示"者暗含易成为牺牲品之意，名字有"王"者暗含辛苦艰难之意。

生肖是一种人生信息，它又表示出生年的地支五行，但是十二生肖起名法比较简单，有很大的局限性，没有反映出生肖五行与日元五行的关系，只是根据生肖特性把生肖习性与名字的字形联系起来，难免有牵强附会之感。十二生肖起名法有很大的局限性和片面性，笔者并不提倡使用此法为宝宝起名，但鉴于此法在民间流传久远，也颇具趣味，故这里介绍一二，仅供读者了解。

一、生肖为鼠的人起名用字

老鼠是哺乳动物，又是啮齿动物。鼠排在生肖的第一位，究其原因，众说纷纭，其中一说为：上古时天地混沌，老鼠将混沌的状态咬破分开，于是便位列十二生肖之首。

1.肖鼠之人宜用之字

（1）鼠为杂粮动物，五谷杂粮皆为其食，故肖鼠之人可用与米粱、豆麦、禾草有关的字，如：丰、艳、麦、曲、秉、秧、程、稟、稔、径、稷、稼、颖、稣、穗、稳、穰、芬、芳、芸、茉、苗、苔、苓、若、苟、茵、莉、莎、萍、菁、葵、蓉、蕙、藏、艺、蘋、苏；又因鼠亦食肉类动物，故也可以用含有"心""月""忄"等部首的汉字，如：性、思、怡、恭、庆（繁体为"慶"）、憛、憬、怀、懿。

（2）因老鼠喜欢打洞，以洞为寓，肖鼠之人名字中宜用含"口""宀""厶"

的字，代表休息场所好，如：台、定、君、右、尚、名、同、各、合、吉、向、吕、含、呈、吴、和、品、如、哈、咭、唐、哥、哲、商、超、单、喜、哈、嘉、严、因、园、圆、图、宥、宫、宏、宇、安、家、容、宜、宸、富、实。

（3）鼠为十二生肖之首，故肖鼠之人名字中取名宜用含"王""令""君""之"的字，如：玲、琴、君。

（4）在民间故事中，老鼠爱好喜庆、华丽，肖鼠之人取名适用汉字偏旁与汉字有：巾、示、市、矾、希、斋、席、师、常、帧、帏、红、约、级、纯、素、细、绅、结、絮、紫、红、绿、纲、绮、缘、绩、继、社、福、祺、祯、禧、禅、礼、初、袁、裕、斐、裴、采、释、洁、吉。

（5）地支亥、子、丑三会，肖鼠之人可取字形含"亥""丑""牛"的字，如：象、家、豪、豫、众、毅、聚、生、妞、隆、牟。

（6）鼠的地支为子，申、子、辰三合，肖鼠之人可取字如：玖、坤、袁、媛、宸、农、振、丽、震、麒、麟、云。

（7）鼠喜好夜晚活动，肖鼠之人宜用含"夕"的字，如：铭、多、外、夜、梦。

2. 肖鼠之人不宜用字[①]

（1）鼠不喜欢见光，白天活动很不安全，肖鼠之人不宜用含"日"的字，如：日、旦、旬、昶、智、晖、映、晟、景、意、晓、旭、昀、昱。

（2）老鼠怕人，肖鼠之人避免用含"人""亻"的字，如：介、仁、代、以、任、休、伍、佐、复、俪、行、值、候、来。

（3）子属水，水火相克，肖鼠之人避免使用含"火""灬"的字，如：烈、火、炎、炳、炫、炷、炯、焉、焯、煜、熊、炽、烨。

（4）"羊鼠相逢，一旦休"，肖鼠之人避免使用"羊""美""翔""妹""善"等字起名。

二、生肖为牛的人起名用字

牛作为草食动物，体型较大。民间关于牛的传说也很多，大多含赞美之意，肖牛的人，在取名时可先了解牛的特性。

[①]不宜用字并非针对所有肖鼠之人，要随具体人和具体情况而定。下文其他各生肖不宜用字情况同此。

1. 肖牛之人宜用之字

（1）牛以草为主食，草代表粮食丰富，一生不愁吃穿，故肖牛之人取名宜选用"艹"头字，如：华（繁体为"華"）、芝、苗、茹、菁、苒、莲、艺、菲。

（2）牛一般在屋檐下休息，故肖牛之人取名宜选用含"宀"的字，如：家、宇、宜、宏、宛、琬。

（3）牛的一生辛勤耕作，任劳任怨，在田地里施展自己的才华，故肖牛之人取名宜用含"田"的字，如：甲、由、申、甸、男、毕（繁体为"畢"）、甫、富、畴、疆、亩、苗、蕾、野、万（繁体为"萬"）、叠、广（繁体为"廣"）。

（4）在民间传说中，牛除了耕种还要拉车，尽管辛苦但牛仍不负所托，完成主人的意愿，受到好评，故肖牛之人取名可使用含"车"的字，如：连、车、莲、轩、运（繁体为"運"）。

（5）牛以禾、麦、豆为主粮，故肖牛之人取名可用"秀""禾""秉""科""秦""程""种""稻""谷""稷""稼""麦""梁""粲""豆""丰""艳""竖"等字，寓意为一生吃穿不愁。

2. 肖牛之人不宜用字

（1）牛不食荤，故肖牛之人取名不宜用以"心""忄"等为部首的字，如：心、志、恒、爱、意。

（2）古代一般用牛、羊、猪祭祀天地，牛"牺牲"自己，以生命去换取荣誉，代价太高，故肖牛之人不宜用含"示""之"的字。

（3）日出而耕，日落而息，故肖牛之人取名不宜含"山""日"的字，如：岳、峰、晶。

三、生肖为虎的人起名用字

虎为万兽之王，老虎的图案被广泛地运用于民间，寄寓以镇宅之希望，驱邪祈安。

1. 肖虎之人宜用之字

（1）老虎常栖息于山林中，故肖虎之人取名宜用含有"山""木""林"的字，如：山、岑、岱、岳、峰、峻、峭、岗、崴、嵘、峦、木、未、末、朱、杜、李、杉、东、林、杵、枕、柄、柏、柳、柱、桃、根、梁、梭、栋、森、楠、概、业、荣、乐、攀、樟、样、朴、机。

（2）虎为万兽之王，故肖虎之人起名宜用含"王""君""大"的字，寓意掌握大权，发号施令，有权威之意，如：王、玉、玖、珏、玲、珍、珠、球、琳、琴、琛、琰、瑗、大、夫、太、天、奂、奏、奚。

（3）寅、午、戌三合，有贵人相助之意，故肖虎之人取名宜用含"马""午""南""火""戌""大"的字，如：马、冯、玛、驻、骏、骞、楠、煌、红、炎、炳、炫、烽、焕、炽、献、威、成、状、城、猛、国。

（4）虎乃肉食动物，肖虎之人可用含"肉""月""心""忄"的字，如：月、有、青、朋、朗、望、朔、朝、肖、育、肯、胜、膨、心、必、志、念、忠、忱、怡、恬、息、恒、恭、情、惠、慈、意、愉、愫、慧、忆、怀。

（5）水能生寅木，故肖虎之人可用含"氵""水"的字起名，如：冰、冻、水、凌、求、湄、沁、沈、汪、法、泰、泉、津、浚、添、淡、淋、汪、涵、净、清、深、淳、涣、凑、涌、温、源、汉、澈、洁、澳、湘、汝、浚、潮。

（6）在民间传说中，虎亦喜其身华贵，增其威风，故肖虎之人取名宜用含"衣""系""巾""采"的字，如：衷、衫、裘、褚、衿、释、形、彦、彬、彩、彰、彭、影、巾、布、市、希、席、常、帜、采、紫。

2. 肖虎之人不宜用字

肖虎之人取名不宜用字如：迅、迪、任、伊、国、礼、福、彪。

四、生肖为兔的人起名用字

兔是一种体形小巧的动物，喜欢跳跃奔跑于草原、森林，给人留下机智、敏捷的印象，所以有"动如脱兔"的说法。由于兔子有着柔弱优美的外形，自古便有美丽的传说：如广寒宫的玉兔煞是可爱，在柔和的月光衬托之下显示出统一和谐之美。

1. 肖兔之人宜用之字

（1）古语云"狡兔三窟"，故肖兔之人取名宜用含"口""宀""冖"的字，如：口、台、古、可、只、召、名、司、同、合、后、吉、谷、向、吕、告、含、呈、吟、吾、和、周、品、味、哈、咭、唐、哥、哲、商、唯、单、喜、乔、嘉、岩、哙、四、园、围、图、团、空、容、守、宏、宋、定、宙、宜、尚、宥、家、富、黄、稣。

（2）兔是吃草、杂粮的动物，故肖兔之人取名宜用含"艹"头的字，如：

芋、花、芬、芙、芥、苔、苗、茗、苻、茹、茵、莉、莎、萍、华（繁体为"華"）、菁、菊、菽、葵、叶（繁体为"葉"）、苇、蓁、蓉、蒋、蔡、萧、菲。兔亦可食五谷杂粮，故取名可用含"禾""豆""米""麦"的字，如：禾、秀、秉、科、秦、稻、稠、种、称、谷、稷、积、苏、获、豆、麸、丰、艳、麻、米、粉、粱、麦、粉。

（3）地支亥、卯、未三合，即猪、兔、羊三合，有扶助之意，故肖兔之人取名宜用含"亥""未"的字，如：豪、家、聚、毅、朱、豫、美、善、义、祥。

（4）"玉兔之美，在于其肤"，故人们也认为兔也注重外表的华丽，取名可用含"彡""系""彩""禾"的字，如：形、彰、彩、彬、彭、影、雕、红、约、素、细、练、洁、丝、绿、绮、维、致、缘、线、继、衣、表、袁、衫、里、装、裕、福、祝。

（5）卯亦属木，故肖兔之人取名可用含"木"的字，如：木、末、朵、李、杉、森、束、材、村、松、桐、桔、霖、植、叶、桦、树。

2.肖兔之人不宜用字

（1）兔非肉食动物，故肖兔之人取名不宜用含"肉"的字，如：心、快、性、恕、情、恩、愉、愫、慕、应。

（2）守株待兔，乃懒汉所为，故肖兔之人取名不宜用含"人"的字，如：代、仲、仰、伶、伸、来、傅、侨、仪、俪。

五、生肖为龙的人起名用字

在中国人心目中，龙是一种能幽能明、能飞能潜的神异动物，是吉祥、高贵、权威的化身，我们以龙的传人自称，历代皇帝也以真龙天子自命，龙是中国悠久历史文化中不可忽视的瑞兽。

1.肖龙之人宜用之字

（1）传说龙喜欢行于天空，与日、月、星辰为伍，故肖龙之人取名宜选用含"星""云""辰"的字，如：云、晨、振、腾、宸、朋、月。

（2）传说龙喜雨水，江河湖海皆为其掌管场所，故属龙者取名宜用含"水""氵"的字，如：水、冰、求、永、江、沈、汪、添、法、泰、泉、泳、淳、海、洒、涵、清、浩、瀚、瀑、济、潮、渝、溱、滢、涣。

（3）龙在中国古代的地位是无可比拟的，故肖龙之人取名宜用含

"王""大""主""帝""长"的字，如：大、王、君、玲、琴、玉、珍、珏、珠、球、现、琳、琪、玛、瑜、瑶、璋、环、琼、太、夫、天、奂、奚、旺。

（4）传说龙喜欢日、月，故肖龙之人取名可用含"日""月"的字，如：日、月、青、有、春、清、早、明、昆、易、昌、昶、是、映、时、晨、晶、景、晴、暖、晖。

（5）地支申、子、辰三合，所以属龙者取名宜用字有"学""孚""申""子"等。

（6）中国人喜欢用龙马精神比喻积极开拓进取，故属龙者取名宜用字有"骏""腾""骞"等。

（7）在中国古人的意识中，龙总是昂首向前，展示其威风，而不会低下高贵的头颅，故属龙者取名可使用含"一""亠""十"的字，如：友、存、育、房、真、青、升。

2. 肖龙之人不宜用字

（1）山为虎居，水为龙潭，故肖龙之人取名不宜用含"山""艮""寅"的字，如：山、屯、岌、岷、岩、峒、峋、峙、岛、崆、崔、彪、演。

（2）古人认为龙居龙宫，而非小穴，故肖龙之人取名不宜用含"宀"的字，如：字、守、宏、宋、定、宗、宛、家、容、密、寅、富、宽。

（3）古人认为龙乃仙界之物，不食人间烟火，更不用说人间的酒肉，故肖龙之人取名不宜用含"心""忄""肉"的字，如：必、恬、意、志、恒。

（4）地支辰、戌、丑、未乃天罗地网，故肖龙之人取名避免使用带"羊"的字，如：善、美、翔、义、养、姜。

六、生肖为蛇的人起名用字

在十二地支中，巳属蛇，蛇与龙的形状相似，又称"小龙"。在中国古代，蛇亦被用来当作图腾，神话中，伏羲与女娲为人首蛇身或蛇尾。福建，简称"闽"，"闽"字形为门内供奉一条蛇，也反映出当地人崇拜蛇。我国民间流传着一些关于蛇的美丽传说，如《白蛇传》讲述了白蛇和许仙的美丽爱情故事。

1. 肖蛇之人宜用之字

（1）蛇一般居住在洞穴中，在洞穴钻来游去，悠游自如，故肖蛇之人取名可用含"口""宀""冖"的字，如：客、口、台、句、名、司、如、合、含、吕、告、君、如、吴、周、品、哈、唐、哲、员、单、喜、乔、嘉、严、四、回、因、国、图、团、宅、安、宇、宋、定、宙、宜、宛、宫、宥、宪、宸、富、宁、宝、宽、宾、冠。

（2）蛇喜欢上树，似期望成龙，故肖蛇之人取名宜用含"木"的字，如：木、本、未、杰、杏、杉、材、东、林、松、桐、栗、格、栩、枫、森、楚、业（繁体为"業"）、杨、榜、柏、荣、攀、朴、桥、树。

（3）蛇身上的花纹繁复、美丽，故肖蛇之人取名宜使用含"彡""系""衣""采""示""巾"的字，如：彤、形、彦、彩、彭、彰、影、纪、约、纷、纳、素、细、绮、绍、丝、紫、经、绿、纶、绮、维、练、纬、缘、县、绩、总、综、祁、祝、祚、祖、市、帝、帙、席、师、常、帆、采、释。

（4）蛇亦喜欢在田间活动，故肖蛇之人取名可用含"田"的字，如：由、田、甲、申、男、甸、町、界、留、番、画、畸、畴、疆、思、迪、单。

（5）蛇有"小龙"之称，故肖蛇之人取名可用含"小""少""臣""士"的字，如：小、少、尚、尹、士、壮、臣、贤、多。

（6）蛇为肉食动物，故肖蛇之人取名宜用含"月""忄""心"的字，如：心、必、志、念、思、恬、恭、爱、恒、恩、悦、悟、惠、情、爱、慈、慧、庆、怀、胡。

（7）肖蛇之人可用含"辶""廴""巳""之"的字取名，如：巴、几、乙、也、乾、元、允、充、史、先、兆、克、兢、凤、多、廷、建、巡、迅、迎、通、连、进、逸、道、达、运、选、还、迈、迁、近、远、适、遇、迤、逦。

（8）地支巳、酉、丑三合，故肖蛇之人取名宜用字，如：酉、羽、金、姚、写、凤、飞、鸣、鹃、鹏、鹤、莺、鸾、要。

2.肖蛇之人不宜用字

（1）蛇怕人类，故肖蛇之人取名不宜用含有"人"的字，如：人、仁、今、介、付、代、令、佛、值、儒、佚、侨、侬、优。

（2）地支巳与亥对冲，故肖蛇之人取名不宜用含"豕"之字，如：豪、豫、家、毅、聚、众（繁体为"衆"）。

（3）古语云"蛇遇猛虎似刀戳"，地支巳与寅相刑，故肖蛇之人取名不宜用"虍""虎""虞"等字。

七、生肖为马的人起名用字

马在十二地支中属午，五行属火。马，性情温和，记忆力强，是对人类忠诚的动物之一。

1. 肖马之人宜用之字

（1）马是食草动物，食物充足，马肥人壮，故肖马之人宜用"艹"头字起名，如：芊、芬、芳、芙、芝、苓、芮、花、苑、若、苡、萍、茗、茱、菲、茹、荷、草、荐、莎、蒙、叶（繁体为"葉"）、董、苇、莲、蔡、蒋、荟、苏、蕴。

（2）马亦喜食五谷杂粮，故肖马之人起名宜用与"禾""谷"相关的字，如：禾、秀、秘、科、秦、谷、稼、积、稣、秋、坚、艳、丰。

（3）人们常用"龙马精神"形容极有活力、有干劲，故肖马之人起名可选用含"龙""辰"的字，如：龙、辰、农、宝。

（4）马有美丽的大眼睛，肖马之人起名可用含"目"的字，如：目、相、盼、眉、媚、睦、省、瞬、瞄、瞩。

（5）马喜欢在林间穿梭，故肖马之人起名可用含"木"的字，如：木、杉、彬、琳、东、杭、荣、林、霖、柔、杰、栋、森、杨、楚、楣、树、业（繁体为"業"）、桦。

（6）好马配好鞍，马亦"喜欢"装扮漂亮，故肖马之人起名可用含"巾""彡""衣"的字，如：纪、约、纯、素、珍、紫、维、纲、缘、练、形、致、彩、彬、彰、希、帆、席。

（7）房檐为马避风躲雨之处，故肖马之人宜用含"宀"的字起名，如：守、安、宋、定、宜、家、容、宽、宝。

2. 肖马之人不宜用字

（1）取名不宜用含"田"的字，马不是用来耕地的，故肖马之人起名避免使用该类字，如：富、由、男、甸、町、界、单、留、毕、画、畴、疆。

（2）肖马之人不宜用含"口"的字取名，如：吕、品、启、喜、单。

（3）马乃素食动物，肖马之人不宜用含"心""月""忄"的字取名，如：思、心、蕊、必、志、念、性、恒、恕、思、情、惟、意、感、愉、慷、应、宥、怀。

八、生肖为羊的人起名用字

在十二地支中,羊与未对应。羊是一种温顺的动物,喜欢成群,故亦象征团结,羊也是一种吉祥物,如古代有吉祥语"三羊开泰"(谐音"三阳开泰")等。

1. 肖羊之人宜用之字

(1)羊喜欢吃草,故肖羊之人宜用含"艹"的字起名,如:芙、芭、芳、芮、芸、菲、苑、苒、苔、苗、若、萍、茁、芝、兰(繁体为"蘭")、茱、茹、荷、秀、菊、萱、艺、蓉、莲、傅、苔。

(2)羊亦食五谷杂粮,故肖羊之人宜用与"禾"相关的字取名,如:禾、秀、秘、科、秦、稼、积、稣、秋、称、种、积。

(3)羊喜蹦跳,故"足"使其更加自得,肖羊之人取名宜用含"足"的字,如:路、跃、跏、蹈、跛、跦。

(4)肖羊之人取名宜用含"口""宀""冖"的字,如:客、口、台、句、名、司、如、合、含、吕、君、如、吴、周、品、唐、哲、员、单、喜、嘉、四、回、因、国、图、团、宅、安、宇、宋、定、宙、宜、宛、宫、宥、宪、宸、富、宁、宝、宽、宾、冠。

(5)羊喜三合三会,肖羊之人宜用与羊会合的字起名,如:家、豪、稼、聚、卿、印、月、朋、青、东、栋、马、骏、南、许、炳、丙、丁、杰、巡、迪、通、连、逢、进、运、过、道、达、远、适、选、迈、边、邦、那、邑、郁、郡、都、邓、延、建。

2. 肖羊之人不宜用字

(1)自古以来,羊都被当作祭品用于祭祀等,故肖羊之人取名不宜含"大""王""君""长"的字,如:大、天、太、夫、夷、夹、奇、奉、奏、玲、玳、珏、珊、球、琰、琏、长、帝。

(2)羊是素食动物,故肖羊之人不宜用含"心""月"的字取名,如:思、心、蕊、必、志、念、性、恒、恕、思、情、惟、意、感、愉、慷、应、宥、怀。

(3)祭祀的时候,人们常常张灯结彩,故肖羊之人取名不宜用含"巾""彡""衣"的字,如:纪、约、纯、素、珍、紫、纬、维、纲、缘、形、致、彩、彬、彰、雕、希、帆、席。

（4）肖羊之人取名不宜用与"未""子"相冲害的字，如：丑、牛、特、学、燕、郭。

九、生肖为猴的人起名用字

在十二地支中，猴与申相配。猴子好动，自古被视为最聪明伶俐的动物。猴寓意吉祥，常被用为吉祥图案元素，如：猴子骑马的图，寓意"马上封侯"；一只猴子骑在另一只猴子背上的图，寓意"辈辈封侯"。

1. 肖猴之人宜用之字

（1）在古代小说《西游记》中，"水帘洞"为猴居住场所，故肖猴之人取名宜用含"口""宀""冖"的字，如：客、口、台、句、名、司、如、合、含、吕、君、如、吴、周、品、唐、哲、员、单、喜、乔（繁体为"喬"）、嘉、严（繁体为"嚴"）、四、回、因、国、图、团、宅、安、宇、宋、定、宙、宜、宛、宫、宥、宪、宸、富、宁、宝、宽、宾、冠。

（2）猴喜欢在林间活动，自由自在，故肖猴之人起名可选用含"木"的字，如：木、杉、彬、琳、东、杭、荣、林、霖、柔、杰、栋、森、杨、楚、楣、树、业、桦。

（3）山上无老虎，猴子称大王，故肖猴之人取名宜采用含"王""大""主""帝""长"的字，如：大、王、君、玲、琴、玉、珍、珏、珠、球、现、琳、琪、玛、瑜、瑶、璋、环、琼、太、夫、天、奂、奚、旺。

（4）人与猴有着密不可分的关系，故肖猴之人取名可用含"人"的字，如：人、仁、今、介、付、代、令、佛、值、儒、佚、侨、侬、优。

（5）地支申、子、辰三合，故肖猴之人取名可用含"子""水""辰"的字，如：子、孔、字、存、孝、孜、李、孙、学、农。

（6）在民间故事中，猴和人一样，喜欢华丽的衣服，故肖猴之人取名可用含"彡""系""衣""采""示""巾"的字，如：彤、形、彦、彩、彭、彰、影、纪、约、纷、纳、素、细、绮、绍、丝、紫、经、纶、维、纬、缘、绩、总、综、祁、祝、祚、祖、市、帝、帙、席、师、常、帆、采、释。

2. 肖猴之人不宜用字

（1）地支寅与申相冲，故肖猴之人取名不宜用"寅""处""虑""虚""号"等字。

（2）古语云"猪遇猴，似箭投"，故肖猴之人取名不宜用"亥""家""象""豪""豹"等字。

（3）肖猴之人起名不宜用的字还有：钊、钧、银、铭、锐、锋、钢、铎、秋、钟。

十、生肖为鸡的人起名用字

十二地支中酉为鸡，"鸡"与"吉"谐音，雄鸡报晓，旭日东升，"守夜而不失时信也"，可见其尽职责。古人认为鸡有五德——文、武、勇、仁、信，所以又送其一雅号谓"德禽"。

1. 肖鸡之人宜用之字

（1）鸡乃杂食动物，整天到处寻食物，故宜与五谷相伴，肖鸡之人起名可用字如：禾、秀、秘、科、秦、谷、稼、积、稣、秋、坚、艳、丰。

（2）雄鸡展英姿，犹如凤凰重现，故肖鸡之人取名宜用"山"旁的字，如：岂、山、屯、岗、岳、峒、峙、嵋、嵘。

（3）鸡喜欢在树上休息，故肖鸡之人取名可用含"木"的字，如：木、杉、彬、琳、东、杭、荣、林、霖、柔、杰、栋、森、杨、楚、楣、树、业（繁体为"業"）、桦。

（4）肖鸡之人取名宜用含"彡""系""衣""采""示""巾"的字，增其喜气，如：彤、形、彦、彩、彭、彰、影、纪、约、纷、纳、素、细、绮、绍、丝、紫、经、纶、绮、维、纬、缘、绩。

（5）金鸡独立，增其英姿，故肖鸡之人取名可用"章""彰""平""峰"等字。

（6）家鸡一般在房檐下避风躲雨，故肖鸡之人取名可用含"宀""冖"的字，如：客、宇、宁、家、安、宿、宽、密、宝、寂、究、守、宏、宬、宓、宜、冠、军、冢、幂、罕、宅。

（7）地支巳、酉、丑三合，故肖鸡之人取名可用下列字：建、连、进、选、迅、巡、迪、运、道、达、延、廷。

2. 肖鸡之人不宜用字

（1）鸡不宜再见金，因酉鸡为金，五行中金金相逢，容易犯冲，故肖鸡之人取名不宜用与"金"有关的字，如：金、钊、钧、铃、银、路、锐、锋、钱、钏、酉、醒、申、兑、秋。

（2）鸡为素食者，不宜见荤，故肖鸡之人取名不宜取含"忄""心"的字，如：心、必、志、念、思、恬、恭、爱、恒、恩、悦、悟、惠、情、慈、慧、庆、怀、胡。

（3）俗谓鸡多嘴多舌，易生是非，出力不讨好，故肖鸡之人取名不宜用含"口"的字，如：品、吕、客、嘉、高。

（4）肖鸡之人取名不宜用的字还有：系、示、石、人、虎、水。

十一、生肖为狗的人起名用字

十二地支戌为狗，古人认为狗守夜，所主戌时。狗亦是有灵性的动物，是人类最忠实的朋友，其视觉、嗅觉都灵敏，能守卫家园。另外，狗的记忆力强，可以承担传送书信等工作。

1.肖狗之人宜用之字

（1）狗是人类最忠实的朋友，受到人们的喜爱，故肖狗之人取名宜用含"人"的字，如：人、仁、今、介、付、代、令、佛、值、儒、佚、侨、侬、优。

（2）人们认为狗喜彩衣，增其威势，故肖狗之人取名可用带"彡""系""衣""采""示""巾"的字，如：彤、形、彦、彩、彭、彰、影、纪、约、纷、纳、素、细、绮、绍、丝、紫、经、纶、绮、维、纬、缘、绩。

（3）地支寅、午、戌三合，寅为虎，午为马，故肖狗之人起名可用含"虎""马"的字，如：玛、笃、骏、驻、骋、骆、骞、腾、虔、虎、虚、献。

（4）狗喜肉食，故肖狗之人宜用含"心""月"的字取名，如：思、心、蕊、必、志、念、性、恒、恕、情、惟、意、感、愉、慷、应、宥、怀。

（5）肖狗之人起名亦宜用"臣""士"等字。

2.肖狗之人不宜用字

（1）狗忠诚于主人，故肖狗之人起名不宜取"律""徐""得""德""微""钦"等字。

（2）肖狗之人取名不宜用含"口"的字，如：昆、星、昱、晶。

（3）肖狗之人取名不宜用含"田"的字，如：富、由、男、甸、町、界、单、留、画、畴、疆。

（4）辰戌对冲，故肖狗之人取名不宜用含"辰""戌""贝"等的字，如：辰、晨、振、娠、樱、真、贞、贡、责、贵、贻、赐、赋。

（5）狗与戌对应，为戌属土，木克土，故肖狗之人取名不宜用含"木"的字，如：林、木、材、李、森、东、松、枝、柳、模、标、楚。

十二、生肖为猪的人起名用字

在十二地支中，属猪与亥相配，处于最末一位，亥属水，方位北，色黑。猪和马、牛、羊、鸡、狗共为六畜，猪是财富的象征，古人云"猪入门，百福臻"。

1. 肖猪之人宜用之字

（1）猪喜欢吃豆、禾、米、草之类的食物，所以肖猪之人取名宜用表示五谷的字，如：禾、丰、米、粱、粟、精、秀、秦、种、稻、菊、苏。

（2）猪命比较有福气，故肖猪之人宜用含有"宀""冖"等的字起名，如：客、宅、安、宽、军、冠、幂。

（3）猪喜大口，故肖猪之人起名宜用含"口"的字，如：品、吕、客、嘉、高。

（4）地支亥、卯、未三合，未为羊，故肖猪之人起名可用含"卯""未"的字，如：卯、柳、未、善、义、仪、羚、家、东。

（5）地支亥、子、丑三会，北方水，与子通义者有"水""北""坎"，与丑通义者有"牛"，故肖猪之人取名宜用字如：子、水、孟、宇、存、孝、季、学、承、江、湘、治、沪、温、清、泽。

（6）金能生水，对猪有扶助之意，故肖猪之人取名可用含"金"的字，如：钮、铃、锋、铨、钧、镇、锐、钟。

（7）地支亥、卯、未三合，故肖猪之人取名可用含"木"的字，如：林、森、东、榛、榆、松、桂、柔、柏。

2. 肖猪之人不宜用字

（1）古语云"猪遇猴，似箭投"，故肖猪之人取名不宜用含"申""侯"的字，如：申、伸、绅、侯。

（2）肖猪之人取名不宜用含"示"的字，因其寓意为劳苦一生而无所得，如：社、祀、祯、礼、禧。

（3）猪与蛇相冲，蛇对应地支巳，肖猪之人起名不宜用含"之""乙"的字，如：迅、婉、凯、毅、迎、近、返、远、迁、通、造、速、连、逢、运、道、达、还、邑、乙、己。

提炼诗词起名法

所谓提炼诗词取名法就是从成语、诗词或典故中提炼字用于起名。

中华民族历史悠久的文化中有大量的成语和优美的诗词文章，它们不但是我们民族文化的瑰宝，而且是起名的一个巨大宝库。运用诗文典故或成语起名不但能体现我们传统文化的精华，而且适应社会生活文化环境，显得新颖脱俗，意味深长，给人留下深刻的印象，例如下列名字。

马识途：取自"老马识途"
叶知秋：取自"一叶知秋"
马行空：取自"天马行空"
步青云：取自"平步青云"
万斯年：取自"亿万斯年"
程万里：取自"鹏程万里"
任唯才：取自"唯才是举"
成于思：取自"行成于思"
石惊天：取自"石破天惊"
钱未闻：取自"前所未闻"
戴星月：取自"披星戴月"
钟志城：取自"众志成城"
于得水：取自"如鱼得水"
方未然：取自"防患于未然"
易了然：取自"一目了然"
安思危：取自"居安思危"
沈力行：取自"身体力行"
冯甘霖：取自"久旱逢甘霖"
韦三绝：取自"韦编三绝"
金玉良：取自"金玉良言"
邢成思：取自"行成于思"
郑光明：取自"正大光明"
翟从善：取自"择善而从"

这些构思巧妙的姓名，含义丰富，意味深长，不失为较成功的姓名作品，对当今人们构思名字有一些启发。但采用成语入名法应注意两点：一是成语的表达要醒目、准确，让人一目了然，不能产生歧义或误解；二是选择的成语要大众化，要让人能读懂、能理解，要有积极意义。

提炼诗词起名实例：

岸柳：语出清代女诗人吴绛雪（名宗爱，字绛雪）《咏四季诗》"莺啼岸柳弄春晴夜月明，香莲碧水动风凉日月长，秋江楚雁宿沙洲浅水流，红炉透炭炙寒风御隆冬"派生出来的一首回文诗："莺啼岸柳弄春晴，柳弄春晴夜月明。明月夜晴春弄柳，晴春弄柳岸啼莺。"

白雨：语出宋代苏轼《六月二十七日望湖楼醉书·其一》："黑云翻墨未遮山，白雨跳珠乱入船。"

彦兮：语出《诗经·郑风》："彼其之子，邦之彦兮。"

常勤：语出清代翟灏《通俗编·地理》："汝等常勤精进，譬如小水常流，则能穿石。"

朝闻：语出《论语》："朝闻道，夕死可矣！"

础润：语出宋代苏洵《辨奸论》："事有必至，理有固然，惟天下之静者，乃能见微而知著。月晕而风，础润而雨，人人知之。"

冲默：语出东晋陶渊明《孟府君传》："冲默有远量。"

春晖：语出唐代孟郊《游子吟》："谁言寸草心，报得三春晖。"

春妍：语出宋代苏轼《一丛花·今年春浅腊侵年》："今年春浅腊侵年，冰雪破春妍。"

达人：语出宋代彭龟年《题王仲显梅谷》："达人善观物，在我乃不喻。须上最高楼，方能了真趣。"

达志：语出元代宋方壶《中吕·山坡羊·道情》："贫，气不改；达，志不改。"

大礼：语出《礼记·乐记》："大乐与天地同和，大礼与天地同节。"

丹枫：语出宋代陆游《龟堂杂兴》："丹枫吹尽鸦声乐，又得霜天一日晴。"

定波：语出唐代聂夷中《劝酒二首·其一》："白日无定影，清江无定波。"

独悟：语出北宋王安石《王文公文集·拟寒山拾得》："独悟自根本，不从他处起。"

笃敬：语出《论语·卫灵公》："言忠信，行笃敬。"

飞帆：语出宋代吴文英《齐天乐》："渺烟碛飞帆，暮山横翠。"

丰衍：语出《后汉书·任延传》："是岁风雨顺节，谷稼丰衍。"

进德：语出明代洪应明《菜根谭》："耳中常闻逆耳之言，心中常有拂心之事，才是进德修行的砥石。"

碧云：语出宋代范仲淹《苏幕遮·怀旧》："碧云天，黄叶地，秋色连波，波上寒烟翠。"

浩然：语出《孟子》："我知言，吾善养吾浩然之气。"

荷露：语出唐代白居易《放言五首·其一》："草萤有耀终非火，荷露虽团岂是珠。"

恨水：语出五代十国时期李煜《相见欢·林花谢了春红》："自是人生长恨水长东。"

弘毅：语出《论语》："士不可以不弘毅，任重而道远。"

鸿飞：语出唐代杜甫《寄韩谏议注》："鸿飞冥冥日月白，青枫叶赤天雨霜。"

厚基：语出汉代桓宽《盐铁论》："筑城者，先厚其基而后求其高；畜民者，先厚其业而后求其赡。"

辉光：语出《周易·象传》："大畜，刚健笃实，辉光日新。"

蕙心：语出南朝宋鲍照《芜城赋》："东都妙姬，南国丽人，蕙心纨质，玉貌绛唇。"

己正：语出汉代扬雄《法言·修身》："天下有三好：众人好，己从；贤人好，己正；圣人好己师。"

霁雨：语出宋代黄庭坚《念奴娇》："断虹霁雨，净秋空，山染修眉新绿。"

建安：语出唐代陆贽《奉天请罢琼林大盈二库状》："智者因危而建安，明者矫失而成德。"

江南：语出唐代白居易《忆江南》："日出江花红胜火，春来江水绿如蓝，能不忆江南？"

江雨：语出唐代韦庄《金陵图》："江雨霏霏江草齐，六朝如梦鸟空啼。"

娇云：语出宋代晏几道《御街行·街南绿树春饶絮》："树头花艳杂娇云，树底人家朱户。"

介福：语出《诗经·小雅·信南山》："报以介福，万寿无疆。"介福，指大福。

介然：语出《荀子·修身》："善在身，介然，必以自好也。"

尽美：语出《论语·八佾》："尽美矣，又尽善也"。

敬守：语出《管子·内业》："敬守勿失，是谓成德，德成而智出。"

敬之：语出《孟子·离娄下》："爱人者，人恒爱之；敬人者，人恒敬之。"

静若：语出唐代钱起《蓝田溪与渔者宿》："更怜垂纶叟，静若沙上鹭。"

居敬：语出《论语·雍也》："居敬而行简，以临其民，不亦可乎？"

致远：语出三国时蜀国诸葛亮《诫子书》："非淡泊无以明志，非宁静无以致远。"

凯风：语出《诗经·凯风》："凯风自南，吹彼棘心。"

克己：语出唐代韩愈《贺太阳不亏状》："陛下敬畏天命，克己修身，诚发于中，灾销于上。"

克明：语出《尚书·伊训》："居上克明，为下克忠。"

至柔：语出《周易·文言传》："坤至柔而动也刚，至静而德方。"

兰若：语出唐代李白《题嵩山逸人元丹丘山居》："尔能折芳桂，吾亦采兰若。"

兰芷：语出宋代贺铸《人南渡·兰芷满汀洲》："兰芷满汀洲，游丝横路。"

冷香：语出宋代姜夔《念奴娇·闹红一舸》："嫣然摇动，冷香飞上诗句。"

凝香：语出唐代李白《清平调词·其二》："一枝红艳露凝香。"

绿芜：语出宋代陈克《菩萨蛮·绿芜墙绕青苔院》："绿芜墙绕青苔院，中庭日淡芭蕉卷。"

养正：语出《周易·蒙》："蒙以养正，圣功也。"

梦远：语出南唐后主李煜《望江南·闲梦远》："闲梦远，南国正芳春。"

妙心：语出《宋史·岳飞传》："运用之妙，存乎一心。"

明诚：语出《礼记·中庸》："自诚明，谓之性；自明诚，谓之教。"

明哲：语出《尚书·说命上》："知之曰明哲，明哲实作则。"

宁恬：语出清代王豫《蕉窗日记》："宁直毋媚，宁介毋通，宁恬毋竞。"

乔木：语出《诗经·伐木》："出自幽谷，迁于乔木。"

沁碧：语出宋代吴文英《扫花游·送春古江村》："水园沁碧，骤夜雨飘红。"

清冰：语出唐代白居易《反白头吟》："火不热真玉，蝇不点清冰。"

懿德：语出明代洪应明《菜根谭》："清能有容，仁能善断，明不伤察，直不过矫，是谓蜜饯不甜，海味不咸，才是懿德。"

秋鸿：语出宋代苏轼《正月二十日与潘郭二生出郊寻春忽记去年是日同至女王城作诗乃和前韵》："人似秋鸿来有信，事如春梦了无痕。"

秋韵：语出宋代欧阳修《玉楼春·别后不知君远近》："夜深风竹敲秋韵，万叶千声皆是恨。"

泉泓：语出宋代刘子寰《沁园春》："云鏊泉泓，小者如杯，大者如罂。"

流泉：语出明代袁中道《夜泉》："流泉得月光，化为一溪雪。"

容众：语出《论语·子张》："君子尊贤而容众，嘉善而矜不能。"

如雪：语出南唐后主李煜《清平乐·别来春半》："砌下落梅如雪乱，拂了一身还满。"

如茵：语出陈毅《宿欧西》："花香时伴鸟语来，草地如茵沁心腹。"

若飞：语出北朝《木兰诗》："关山度若飞。"

若木：语出《楚辞·离骚》："折若木以拂日兮。"

若虚：语出明代王永彬《围炉夜话》："观颜子之若无若虚，为学岂容自足？"

若愚：语出宋代苏轼《贺欧阳少师致仕启》："大勇若怯，大智若愚。"

三立：语出《左传·襄公二十四年》："太上有立德，其次有立功，其次有立言，虽久不废，此之谓不朽。"

三秋：语出《诗经·王风·采葛》："彼采萧兮，一日不见，如三秋兮。"

沙白：语出唐代杜甫《登高》："渚清沙白鸟飞回。"

从善：语出《贞观政要·教诫太子诸王》："从善则有誉，改过则无咎。"

善志：语出《淮南子·主术训》："人无善志，虽勇必伤。"

韶华：语出宋代秦观《江城子》："韶华不为少年留。恨悠悠，几时休？"

省非：语出宋代林逋《省心铨要》："广积不如教子，避祸不如省非。"

三省：语出《论语·学而》："吾日三省吾身。"

诗雪：语出宋代卢梅坡《雪梅》："有梅无雪不精神，有雪无诗俗了人。"

思飞：语出唐代李白《宣州谢朓楼饯别校书叔云》："俱怀逸兴壮思飞，

欲上青天揽明月。"

至诚：语出汉代刘歆《西京杂记》："至诚则金石为开。"

守逸：语出明代洪应明《菜根谭》："栖恬守逸之味，最淡亦最长。"

清名：语出明代洪应明《菜根谭》："宁守浑噩而黜聪明，留些正气还天地；宁谢纷华而甘淡泊，遗个清名在乾坤。"

暗香：语出宋代林逋《山园小梅·其一》："疏影横斜水清浅，暗香浮动月黄昏。"

春风：语出唐代白居易《杨柳枝词》："一树春风千万枝，嫩于金色软于丝。"

水静：语出唐代赵嘏《越中寺居》："水静鱼吹浪，枝闲鸟下空。"

思诚：语出《孟子·离娄上》："是故诚者，天之道也；思诚者，人之道也。"

思齐：语出《论语·里仁》："见贤思齐焉，见不贤而内自省也。"另见汉代《韩诗外传》："思齐则成，志齐则盈。"

思睿：语出南宋理学家朱熹《近思录·致知》："思曰睿，思虑久后，睿自然生。"

思行：语出《论语·公冶长》："三思而后行。"

斯远：语出明代王永彬《围炉夜话》："品超斯远，云飞而不碍空。"

素诚：语出南朝宋鲍照《拟古诗八首·其八》："石以坚为性，君勿惭素诚。"

素心：语出东晋陶渊明《移居二首》："闻多素心人，乐与数晨夕。"

素月：语出东晋陶渊明《杂诗·其二》："白日沦西河，素月出东岭。"

溥畅：语出先秦宋玉《风赋》："大风者，天地之气溥畅而至，不择贵贱高下而加焉。"

天旭：语出东晋陶渊明《归园田居·其五》："欢来苦夕短，已复至天旭。"

桐叶：语出宋代曾几《苏秀道中》："千里稻花应秀色，五更桐叶最佳音。"

图南：语出《庄子·逍遥游》："（大鹏）背负青天，而莫之夭阏者，而后乃今将图南。"

婉若：语出三国时魏国曹植《洛神赋》："翩若惊鸿，婉若游龙。"

望晴：语出宋代史达祖《三姝媚·烟光摇缥瓦》："烟光摇缥瓦，望晴檐多风,柳花如洒。"

惟静：语出唐代姚崇《口箴》："惟静惟默，澄神之极。"

无涯：语出《庄子》："吾生也有涯，而知也无涯。"

惜晖：语出唐代陈子良《游侠篇》："日暮河桥上，扬鞭惜晚晖。"

习之：语出《论语·学而》："学而时习之，不亦说乎？"

闲云：语出唐代王勃《滕王阁序》："闲云潭影日悠悠，物换星移几度秋。"

翔风：语出魏晋时期阮籍《咏怀》："翔风拂重霄，庆云招所晞。"

尚行：语出北宋邵雍《渔樵问对》："尚行，则笃实之风行焉；尚言，则诡谲之风行焉。"

尘远：语出唐代韦应物《赠王侍御》："心同野鹤与尘远，诗似冰壶见底清。"

心香：语出格言："左拍右携非我事，心香一炷要争先。"

则夷：语出《诗经·草虫》："亦既见止，亦既觏止，我心则夷。"

心远：语出东晋陶渊明《饮酒·其五》："结庐在人境，而无车马喧。问君何能尔？心远地自偏。"

欣德：语出东晋陶渊明《答庞参军·其三》："伊余怀人，欣德孜孜。"

新雨：语出唐代丘为《寻西山隐者不遇》："草色新雨中，松声晚窗里。及兹契幽绝，自足荡心耳。"

杏雪：语出宋代范成大《秦楼月·楼阴缺》："一天风露，杏花如雪。"

修远：语出战国时期楚国屈原《离骚》："路漫漫其修远兮，吾将上下而求索。"

学思：语出《论语》："学而不思则罔，思而不学则殆。"

逊志：语出《尚书·说命下》："惟学逊志，务时敏，厥修乃来。"

雅志：语出东晋陶渊明《闲情赋》："淡柔情于俗内，负雅志于高云。"

雁秋：语出五代冯延巳《抛球乐》："坐对高楼千万山，雁飞秋色满阑干。"

瑶华：语出唐代张九龄《立春日晨起对积雪》："忽对林亭雪，瑶华处处开。"

宝磬：出自"读《易》晓窗，丹砂研松间之露；谈经午案，宝磬宣竹下之风"。

益才：语出汉代刘向《说苑·建本》："学所以益才也，砺所以致刃也。"

益青：语出唐代李隆基《赐新罗王》："益重青青志，风霜恒不渝。"

毅然：语出明代《朱舜水集》："毅然特立，有为之士也。"

幽兰：语出东晋陶渊明《饮酒·其十七》："幽兰生前庭，含薰待清风。"

宇泰：语出《庄子·庚桑楚》："宇泰定者，发乎天光。"

雨来：语出宋代李清照《摊破浣溪沙》："枕上诗书闲处好，门前风景雨来佳。"

远闻：语出唐代孟郊《送温初下第》："高怀无近趣，清抱多远闻。"

月轩：语出南北朝江淹《别赋》："日下壁而沉彩，月上轩而飞光。"

云锦：语出唐代李白《庐山谣寄卢侍御虚舟》："庐山秀出南斗傍，屏风九叠云锦张。"

云影：语出宋代朱熹《观书有感》："半亩方塘一鉴开，天光云影共徘徊。"

泽积：语出唐代刘禹锡《唐故监察御史赠尚书右仆射王公神道碑铭》："山积而高，泽积而长。"

真淳：语出金末元初文学家元好问《论诗三十首》："一语天然万古新，豪华落尽见真淳。"

知闲：语出《庄子·齐物论》："大知闲闲，小知间间。"

自成：语出《礼记·中庸》："诚者，自成也；而道，自道也。"

至清：语出《汉书·东方朔传》："水至清而无鱼，人至察则无徒。"

至哲：语出宋代范仲淹《老子犹龙赋》："至哲难偕，元功莫极。"

志齐：语出《韩诗外传》："思齐则成，志齐则盈。"

志清：语出东晋文学家顾夷《顾子》："登高使人意遐，临深使人志清。"

志行：语出《周易·豫》："豫，刚应而志行，顺以动。"

志逸：语出东晋陶渊明《杂诗》："猛志逸四海，骞翮思远翥。"

致君：语出唐代杜甫《奉赠韦丞丈二十二韵》："致君尧舜上，再使风俗淳。"

鹏程：语出明代洪应明《菜根谭》："地宽天高，尚觉鹏程之窄小；云深松老，方知鹤梦之悠闲。"

卓心：语出明代王永彬《围炉夜话》："一室闲居，必常怀振卓心，才有生气。"

子都：语出《孟子·告子上》："至于子都，天下莫不知其姣也。"

子规：语出唐代杜甫《子规》："两边山木合，终日子规啼。"

紫烟：语出唐代李白《望庐山瀑布》："日照香炉生紫烟，遥看瀑布挂前川。"

舒眉：语出明代洪应明《菜根谭》："东海水曾闻无定波，世事何须扼腕？北邙山未省留闲地，人生且自舒眉。"

自清：语出战国时期楚国屈原《楚辞·卜居》："宁廉洁正直以自清乎？"

起名除引用典故、诗文之外，许多人的名字是袭用、套用或化用了典故，但巧妙得几乎不着痕迹，像楚图南、白羽、胡乔木等名字，经过起名者自己的再创造再表现，不再有生搬硬套的痕迹，从而体现出良好的起名艺术和优雅个性，这一点值得许多要为孩子起名的父母借鉴学习。

哪些情况需要改名

张大千原名张正权，徐悲鸿原名徐寿康，茅盾原名沈德鸿，郭沫若原名郭开贞，巴金原名李尧棠，成龙原名陈港生，金庸原名查良镛……这些名人都曾改了名字或者取了笔名，新的名字激励着他们走上了成功之路。名字具有神奇的心理暗示作用，蕴含了宇宙自然界的精、气、神与人的情、意、志。在《说文解字》当中，"名"的训义为"命"，古人甚至认为姓名与命运息息相关，所以民间俗谓"不怕生错命，就怕起错名""赐子千金，不如赐子佳名"。

什么情况下建议改名呢？

第一种情况：工作需要改名或用化名、笔名。例如，1919年9月，周恩来、邓颖超在天津领导成立革命组织觉悟社。为了便于进行革命活动，大家用号码抽签，按所抽号码的谐音改名。当时，觉悟社有20名成员，但代号却是1至50号。周恩来抽到"5号"，便取其谐音"伍豪"为化名，邓颖超当时叫邓文淑，她抽到1号，便化名"逸豪"。

1947年，蒋介石派胡宗南向延安发动重点进攻。面对胡宗南大军压境，为了诱敌深入，进而在游击战中消灭敌人，中共中央决定撤离延安，临行前，毛泽东为自己改了一个寓意深长的化名——李德胜，李德胜谐音"离得胜"。毛泽东动情地说："我们今天放弃延安，就意味着将来要解放南京、解放上海、解放全中国！守延安失延安，离延安有延安。"于是"李德胜"的名字就在转战陕北中被使用并传播开来，毛泽东带领部队在转战中最终大获全胜。

第二种情况：姓名出现容易引发不吉不雅的谐音联想时建议改名。王灵谐音"亡灵"、贾正京谐音"假正经"、姚晶谐音"妖精"，像这些姓名可能给其本人带来困扰，就建议改名。

怎样改好名

有的人认为自己的姓名信息不好，就生搬硬套姓名学的书改名，因个人水平有限，结果没改好，不但没给自己带来好处，反而引来很多麻烦。名字能对人产生潜移默化的作用，是由于名字的意象、形象、音象、数象蕴含的信息。

现以著名作家贾平凹为例加以说明。

作家贾平凹，原名贾平娃，1952年出生于陕西丹凤县棣花村一个农民家庭。当地山里人给孩子起名往往喜欢叫某某娃，父母为贾平凹取名"平娃"，希望他平平安安。

平娃初中毕业时，正赶上"文化大革命"，回家务农几年。1972年4月，他作为首届工农兵大学生，告别家乡的青山绿水，来到古城西安，进入西北大学中文系学习。在大学三年中，这位山里孩子不停地读书，不停地写作。他当时寄出去的稿子常被退回，为此常遭一些人的讽刺挖苦。"娃"字有没长大之嫌，贾平娃改名贾平凹。从名字的意象、形象、音象上分析，为什么改"凹"呢？"凹"有两种读音和字义：其一，读 āo，凹，为周围高中间低之意，与"凸"相对；其二，读 wā，与"洼"字音相同，低洼之意。贾平娃改为贾平凹之后，从字音看，读 wa，与"娃"同音不同调；从字义上讲，取凹（音 āo）义，凹凸不平之意。这样，贾平凹之"凹"，音义分开，既保留原来"贾平娃"的读音，又有凹凸不平之意。

对于自己的改名，贾平凹在他的《小传》中写道："姓贾，名平凹，无字，无号；娘呼'平娃'，理想于通顺；我写'平凹'正视于崎岖；一字之改，音同形异，两代人心境可见也。"

第四章　姓名与人生

姓名对性格和交际的影响

姓名在人际交往中必不可少，在交际中用来供自己或别人呼叫，当别人呼叫自己的姓名时，名字的音波律动，像是有节奏跳动的音乐符号，其平仄声调由高、低、强、弱、长、短组合而成，有的名字组合声调具有号召力，有的名字组合声调是悲调，有的是慢调，有的是快调，有的是强调，有的是弱调，还有中调和短调。名字中的这些音波信息，通过全身器官，主要是耳朵传送给人体，音波刺激内耳中的球囊，内耳神经便自发反应，这种自发反应又促使大脑来调节人的行为。因此，美妙动听的名字所蕴藏的音波信息能使人体感觉舒适。具有不良音波信息的名字，则可能诱导人向消极方向发展。大家都有一个共同的体验：当听到优美的舞曲时，我们在享受中不自觉地产生跳舞的冲动。闻乐起舞的原因就是音声对人体具有激发作用。笔者就曾对人名进行观察统计，发现性格孤僻或内向的人使用的名字多含悲调或慢调意蕴。有个学生叫温学曼，性格十分内向，很少与人交往，改名温知新，新名使用一段时间后，此人与同学交往逐渐多起来。因为名字蕴含明快的调子，在人与人沟通中要比"温学曼"这个名字更有积极作用。

音波不但对人产生作用，而且对植物也有影响。科学家对于宇宙生命与音声的关系也有一定的研究。20世纪六七十年代，科学家发现，植物对大部分音乐和其他声音有反应，对磁场、电流也有反应，在一定的条件下，这都会影响植物的生长。科学家还发现爵士乐和古典乐一般都会给植物带来好影响，而摇滚乐则产生反作用，音乐的波动通过声波信息传送给植物并对植物的生长产生影响。

姓名与健康

美国行为医学会在2002年第19届会议上专门讨论了"姓名和寿命的关系",该组织详细研究了美国加州1969—1995年的死亡者的死亡证明书,行为医学专家们把被调查者的种族、性别、死亡之年、社会经济状况及父母忽视等原因综合起来,研究得出结论如下:"惊人的发现是,父母给孩子起的名字几乎可以改变孩子今后的死亡原因及时间。姓名含褒义比姓名含贬义的男人平均多活7.28年。姓名含贬义的人,不仅寿命较短,而且所患疾病的种类也更多,意外死亡发生率更高。"

人的姓名不只是一个简单的称谓符号,而且对人的心理健康及各方面发展都有着一定的影响,下面从三个方面谈谈姓名是如何影响人的健康状况的。

1. 姓名的读音对身体有影响

一个名字的读音会影响人的情绪,名字的字音可能引起五脏六腑的反应。古人对声音研究得很透彻,两千多年前,司马迁在《史记》中记述五音与五脏的对应关系:"宫动脾而和正圣,商动肺而和正义,角动肝而和正仁,徵动心而和正礼,羽动肾而和正智。闻宫音使人温舒而广大,闻商音使人方正而好义,闻角音使人恻隐而仁爱,闻徵音使人乐善而好礼,闻羽音使人整齐而开智。"古代的五音指宫、商、角、徵、羽。宫音五行属土,影响人的脾胃;商音五行属金,影响人的肺和筋骨;角音五行属木,影响人的肝脏;徵音五行属火,影响人的心脏;羽音五行属水,影响人的肾脏。现代人很难辨别古代五音,宋代韵书《切韵指掌图》所附"辨五音例"给出了辨别五音的方法:"欲知宫,舌居中(喉音);欲知商,开口张(齿头正齿);欲知角,舌缩却(牙音);欲知徵,舌柱齿(舌头舌上);欲知羽,撮口聚(唇重唇轻)。"现代音韵学按发音部位,将字音分为五类:喉音、齿音、牙音、舌音、唇音,分别对应宫音、商音、角音、徵音、羽音。

现代汉字的"四声"与人体的五脏六腑同样有着对应的关系。汉字的音节一共有400多个,每个音节都由声、韵两个要素组成,有人比喻为如石击水,产生声音(音节),每个音节又有平、上、去、入的四声变化,因而构成1200多个不同音质。平、上、去、入的四声变化与发音人的情感变化、五脏气机的变化有所关联。平声对肝产生影响,上声为心气激动之象,去声对肺经产生影响，入声是肾气收缩的表现。

2. 姓名意识能量对身体有影响

每个人都有自己的姓名，当本人听到、见到、写到、念到自己的姓名时，有时会不自觉地产生一个相关的意念或心理，这个意念力或心理活动就是姓名的意识能量。大家知道，意识对物质有能动作用，姓名意识无论作用于体内还是作用于体外，都产生一种意识能量，寓意积极健康向上的姓名意识能量可以对本人起正向的暗示作用。

3. 姓名汉字符本身就有益于养生

汉字的真正秘密——汉字好比一套医学符号。汉字是在图形文字基础上，蕴藏了《易经》的象、数、理、气。汉字作为一种神奇的意象、音象、形象符号，在一定程度上能调节人的心情，这是汉字的一项极其重要却鲜为人知的功能。用汉字音符治病之事在古文献中多有记载，比如"六字养生诀"，即通过默念嘘、呵、呼、呬（音 xì）、吹、嘻这六个字，用字之气来影响相应脏腑，有助于气血疏通、调和，从而达到祛病延年、强身健体之功效。关于六字养生诀，本书第十五章有详细介绍。

关于汉字的养生功能，中国古代医学著作《黄帝内经》曾介绍一副养生对联为"玉炉烧炼延年药，正道行修益寿丹"。

当然，用字调理身体只是一种养生之道，患了病还是得去医院治疗，在用药治疗过程中，配合用默念治病字这种不需要花钱的办法，给自己以积极的心理暗示，有利于早日康复。

姓名为什么对健康有影响？从字义上讲，比如说水是生命的源泉，"内实外虚，向下流淌"，"冰"字能引起人下意识的本能收缩或清凉感受，让人立即收到"水"凝固的信号。从地下涌出来的水叫"泉"，"泉"让人联想到温泉养生。

姓名与人的心理

人的姓并不是一个简单的家族标志和符号，它对人的各方面发展都有一定的影响。

改名的情绪动机，是个体在社会制约下，借助命名行为的一种心理表达。

由于个人改名是相对自由的，所以改名具有心理转化的功能。例如：一个人在工作单位处境不好时，常自感受人鄙视，这就使他长期处于自我压抑的状态，背上沉重的心理负担。此人改名后，心病消除，心情逐渐好转，工作很积极，人缘也很好。可见，好名能对人的心理起到积极的暗示作用，激励其去奋斗。因此，从心理动机上分析，改名是一种心理上的自我抚慰与暗示。一个好名字能时时唤起人们美好的联想，使拥有好名字的人得到鞭策和鼓舞，自信心也不断增强，名字的心理暗示力逐渐转化为心能，即意念力，顽强的意念力则使人变得坚强。因此，姓名信息对人的潜意识有自动开发、导航的功能。例如，山东东阿县牛角店镇牛北村的42岁孟先生到北京打工。1998年初，孟先生给某老板打工做灯箱广告，老板生意赔了，丢下一个烂摊子。孟先生没领到一分钱的工资，在举步维艰的处境下，他自己内心想改名，希望拥有好的运气，于是孟先生查阅有关资料，给自己起了一个新名字"孟成真"。孟先生改名后，用手中仅剩的200元作为创业资金，自己当老板从事灯箱广告制作。"孟成真"的意蕴即实现个人理想，"孟"与"梦"同音，有梦想成真之寓意。总之，"孟成真"可谓佳名。孟先生说："新名字使用一个星期，接了一项灯箱广告制作生意，从此开门大吉，1998年赚了10万多元。"笔者在搞姓名信息研究的过程中，接触到类似孟先生这样的实例不少，其中有一位四川籍的青年姓曾，曾先生自述在给自己改名后，事业出现了新转机。

　　根据研究，在当事人积极向上的心态基础上，改名的效果十分明显，如果当事人丧失奋斗信念，即使改了名，新名字的暗示作用也不能立竿见影，需同时调整心态增强意志力，才会带来满意的效果。

　　姓名信息对人产生心理诱导力，在现代心理疗法中也被充分应用。心理医生针对患者自卑、焦虑等心理问题，对症下"药"。在治疗中让患者每天坚持自呼本人的姓名，有助于患者康复，当然严重的心理疾病患者，需在用药物治疗的同时，再用此法配合治疗。在现代心理潜能开发培训中也时常利用姓名信息，当事人在自呼本人姓名的心理暗示下，培养出"我一定赢""某某一定成功"的潜在内驱力，使自己不畏艰险地朝设定的目标自发地冲刺。人活着，一生不如意事十有八九，因此每个人都要向命运挑战，有志之士在人生旅途中不妨巧用姓名信息的传递升华作用，来激发出自己的心理潜能，在人生的战场上"横扫千军如卷席"。综上所述，心理动力原理是姓名信息对人产生积极作用的重要依据。

姓氏密码与医学

　　中华姓氏以一种血缘纽带的特殊形式记录了不同姓氏的先人与其后人的发展，中国科学院有位学者从遗传学的角度对中国人的姓氏种类、渊源、分布等进行了统计和分析，结果发现，通过对姓氏的研究可以揭示人类基因的奥秘，特别是男性 Y 染色体的奥秘，中国科学院遗传研究所的群体遗传学家袁义达说："除了通过姓氏研究中国人的源和流、研究汉族划分标准、研究中国人 Y 染色体基因的多样性，姓氏群体遗传学还要研究姓氏与病理的关系。既然姓氏反映了基因的传递，那么'姓氏基因'的研究就有望找出疾病分布与姓氏分布的关系、长寿因素与姓氏的关系，甚至找到药物反应的姓氏差异。患同一种病，因姓氏不同，吃不同的药，在将来不是没有可能的。"注重个体的差异正是医学未来发展的方向。

第五章 姓名权很重要

改名遭拒，少女向法院上诉

"为了改个名字还要打官司，大不了不改不就行了嘛！"这是一些人的看法。事实上，姓名权作为人所享有的重要人身权利之一，正在受到越来越多的人的重视。

2004年8月19日，西安市某区人民法院受理了一起姓名权行政诉讼案，原告是家住西安的少女王秋月，她因不满公安机关拒绝为其改名而将西安市某公安分局告到了法院。

秋月出生于1984年中秋节，当时家人在为其登记户口时用了"王秋月"这个名字，然而从上幼儿园到读高中，秋月一直用"王月圆"这个名字，老师、同学和朋友也都只知道她叫"王月圆"。随着年龄的增长，户口本与实际使用的名字不符给小王带来许多不便，身份证也因此没法去办理。为了避免更多的麻烦，小王请父亲代她向辖区派出所申请改名字。然而，申请书交上去很长时间，派出所以小王的要求不符合有关规定予以拒绝。无奈，小王一纸诉状将某公安分局起诉到了法院，在诉状中，小王称公安部门不给她改名字，实质上是侵犯了她的姓名权。这起特殊的姓名权官司引起了人们的关注。随着媒体对此事的报道，该公安分局开始积极调查此事，并很快批准了小王改名字的要求。后来，小王又向法院递交了撤诉申请，并获批准。

孩子可以不随父母姓

爸爸姓赵，妈妈姓夏，外祖父姓耿，孩子跟外祖父的姓，派出所不给上户口，可以吗？初为父母的小夏夫妇，为了让孩子的名字更有意义，让其子随外祖父姓，没想到为孩子办理入户手续时竟犯了难。在河南省高级人民法院公布的参考性案例中，该案件就是其中一起。法院最终判决当地派出所在判决生效 10 日内，为小夏夫妇的小孩办理随外祖父姓"耿"的落户手续。

2015 年 9 月 12 日《郑州晚报》报道：2009 年 6 月 16 日，小夏（女）和小赵（男）登记结婚，一年后，小夏生了一个儿子。为了给儿子取一个既好听又有意义的名字，小夏夫妇没少动脑筋。经过一番讨论后，小夏决定给儿子取名耿俊（化名）。就这样，小耿俊随了外公的姓。当一家人欢天喜地去给小耿俊上户口时，难题出现了：派出所不给上户口。当地派出所工作人员告诉小夏，孩子的姓氏必须与父母一方姓氏保持一致才能进行出生户籍登记，不能更改为其他姓氏进行登记。偏偏小耿俊既没有跟妈妈姓，也没有跟爸爸姓，而是跟外公姓。但小耿俊妈妈的姓跟随她母亲的姓，都姓夏。小夏认为派出所不给儿子上户口，是侵犯姓名权的行为，便将当地公安局某派出所告上了法院，请求法院判决当地派出所履行法定职责，为耿俊办理入户登记手续。

法院审理认为，我国《中华人民共和国民法典》中"自然人应当随父姓或者母姓"的规定，并不是强制性规范，而是为了保护父母双方在婚姻家庭中对自己子女命名的平等权，并没有强制规定子女必须与父母一方的姓氏保持一致。因此，耿俊虽然没有和父母一方姓氏保持一致，但并不违反法律规定和社会公序良俗。

孩子出生时起名字是自由的，可以随父姓或母姓，可以在父姓和母姓之外选取姓氏，如选取其他直系长辈血亲的姓氏，或者选取抚养人的姓氏，但是，不能违反伦理道德及公序良俗。比如，父母姓吕、张，就不能给自己的小孩选取姓"北雁"。

对姓名权，任何人无权干涉。自然人的姓，原则上不能任意选择。在我国现实生活中有子女随父姓的习惯，我国现行《中华人民共和国民法典》第 1015 条规定可以在父母姓氏之外选取姓氏的三种情形。如果自然人依法重新选择姓氏，公安机关也不应干涉。即使女子结婚后在自己的姓名中再加上丈夫的姓，也是依据当事人自己的意志决定。

姓名一般都是自然人出生时由其父母确定，但这不是对自我命名权的否定，实际上是父母亲权的表现，是父母实施亲权的代理行为。自然人成年即 18 周岁时，也可以通过姓名变更手续，变更自己的姓名。姓名权的另一个表现是自然人有选择自己别名的权利，可以根据自己的意志和愿望，来确定姓名以外的笔名、艺名以及网名、译名，任何人都不得加以干涉。

姓名权受到侵害怎么办

发生在日常生活中侵犯姓名权的事例主要有以下几种：干涉他人姓名、名称的决定，强迫他人改变姓名的，强迫他人使用或不使用某个名号，如要求他人放弃笔名或艺名等；不经他人同意或法律许可，使用他人姓名或名称的，如盗用他人姓名发布非法言论、盗用他人名义参加社会活动等；冒名顶替，冒充他人，用他人姓名参与民事活动，以谋取私利，如假冒他人姓名发表作品、假冒他人名称缔结合同等。

当公民的姓名权受到侵害时，受害者依法享有以下四项权利：停止侵害、恢复名誉、消除影响、赔礼道歉。如果违法者侵害他人的姓名权而获利的，侵权人应当适当赔偿他人的损失。作为人格权的一种，姓名权受到的损害一般是一种非财产损害，它带来的是精神损害，没有直接财产内容。因为它体现的是人格利益而不是财产利益。所以，根据最高人民法院关于确定民事精神损害赔偿责任的司法解释，姓名权受侵害的人可以请求精神损害抚慰金。姓名权是指自然人依法享有的决定、使用、变更或者许可他人使用自己的姓名，并排除他人侵害的权利。

起名基础篇

　　起一个寓意好的名字就像盖房子一样得先打基础，只有基础扎实才能名实相符，一"名"惊人。基础篇系统讲解了起名需要掌握的基础知识，提供了很多起名用字的繁体笔画数，引领您步入成功起名之路。

第六章 姓名的意象、形象、音象、数象

NISS 名字识别成功系统

如前所述，NISS 由 Name Identity Success System 这 4 个英文单词的首字母组成。Name 译为姓名、名字，Identity 既有"识别分辨"之意，又有"身份标志、独立精神"的意思，Success 意为成功，System 意思是系统。NISS 就是姓名或名字识别成功系统，该系统由 MI（意象）、VI（形象）、HI（音象）、NS（数象）、FI（功能）五个部分组成，即 NISS=MI+VI+HI+NS+FI。其中，NS（数象）是 Number Science 的缩写，详见第九章。NISS 是笔者独创的通用起名、验名系统。

NISS 名字识别成功系统如下图所示。

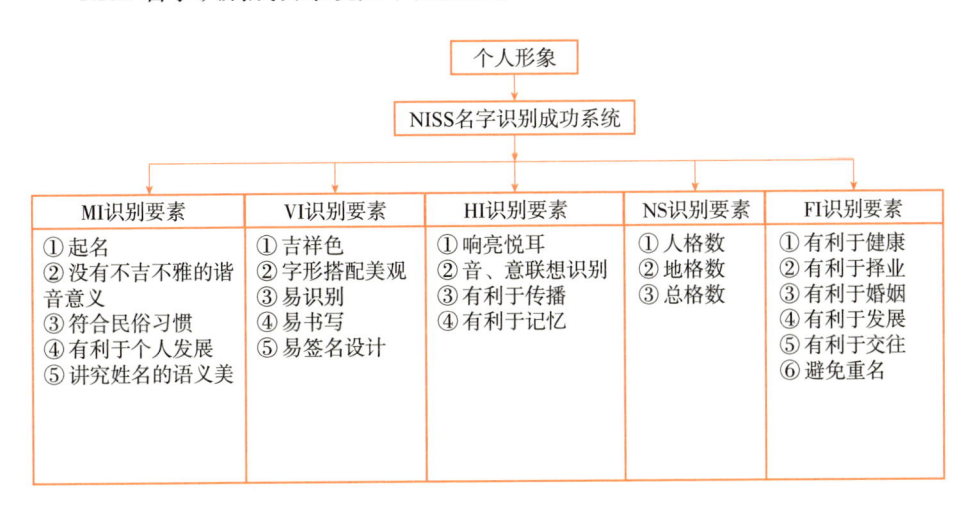

```
                    个人形象
                       │
              NISS名字识别成功系统
                       │
  ┌──────────┬──────────┼──────────┬──────────┐
```

MI识别要素	VI识别要素	HI识别要素	NS识别要素	FI识别要素
①起名 ②没有不吉不雅的谐音意义 ③符合民俗习惯 ④有利于个人发展 ⑤讲究姓名的语义美	①吉祥色 ②字形搭配美观 ③易识别 ④易书写 ⑤易签名设计	①响亮悦耳 ②音、意联想识别 ③有利于传播 ④有利于记忆	①人格数 ②地格数 ③总格数	①有利于健康 ②有利于择业 ③有利于婚姻 ④有利于发展 ⑤有利于交往 ⑥避免重名

MI：名字的意象识别

MI 由 Mind Identity 这两个英文单词首字母组成，意思是姓名中的寓意、

字义、谐音意义等内涵形象识别。有的人给孩子起名不求名字包含什么意义，这无可厚非。中国人的传统习惯是希望姓名包含有一定的含义，然而，人们往往只注重名字的含义，却忽视姓与名搭配在一起的引申义、寓意、谐音意义等。

在 NISS 系统中，MI 识别更着重于检测与预防姓名隐含的不吉不雅的意义与歧义，避免姓名给人带来难堪的外号或消极的语意暗示，使姓名的意象内涵相对积极。

为便于读者掌握姓氏的谐音字义，现将我国的姓氏意义分类如下：

含义具体、明确正面的姓氏有陈、李、张、杨、周、徐、许、高、郭、谢、萧、程、丁、余、戴、夏、姜、江、方、陆、孔、康、史、顾、万、文、贺、常、段、朱、林、叶、钟、牛、金、毛、钱等；含义不特定、不易把握的姓氏有胡、唐、袁、曹、邓、曾、彭、吕、苏、卢、蒋、魏、阎、杜、廖、邹、邱、侯、邵、尹等；具有否定意义、较难起名的姓氏有王、吴、宋、贾、沈、姚、韩、荫等。

VI：名字的形象识别

VI 由 Visual Identity 这两个英文单词首字母组成，其含义是姓名的视觉形象识别。在 NISS 起名系统中，VI 的作用是使姓与名字的字形结构平衡，形体美观、简洁好看、易于书写签名。

许多汉字是结构严谨的方块字，其结构可分为：独体字，如：丁、乙、民、兆、申；上下结构，如：英、青、圣；左右结构，如：琪、崎、振；上中下结构，如：竞、意；左中右结构，如：树、班；半包围结构，如：包、进、匡；全包围结构，如：国、团、园；品字形结构，如：晶、鑫、森。

姓氏与生俱来，就给后天所起的名字的字形定了个框架，在命名时要注意姓名中的字与字之间的字形搭配，使之看起来稳定平衡且有活力。要使姓名具有形体美，应做到以下几点：首先，姓与名的每个字的笔画数大致相当。如果名字或姓氏的笔画数太多，不但不利于孩子书写，而且不利于记忆。成年人的姓名笔画太多，可以通过签名设计来解决。其次，名字的偏旁部首避免相同，像"何信仁""汪海波"这种偏旁部首相同的姓名给人一种单调呆板的感觉，名字看上去缺乏生气。再次，汉字有肥瘦、长短、强弱、虚实之分，取名时要注意姓与名字形搭配，例如，我国著名的京剧表演艺术家关肃霜（1927—1992年），原名关鹔鹴。1955年，周恩来总理接见她，笑着对她说："这个名字取得好，只可惜两个字的笔画太多，许多观众不认识，可以简化简化，把旁边的'鸟'拿掉吧？"她接受了周总理的建议，改名"关肃霜"。最后，运用签名设计技巧，签个好看的姓名，给人留下深刻的印象。名字是人们表达思想感情、交流信息的"名片"。因此，签个美观新颖的名字，既能较好地传播、交流信息，又能让别人欣赏签名艺术。

HI：名字的音象识别

HI 由 Hearing Identity 这两个英文单词首字母组成，意思是听觉音象形象识别。姓名的音律美主要表现为名字清脆响亮，声调抑扬顿挫，有节奏感，让人听之悦耳，没有不雅谐音联想。科学家已证明：音波信息对人产生诱导感应作用，因此，美妙动听的名字所蕴藏的音波信息能对人体产生有益的感应作用。HI 听觉音象识别需要掌握的基本知识如下。

1. 汉字的声母、韵母是姓名音律美的奥妙之一

汉字的音节是由声母和韵母两个部分组成的。声母按发音部位的不同可分为四组：

唇音组：b，p，m，f

舌尖中音组：d，t，n，l

舌根音组：g，k，h

舌面音、舌尖后音、舌尖前音：j，q，x，zh，ch，sh，r，z，c，s

声母通常在每个汉字音节开头位置，如 Máo Shàngwén（毛上文）中的"m""sh"就是声母，但是有些汉字没有声母，如文、颖等。

汉字的韵母按发音部位与口形不同可分为开口呼、齐齿呼、撮口呼、合口呼。开口呼的韵母包括 a，ai，ao，an，ang，e，er，ei，en，eng，o，ou，等；齐齿呼的韵母有 i，ia，ie，iao，iou，ian，in，iang，ing 等；撮口呼的韵母有 ü，üe，üan，ün 等；合口呼的韵母有 u，ua，uo，uai，uei，uan，uen，uang，ueng 等。

起名讲究声母和韵母的选择与搭配。几个声母发音部位相同的字，如果放在一起，读起来就有些费力；如姓名的韵母放在一起，读起来也是费力。比如"南尼兰""李尼丽""孙存春"这三个姓名读起来有点像绕口令。HI音象识别提醒我们，起名时最好不要选用发音部位完全相同的声母。要想名字响亮动听，选用的韵母同样很关键，名字选用含鼻音的韵母读起来响亮；"昂""良""光""鹏""东"之类含后鼻音韵母的字尤其响亮；在非鼻音韵母字中，韵腹即主要元音开口度大的，如"达""帅""瑶""宝"等字的响亮程度较高，如果不先考虑声调，符合音律美的命名标准，应当是名和姓的声母不同组、韵母不同类，这是因为名和姓的声韵不相同才使声音有了变化，因而读起来顺口、听起来悦耳。

名字是否响亮，是否悦耳顺口，声调的作用也很重要，如果名和姓声母相同，只要处理好与韵母的关系，HI效果也会好；反之，名和姓的韵母同类，只要处理好姓名的声母关系，HI效果同样好。如果名和姓的声韵母都同类，就需要仔细推敲姓名的声调，利用姓名声调的错落有致求得姓名的音象美。

2. 声调是姓名音律美的奥妙之二

姓名尽管只有几个字，声调的作用却不容忽视。声调是语言中每个音节中所固有的能区别意义的声音的高低和升降，声调又叫字调。

现代汉语共有四个声调，即：阴平ā，阳平á，上声ǎ，去声à。为便于应用，现将声调编为口诀如下：阴平高而平，阳平往上升，上声先降后升有拐弯，去声高处往下冲。

我国的姓氏从声调上可分为四类：

其一是阴平类姓氏，如：张、崔、孙、丁、温、方、金、周、安、高、宫、郭。

其二是阳平类姓氏，如：齐、石、陈、刘、余、吴、于、冯、胡、乔、黄、袁、韩、徐、常、邢。

其三是上声类姓氏，如：吕、冷、古、左、史、李、孔、武、巩、贾、马、许、董、柳。

其四是去声类姓氏，如：孟、赵、陆、万、贺、宋、杜、廖、郑、范、谢。

姓氏有声调的差异，它们对名字声调的要求自然也不同。阴平类的姓氏与名字的声调组合较佳的结构有六种：阴–阴–去型，例如詹天佑；阴–阳–阴型，例如朱元璋；阴–阳–去型，例如张弘正；阴–上–上型，例如周守礼；阴–上–阳型，例如康有为；阴–去–阳型，例如苏立言。阳平类的姓氏与名字的声调较佳组合形式有：阳–阴–阳、阳–阴–去、阳–上–阴、阳–上–阳、阳–阳–阴、阳–去–阳、阳–去–上、阴–阳–去、阳–阳–上、阳–阴–阴、阳–上–去等。

上声类的姓氏与名字的声调较佳组合结构有：上–阴–阴、上–阴–上、上–阴–去、上–阳–阴、上–阳–去、上–去–阴、上–去–阳、上–去–上、上–上–阳、上–上–阴、上–阳–阳。去声类的姓氏与名字的声调较佳组合结构有：去–阴–上、去–阴–阳、去–阴–阴、去–阴–去、去–阳–上、去–阳–阴、去–阳–阳、去–去–上、去–上–阴、去–上–阳、去–上–去、去–去–阳。

HI字音选择需要注意的事项有：第一，避免姓与名的声母、韵母相同，如"汪文威"（读 Wāng Wénwēi）一名声母相同，念起来很不顺口，听起来也别扭。第二，避免姓名的声调相同，例如，"柳景选"一名三字的声调相同，读起来很绕口。第三，避免姓名的字音与不雅之词语谐音，即避免姓名有谐音意义不雅的外号。起名时如果谐音运用得巧妙，会给当事人产生美好的联想，使名字生辉，姓名谐音意义不雅，轻则损尊严，重则有碍前程，谐音意义不好以及容易造成歧义的姓名，起名时应避免选用。

一个人的形象在许多场合也可以通过姓名表现出来。你对很多人可能只闻其名，不知其人；反过来也是一样，许多人对于你也是只听说过名字，但未见过面。在这种情况下，第一次听到某个人的名字时，这个姓名必然会引起他的某种感觉。如果姓名起得好，就会给人带来一种好感，起码不反感，如"李嘉诚"，一听到这样的名字，一般人都会产生亲切之感。姓名的读音还可以引起别人的联想，比如，听到"乔冠华"这个名字，你的脑海中很可能会出现一个威武的男性形象；再比如，历史上谐音案最为有名的要算是慈禧太后怒贬王国钧（谐音"亡国君"）了，因为"王"与"亡"谐音，"国钧"与"国君"谐音，慈禧太后一听就大怒。像吴德（谐音"无德"）、贾仁义（谐音"假仁义"）之类姓名谐音不美的还很多。假如某人去约会，刚听到姓名便让对方对其有了不好的先入之见，岂不是无端增添了些烦恼吗？如果因为取名不当而给孩子的未来生活带来困扰，那么给孩子起名的父母以及其他长辈真是要后悔了。

NS：名字的数象识别

NS 由 Number Science 这两个英文单词首字母组成，意思为姓名的数格识别，主要看姓名的人格数、地格数、总格数。有关姓名的数格介绍详见本书第九章。

FI：名字的功能识别

FI 由 Function Identity 这两个英文单词首字母组成，意思为姓名的功能识别。姓名不只是人际交往的工具，并非几笔写成的一个简单的符号，在名字中还隐含着深刻的信息能量。姓名是以特定对象为主体，它既承载着主体的信息，又蕴含着对象的价值。在旧时民间，姓名的功能与价值主要被认为有八种：增福、消灾、开运、励志、抒情、寓理、纪念、写实。

起名增福是人人都向往的，父母给孩子起名，具有强烈期望意义，凭借吉祥名字表达对美好生活的追求，如"何安邦""王忠富"等。

通过起名消灾祛病或逢凶化吉，也是旧时人们美好的愿望。从古至今，为了孩子健康长寿、幸福快乐，孩子的父母千方百计请专家取名。中国伟大的文学家鲁迅因是周家的长子，其父亲周伯宜怕养不好他，便带他到长寿寺去拜了个和尚为师，师父给他取了个法名叫长庚。鲁迅在晚年写的《我的第一个师父》一文中，谈到了这件事。长庚这个法名，还常被鲁迅用作笔名。

说到起名开运，一个好名字能时时唤起人们对美好事物的联想，使当事人得到鞭策和鼓舞，名字的心理暗示作用促使当事人自信心不断增强。姓名既有象又有数，还有音、形、义，这些信息都具有阴阳五行属性。日元喜欢五行水的人，命名的时候可考虑使用含"水"为主的名字信息，这样就能让其感到更有灵气，感到运气能获得改善。

笔者从二十多年来的研究、实践、观察中发现：名字相对较好的人，多数成长发展也比较顺利。这主要是由于好的名字能给人带来正能量，促使人不断积极追求进步。父母有意识、有针对性地为孩子起名，名字取得好，可以给孩子积极的心理暗示，有利于其成长。从这个意义上讲，名字的好坏与人的发展有一定的关系。

说起姓名的励志功能，便要提到我国现代著名小说家、《啼笑因缘》的作者张恨水，他用自己的名字时刻激励自己珍惜时间，"恨水"的含义就是时光如流水，稍纵即逝。人的一生不过是几十个春秋，非常短暂，重要的是要珍惜现在的每分每秒。用姓名励志的名人例子很多，例如一生奋斗不懈的邹韬奋。1921年大学毕业后，经黄炎培介绍，进入中华职业教育社工作，主编《教育与职业》月刊。1926年主编《生活》周刊，他根据社会和读者需要，力争改革，在短短几年中使《生活》一跃成为国内印数最多、读者最广、影响最大的刊物。就这样，邹韬奋为他的新闻出版理想工作奋斗了一生。1944年7月24日，中国杰出的新闻记者、政治家、出版家邹韬奋在上海逝世。同年11月15日，毛泽东题词："热爱人民、真诚地为人民服务，鞠躬尽瘁，死而后已。这就是邹韬奋先生的精神，这就是他之所以感动人的地方。"郭沫若曾以韬奋之名为上海韬奋故居作了一副嵌名对联：

韬略终须建新国
奋飞还得读良书

上、下联开头字正是"韬""奋"。

姓名的抒情功能可分为礼赞生活、表达情感、抨击邪恶、寄托情怀、描写情景。例如："沙千里"寓意沙漠千里，一望无垠。"何其芳"寓意多么芬芳啊！"余秋雨"寓意秋雨绵绵，余兴悠悠。

姓名的寓意功能是指把哲理、思想融化在姓名之中，引人深思，例如：陶行知、叶归根、牛得草、周而复、安思危、温知新。

姓名的纪念功能可让人想起此人的出生地、与此人相关的重大事件等，例如孔丘、郭沫若。有一对夫妻，婚后喜添贵子，宝宝正好在澳门回归祖国那天出生，为庆祝澳门回归，特意给宝宝起名"孙澳"。

姓名的写实功能是指名字具有记录和反映当事人的某些品格、特点或时代烙印、家族标记等，例如郑解放、伍卫国。

NISS 起名需结合性别

男女起名有别，也就是说根据性别的不同，选用含义不同的字起名。通常，男名多选用的字类型有：表示强壮、雄健、诚信、礼德、有志向、有抱负的字，如：宏、杰、博、举；表示豪爽、刚强的字，如：勇、坚、豪、毅；表示平安富贵的字，如：康、瑞、祺。女名常选用的字的类型有：花鸟字，如：兰、梅、茜、凤、燕；珍宝字，如：琦、瑶、珠、琳；柔景字，如：春、冬、雯、霞；彩艳字，如：青、丹、彤；芳香字，如：芬、菡、芳。名字的性别差异随着文化的历史积淀逐渐得到社会的认可，形成了一种社会习俗，家长起名也不能不考虑性别因素，否则在交际时可能会遇到麻烦。名字的审美标准中，性别明显是一个重要的因素，也有些中性字，男女都可用作名字，如"君""瑜""春"等字，如果用得好，同样会产生非凡的效果。

NISS 起名创意技巧

1. 姓名连意

通常姓和名是没有关系的，有的姓氏与名字构思巧妙，就可以使姓与名组合成一体，成为妙趣横生的姓名，如：牛得草、苗得雨、温知新（温故而知新）、袁卓识（远见卓识）、罗列、叶子，这些姓名让人想到一个完整的词语。

众所周知，姓氏除了表示所属家族的血缘关系外，它本身还有字面上的意义。所以，这就像我们有可能将名与姓从字义上或字音上直接联系起来一样，命名时构成一个完整的概念。

这类姓名生动有趣、寓意深刻、令人回味，例如：

马成功——马到成功

安家业——安家立业

严阵——严阵以待

苗得雨——禾苗得雨露的滋润

秦立行——勤奋并马上行动

2. 拆字创意

所谓拆字，就是把一个字拆成两个字，有些人用这个办法起名字，拆字说起来容易，做起来难，如查良镛的笔名金庸。

3."神仙"指点

唐太宗李世民是中国历史上著名的开明君主，他执政时期出现的和平昌盛的社会局面被称为"贞观之治"。说起李世民名字的来历，还有一个故事：据《旧唐书·本纪第二·太宗上》记载：李世民4岁时，有一位书生拜见其父李渊，称自己善于相面，他对李渊说："公贵人也，且有贵子。"书生见到年幼的李世民后，说："龙凤之姿，天日之表，年将二十，必能济世安民矣。"唐高祖李渊一听，大吃一惊，怕那书生泄露天机，给自家带来杀身之祸。正想把他抓来杀掉灭口，那书生却忽然不见了。李渊认为那书生是神仙化身，因此就采用书生所说"济世安民"为儿子命名"世民"。在中国历史上，根据神仙或神意取名的不止李世民一个，虽然都是杜撰的故事，但也说明在古人看来，一个人名字并非小事，必须郑重其事。

4.因梦起名

根据吉梦起名的人，古今不乏其例。《史记》记载，晋国始祖叔虞是周武王的儿子，传说，周武王梦见天神对自己说：我给你的儿子取名叫虞，并把唐这个地方赐给他。儿子出生后，手纹果然显现一个"虞"字，因此就给他取名叫虞。后来，武王死后，成王一次与其弟叔虞玩耍，用桐叶做成一个玉圭的形状，成王说：把这个封给你。周成王的文官史佚听到了，就请求成王择吉日给虞加封。成王说："我刚才只是和他开玩笑而已。"史佚说："天子无戏言。"成王只好把唐地封给叔虞。至此，周武王梦中天神的预言一一应验。唐代大诗人李白，字太白，其名与字都是因梦而得。据李白的友人李阳冰在《草堂集序》中叙述，李白出生的时候，其母梦见了长庚星，因此就以白为名，以太白为字。《唐史》中也有类似的记载，长庚星即金星，又叫启明星、太白星。李白一生才华横溢，诗风飘逸，世人称之"诗仙"，确有太白仙人下凡之神韵，可谓人与名相合。

5.因时得名

秦始皇的名叫"政"，此名就源于其出生月份。《史记·秦始皇本纪》记载秦始皇在秦昭襄王四十八年（公元前259年）正月生于邯郸，"及生，名为政，姓赵氏"。《史记集解》解释说："（政）一作正，以正月旦生，故名正。"可见，秦始皇之名政或正，正是因为他生于正月。

NISS 起名策划实例

基本信息：

父亲：赵先生

母亲：陈女士

宝宝性别：女孩（双胞胎）

宝宝出生地：河南

宝宝出生时间：公历 2003 年 12 月 25 日 9 时 30 分和 9 时 40 分

家长要求：不用与"振""玉""宏""宁""星""俊"或与之同音的字

起名策划过程：

这对双胞胎女孩出生时间对应相同的天干地支组合：

癸	甲	壬	乙
未	子	申	巳

出生时间为癸未年甲子月壬申日乙巳时，五行比例是 3 水、2 木、1 土、1 金、1 火，五行齐全，但五行壬水在子水月得时令之力，且又有申金生水，所以水旺，起名增强火或木的力量为佳。为此，提供起名方案如下：

A 组：

赵文菲
赵心菲 } 二人名字中共用"菲"字加强"木"。

B 组：

赵文菡
赵文菱 } 二人名字中共用"文"字，并且菡（荷花）与菱都是生长在池沼中的植物，名字关联性强。

C 组：

赵文绮
赵今绮 } 二人名字中共用表示美丽的"绮"字。

D 组：

赵晗茜
赵晗蓉 } 二人名字中共用表示天将明的"晗"字加强"火"。

家长选中 C 组方案：赵文绮　赵今绮

NISS 起名创意过程分析：

（1）从姓名意象识别（MI）上看

赵：姓氏。

文：指外表、容态，文质彬彬，可指女子柔和、文雅。

今：指现在。

绮：指美丽或指花纹美丽的丝织品，该字可加强五行木。

文绮：指外表容貌仪态美，暗示温柔贤惠。

今绮：暗示美好人生，青春长驻。

（2）从姓名视觉形象识别（VI）上看

赵：属半包围结构的字形。

文：属独体字。

今：属上下结构的字形。

绮：属左右结构的字形。

"赵文绮""赵今绮"字形搭配错落有致，富有生机活力，姓名字形美且书写方便。

（3）从姓名音象识别（HI）上看

赵文绮：Zhào Wénqǐ

赵今绮：Zhào Jīnqǐ

姓名的声母、韵母及声调都不相同，音律抑扬顿挫，听起来给人轻松、亲切的感觉，念起来朗朗上口。

（4）从姓名数象识别（NS）上看

赵文绮、赵今绮的姓名人格数、地格数、总格数具有积极意义。

（5）从姓名功能识别（FI）上看

"赵文绮"与"赵今绮"适用于双胞胎姐妹，"绮"字是联结姐妹俩名字的纽带。这两个名字都具有姿容优美、一帆风顺的寓意。

第七章 起名基础哲学知识

五行生克制化

一、五行类象万物

五行学说采用取象比类的方法，按宇宙万物的功能属性，分别把万物归纳到五行之中，并用五行生克的原理，揭示宇宙万物的生命机制。木，枝干曲直，内外、向上舒展，所以就把具有生长、升发、舒畅等作用或性质的事物，均归属于木类。火，有炎热、向上之性，所以把具有温热、升腾作用的事物归属于火。土，有种植、生长万物的作用，具有生化、承载、受纳作用的事物归属于土。金，有"变革"的意思，有清洁、肃降、收敛作用的事物归属于金。水具有滋润和向下的特性，于是把具有寒凉、滋润、向下运行的事物归属于水。

五行类属表

五行 类属	木	火	土	金	水
方位	东	南	中	西	北
季节	春	夏	长夏	秋	冬
气候	风	热	湿	燥	寒
星宿	岁星	荧惑星	镇星	太白星	辰星
五虫	毛虫	羽虫	倮虫	介昆虫	鳞虫
五畜	鸡	羊	牛	马	豕
五谷	麦	黍	稷	谷	豆
五果	李	杏	枣	桃	栗
五色	青	赤	黄	白	黑

（续表）

五行\类属	木	火	土	金	水
五味	酸	苦	甘	辛	咸
五臭	臊	焦	香	腥	腐
五脏	肝	心	脾	肺	肾
五藏	血	脉	营	气	精
五音	角	徵	宫	商	羽
五官	目	舌	口	鼻	耳
五体	筋	脉	肉	皮毛	骨
五情	怒惊	喜	思	悲忧	恐
五声	呼	笑	歌	哭	呻
六字	嘘	呵、嘻	呼	呬	吹
五性	雅	急	直	刚	隐
五事	貌恭	视明	思睿	言从	听聪
五常	仁	礼	信	义	智
五谥	肃	哲	圣	义	谋
五咎	狂	豫	蒙	僭	急

二、五行生克制化的规律

中国传统哲学认为，世界上所有的物质都可以划归属性不同的五大基本类：金、木、水、火、土。五行之间存在着相生相克、制约化解的关系，具体表现为五个子规律：生克规律、乘侮规律、制化规律、态势规律、传化规律。

1. 生克规律

宇宙间，阴阳相互作用，产生五行，五行相互作用，则生成万事万物。万事万物相互作用，产生无穷变化。五行学说认为五行相生相克是宇宙间一切事物运动变化的正常规律，事物只有在生中有制，制中有生，相辅相成，才能运行不息。所谓生克，就是指五大类属性的事物之间存在相生相克的关系。相生，即一事物对他事物具有生发、促进、助长作用。五行相生律依次顺序是：水生木，木生火，火生土，土生金，金生水。相生还包含滋生，意思是促其增长。相生关系就是事物间的相互依赖，没有这种依赖，就不会有万物的变化。五行相生的结果，是事物形态的转化，五行之间顺次相生，循环不已，但事物不能总这样循环不已和相生，一直生下去的结果，那就是事物发展没节制了，"造化之机，不可无生；亦并不可无制（克）。无生，则发育无由；无制（克），则亢而危害"，生克互根，有生还必须有克（制约），整个宇宙方能保持动态平衡。相克，是指一事物对他事物的制约、抑制、约束等作用。相克关系表现了事物复杂变化的另一方面，五行相克规律依次顺序为：水克火，火克金，金克木，木克土，土克水。相克，还包含相互制约、相互抑制的意思。五行之间顺次相生造成一个促进性的循环，隔一相克造成一个抑制性的循环。

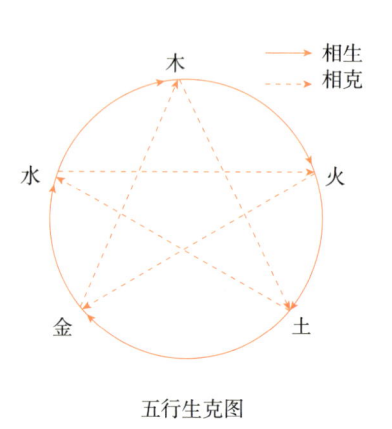

五行生克图

2. 乘侮规律

乘侮，是指五大类事物间的乘、亢乘、侮、反侮。亢乘和反侮都是事物发展过程中的反常现象，是一物以其盛极之势过度生克他物的不正常现象，即它们之间的生克关系超出常规。事物处于"太过"的程度，是逆向质变的前奏。"太过"者易折，如玉太硬就易碎，钢太脆则易断，就是这个道理。

乘，就是"生我"或"克我"的五行比"我"的力量强大。比如，火偏旺而金弱，则"火乘金"。亢乘，就是"生我"或"克我"的五行强盛到了极点，即亢盛，对"我"的作用"太过"了，也就是说，"生我"或"克我"超出了正常程度。比如，父母对子女是一种相生的关系，爱子女是一种滋生助长的作用，但老人若做过头了，溺爱子女，对其放纵，这就不是生护了（孩子将来可能会犯罪）。可见，亢乘是逆变的前奏，亢乘是有害无益。

侮，是侮辱，欺侮。反侮，就是反克，比如水本来克火，由于火热强大而水不足，火趁机把水蒸干。这反映出，被克的一方力量变强大，可以反过来欺侮、侮辱克他的那一方。反侮使事物间的生克制化运动紊乱，问题由此产生。

3. 制化规律

"制"是牵制、控制，"化"是化解、生化。通过"中间人"实现化解、化生。例如金克木，中间若有水通关"说情"，金不但不克木，反而还生木。这就是制化规律的体现。

4. 态势规律

传统的五行学说总结了五种态势，即旺、相、休、囚、死。什么叫旺、相、休、囚、死呢？旺，就是处于旺盛的一种态势；相，就是仅次于旺的一种态势；休，就是休养无事的态势；囚，就是衰落、被囚的态势；死就是克制而生气全无的态势。这五种态势的转化规律是：当某一类处于旺盛的态势时，它所产生的一类就处于次旺盛的态势，生它的一类处于休的态势，克它的一类就处于囚禁态势，被它克的一类便处于死的态势，这是抽象出来的一般规律。而事实上，五行的旺、相、休、囚、死都是在具体的时空点上实现的。五行中，木旺于春，火旺于夏，金旺于秋，水旺于冬，土旺于四季末，每一类旺于哪个季节，这叫作当令。五行在四时中的旺、相、休、囚、死的规律是，当令者旺，我生者相，生我者休，克我者囚，我克者死。以金为例，秋季是金当令的季节，故金旺，金生的水就处于次旺的态势，生金的土因任务完成了，就处于休息的态势，克金的火失时而无力，因此就处于囚的态势，而木被金克制得毫无生气，故处于死的态势。

五行四时旺衰表

四季 状态	春	夏	秋	冬	四季末
旺	木	火	金	水	土
相	火	土	水	木	金
休	水	木	土	金	火
囚	金	水	火	土	木
死	土	金	木	火	水

天干地支、五行与事物在不同的时间有不同的态势，那么在不同的空间，同样也有不同的态势，比方说"虎落平川被犬欺"。虎在山上的位势很高，就是大王；下来呢，狗都可以咬它，人也如此，"人挪活，树挪死"，在这个地方怎么干也干不下去了，换个地方可能就大显身手了，这也是根据空间态势的规律选择环境的人为措施。

5. 传化规律

事物之间都是相互关系、相互作用、相互制约的，一类事物的变化必然影响相邻事物的变化，由此涉及其他事物。这类事物发生变化可以影响他类，他类事物的变化也可以传至此类。五行的传变，具体又可分为相生事物的传变和相克事物的传变两类。五行的传变规律在我国传统医学中发挥着极其重要的指导作用。例如传统中医在治病时，并非"头痛医头，脚痛医脚"，而是在治标的同时要治本，治本时要考虑病的传变规律，只有标本兼治，才能从根本上解决问题。比如，眼睛出现问题，视力下降，看物模糊，除对眼部进行调节外，还要对肝、肾进行调理。为什么呢？因为肝开窍于目，眼睛有问题，反映出肝脏有问题，所以，治疗时要调理肝功能。为什么调理肾呢？因为肾属水，肝属木，水能生木，故肾为肝的母脏，肾功能不好导致肝气不足。肝的母脏是肾，只有把肾调理好了，才能调节好视力。

在处理人际关系时，根据传变规律，当问题发生时，就可以迅速采取措施，或者是割断传变"链条"，或者是将有可能受影响的几个人同时调离，防止影响扩大。在处理人际关系时，也可以有意识地运用传变规律，事先考虑到可能发生的传变连锁反应，统筹安排，以免顾此失彼。

干支的含义

干支是十个天干与十二个地支的合称，相传由天皇氏创制。干支共有22个，其中，"支"比较容易被人理解，因为"支"有可以对应的属相（生肖），子属鼠，丑属牛，寅属虎，卯属兔，辰属龙，巳属蛇，午属马，未属羊，申属猴，酉属鸡，戌属狗，亥属猪，这里所说的属相即十二生肖。地支为人们所熟知，但人们对天干就知之甚少了。

天干包括甲、乙、丙、丁、戊、己、庚、辛、壬、癸。

甲：铠甲，指万物冲破其"甲"而出现。

乙：轧，指万物生长。

丙：炳，指万物茂盛。

丁：壮，指万物到达强壮的时候。

戊：茂，指万物繁茂。

己：起，指万物奋然而起。
庚：更，指万物更新。
辛：新，指万物焕然一新。
壬：妊，指万物被养育。
癸：揆，指万物萌芽。

天干

一、天干阴阳属性

十天干阴阳属性为：甲、丙、戊、庚、壬，属阳；乙、丁、己、辛、癸，属阴。

二、天干合化

天干合化的口诀是：甲己合化土，乙庚合化金，丙辛合化水，丁壬合化木，戊癸合化火。

天干合化是要在一定条件下才能形成的，合化的基本原则是从强而化，谁强旺就跟谁走。天干合化细则如下。

其一，凡隔干之合，若不是紧贴之合，只论合而不论化，如合而不化的，仍按该天干的五行与其他天干五行论生克；紧贴之合而不化，被克之五行减力，主克之五行不因合而减力如乙庚合而不化，乙木减力，庚金不减力，但庚金不克乙木，庚金却对甲木有克制。

其二，天干合化时，月支虽为合化之同一五行，但被其他支合化后变质，既不是合化之同一五行，也不作合化论。

其三，天干合化，如主合之天干受重克，只论合而不论化，如年、月、日、时干支分别为乙酉、庚辰、丙午、甲午，丙火坐午克庚金，庚金受重克，乙庚只合不化。

其四，当日干与时干相合时，两干中有一干坐支为合化之同一五行，但月支不是合化之同一五行时，遇岁运之支为合化的同一五行时，也可以合化成功论。如果日干与时干无一坐支为同一五行，仍按合而不化论，例如：

　　　　乙　甲　丁　壬
　　　　酉　申　丑　寅

日时两干丁壬合木，寅为所化之五行，但月支申金不为合化之同一五行木，如果遇流年或大运的地支为寅卯木时，丁壬合化成功。

三、天干所属五行

　　　　甲属阳木，犹如大树之木；
　　　　乙属阴木，犹如花草之木；
　　　　丙属阳火，犹如太阳之火；
　　　　丁属阴火，犹如灯光之火；
　　　　戊属阳土，犹如大地之土；
　　　　己属阴土，犹如庭院之土；
　　　　庚属阳金，犹如矿藏之金；
　　　　辛属阴金，犹如首饰之金；
　　　　壬属阳水，犹如汪洋之水；
　　　　癸属阴水，犹如夜露之水。

四、天干相克

天干相克，两干阴阳同性相克之力大于异性相克，且两干相克均损伤，受克损失大。因此论天干相克时，只讲两干同性相克，因为两干异性相克时，只论合化。天干相克具体情形如下。

　　　　甲戊相克，乙己相克；
　　　　丙庚相克，丁辛相克；
　　　　戊壬相克，己癸相克；
　　　　庚甲相克，辛乙相克；
　　　　壬丙相克，癸丁相克。

地支

一、地支阴阳属性

十二地支阴阳属性为：子、寅、辰、午、申、戌，属阳；丑、卯、巳、未、酉、亥，属阴。

二、地支所属五行

子、亥属水，子为阳水，亥为阴水；

寅、卯属木，寅为阳木，卯为阴木；

辰、戌、丑、未属土，辰戌为阳土，丑未为阴土；

午、巳属火，午为阳火，巳为阴火；

申、酉属金，申为阳金，酉为阴金。

三、地支六合

子丑合土，寅亥合木；

卯戌合火，辰酉合金；

巳申合水，午未合土。

地支合化也是在一定条件下才能成立，地支相合一般要求是一对一相合，并且两支相邻，不可有其他支隔开，同时也需要有月支本气生扶或与六合同类之化神帮助，和天干有物引出，方可成化，六合一旦化成，则该两支以化成的新五行参与生克。

四、地支相冲

子午相冲，丑未相冲；

寅申相冲，辰戌相冲，巳亥相冲。

五、地支相害

子未相害，丑午相害；

寅巳相害，卯辰相害；

申亥相害，酉戌相害。

六、地支相刑

地支所代表的正五行之间通常不直接论生克关系。如果用地支代表的正五行论直接生克，就无法体现地支之间错综复杂千变万化的各种关系，因此就出现了地支相刑。"刑"是五行生克制化在地支中的一种表现形式。"刑"进一步反映地支间的复杂关系。

1.子卯相刑

子卯相刑是有条件的，要衡量二者相生是否适量，子刑卯是因为卯木不需要水时而水太多，卯木对于水的过度行为不满意，水对卯木产生了危害；卯刑子是因为卯木需要水时而水又太少，子水不能满足卯木的正当需求，卯木的行为对水不利，故称为子卯相刑。只有子卯在量与质相当时，水才能适量生木，或木能适时适量吸收水，这种子卯关系可以不以"刑"论。地支子卯关系按年、月、日、时的干支五行对水和木之喜忌论佳否，地支中水多水旺，子卯相见，这叫卯刑子。子卯相刑多以不佳论。

2. 丑未戌三刑

其成立的条件是丑、未、戌三支同时出现且必须有戊或己土透出，如果没有戊、己土透出，则只有相刑之意，而无相刑之事。三刑之力等于土的三合局，并大于其他三合局的力量（辰戌丑未之土局除外）。凡与丑未戌共支的其他三合局，均以丑未戌相刑为重。丑未戌三刑有好有坏，何时为好，以格局对土的情况而论。

3. 寅巳申三刑

此三刑最复杂，其条件也是寅、巳、申三支共见。但寅巳申相刑，并不是循环相刑而无终无止的，实际上如果具备了火旺的条件即寅与巳两支必有一支透火导致寅巳相刑火旺，那么就可以去刑申金；如果具备了水旺的条件，那么旺水就可以克去巳火，并且水还可以生木。要准确判断出寅巳申三刑利弊，首先要搞清楚寅巳申三刑在什么情况下水旺、金旺，并根据相刑后各个五行的旺衰对日元的影响来判断。

4. 辰午酉亥自刑

其成立条件是自刑之本气透出且格局中辰见辰、午见午、酉见酉、亥见亥，或者辰、午、酉、亥同见。

5. 地支三合局

申子辰三合成水局
寅午戌三合成火局
亥卯未三合成木局
巳酉丑三合成金局

6. 地支三会局

寅卯辰三会成木局
巳午未三会成火局

申酉戌三会成金局

亥子丑三会成水局

辰戌丑未会成土局

三会局的五行力量 > 三刑 > 三合局 > 半合局 > 六合

7. 地支所藏人元

子宫单癸水，丑宫己癸辛；

寅宫甲丙戊，卯宫独乙木；

辰宫戊乙癸，巳宫丙戊庚；

午宫丁己土，未宫己丁乙；

申宫庚壬戊，酉宫独辛金；

戌宫辛戊丁，亥宫壬甲木。

8. 地支配时

地球自转一周，称为一个"太阳日"，昼夜变更即由此产生。其向阳之半球为昼，背阳之半球为夜；春分以后，日照北半球渐多，因此北半球为昼长夜短，南半球相反；秋分以后，日照南半球渐多，故此时北半球昼短夜长，南半球相反。

一昼夜之起讫时间，有两种不同的算法。现代以24小时中的零点即夜12时起算，在零点以前为当日，零点以后为次日。我国传统文化中一昼夜共有十二个时辰，以十二地支表示十二时辰，子时为首时，通常以晚子时以前为前一日，早子时以后为次日，每时辰分为八刻，又区分为上四刻和下四刻。

干支纪时表

时 日天干\时干支	23时至1时前	1时至3时前	3时至5时前	5时至7时前	7时至9时前	9时至11时前	11时至13时前	13时至15时前	15时至17时前	17时至19时前	19时至21时前	21时至23时前
甲、己	甲子	乙丑	丙寅	丁卯	戊辰	己巳	庚午	辛未	壬申	癸酉	甲戌	乙亥
乙、庚	丙子	丁丑	戊寅	己卯	庚辰	辛巳	壬午	癸未	甲申	乙酉	丙戌	丁亥
丙、辛	戊子	己丑	庚寅	辛卯	壬辰	癸巳	甲午	乙未	丙申	丁酉	戊戌	己亥

(续表)

时 日 天干 / 时干支	23时至1时前	1时至3时前	3时至5时前	5时至7时前	7时至9时前	9时至11时前	11时至13时前	13时至15时前	15时至17时前	17时至19时前	19时至21时前	21时至23时前
丁、壬	庚子	辛丑	壬寅	癸卯	甲辰	乙巳	丙午	丁未	戊申	己酉	庚戌	辛亥
戊、癸	壬子	癸丑	甲寅	乙卯	丙辰	丁巳	戊午	己未	庚申	辛酉	壬戌	癸亥
时辰初、正	23时 子初	1时 丑初	3时 寅初	5时 卯初	7时 辰初	9时 巳初	11时 午初	13时 未初	15时 申初	17时 酉初	19时 戌初	21时 亥初
	0时 子正	2时 丑正	4时 寅正	6时 卯正	8时 辰正	10时 巳正	12时 午正	14时 未正	16时 申正	18时 酉正	20时 戌正	22时 亥正

在排列出生时间对应干支过程中，时柱必须遵循各地的地方时对应的时辰，因为我国东部、西部存在时差，各地太阳出没的地方时并不一致，只有这样才能符合我国传统上子时为昼夜交替的习惯。

干支组合与纳音五行

六十甲子与纳音五行对应关系如下：

　　　　甲子乙丑海中金，丙寅丁卯炉中火，
　　　　戊辰己巳大林木，庚午辛未路旁土，
　　　　壬申癸酉剑锋金，甲戌乙亥山头火，
　　　　丙子丁丑涧下水，戊寅己卯城头土，
　　　　庚辰辛巳白蜡金，壬午癸未杨柳木，
　　　　甲申乙酉泉中水，丙戌丁亥屋上土，
　　　　戊子己丑霹雳火，庚寅辛卯松柏木，
　　　　壬辰癸巳长流水，甲午乙未沙中金，
　　　　丙申丁酉山下火，戊戌己亥平地木，
　　　　庚子辛丑壁上土，壬寅癸卯金箔金，
　　　　甲辰乙巳佛灯火，丙午丁未天河水，

戊申己酉大驿土，庚戌辛亥钗钏金，
壬子癸丑桑树木，甲寅乙卯大溪水，
丙辰丁巳沙中土，戊午己未天上火，
庚申辛酉石榴木，壬戌癸亥大海水。

第八章　用干支表示出生时间

怎样确定出生年、月、日、时的干支

一个人出生时间所对应的年、月、日、时的干支可以通过万年历查阅，时柱可以通过推算得出。有一首"日上起时"口诀摘录如下：

甲己还加甲，乙庚丙作初；

丙辛从戊起，丁壬庚子居；

戊癸何方发，壬子是真途。

"甲己还加甲"的意思是甲日或己日的子时天干是甲，若某人在甲寅日23时30分出生，其时柱即为甲子；若某人是甲寅日卯时生，从甲子时往下推，丑时则为乙丑时，寅时即丙寅时，卯时为丁卯时，其时柱即为丁卯，其余依此类推。

例如，某人生于公历2000年2月4日20时40分，即立春后的腊月二十九晚上出生，查阅万年历知其对应的天干地支组合如下：

年柱	月柱	日柱	时柱
庚辰	戊寅	壬辰	庚戌

如何判断日元五行旺衰

按五行起名法，了解五行情况再起名。那么怎样判断日元（日天干）旺衰呢？主要看以下七个方面。

一看日元是否得月令，即日元在该月是否处于长生、临官、帝旺三种状态。

二看日元是否通根地支，即出生干支组合中地支的五行本气与日元是否为同一五行之气。

三看日元是否得生，即得天干或地支五行之生，如申金生日元壬水。

四看日元是否得助，即出生干支组合中有天干五行与日元五行同类。

五看日元的地支根基是否受到刑冲克害。

六看出生干支组合天干、地支是否合化。天干合化与地支合化是有限制条件的，其基本原则是从强而化。分析出合而不化时，谁强谁弱；合而成化时，谁强谁弱。

七看出生干支组合中哪一个五行最强或最弱。

天干五行在十二时令发展变化的十二个状态是：长生、沐浴、冠带、临官、帝旺、衰、病、死、墓、绝、胎、养其发展变化规律列表如下。

天干五行十二令发展变化表

状态＼天干五行月令地支	五阳干顺行					五阴干逆行				
	甲木	丙火	戊土	庚金	壬水	乙木	丁火	己土	辛金	癸水
长生	亥	寅	寅	巳	申	午	酉	酉	子	卯
沐浴	子	卯	卯	午	酉	巳	申	申	亥	寅
冠带	丑	辰	辰	未	戌	辰	未	未	戌	丑
临官	寅	巳	巳	申	亥	卯	午	午	酉	子
帝旺	卯	午	午	酉	子	寅	巳	巳	申	亥
衰	辰	未	未	戌	丑	丑	辰	辰	未	戌
病	巳	申	申	亥	寅	子	卯	卯	午	酉
死	午	酉	酉	子	卯	亥	寅	寅	巳	申
墓	未	戌	戌	丑	辰	戌	丑	丑	辰	未
绝	申	亥	亥	寅	巳	酉	子	子	卯	午
胎	酉	子	子	卯	午	申	亥	亥	寅	巳
养	戌	丑	丑	辰	未	未	戌	戌	丑	辰

姓名与干支的关系

旧时，人们认为改善运势的事情与出生干支五行有关系。与个人出生时间相对应的干支五行是先天因素，姓名与干支五行的关系就像后天营养与身体一样，先天靠后天营养来调理，先天身体条件好，后天营养又好，则身强力壮，运用姓名信息扶助先天状况，有助于开创好的人生。如果说出生时间即先天干支五行自己无法选择，那么，每个人都拥有法律赋予的改变自己姓名的权利。宝宝降生后，做父母长辈的在庆祝之余就开始努力为宝宝取个寓意吉祥名字。现在知道了姓名学如此重要，姓名信息对人生有重要的心理暗示作用，想给孩子取个好名字，马上开始行动吧！

干支五行、姓名与运气

我国传统文化中阴阳五行学说体系，先根据万事万物的本质属性、特性和状态（标态、准态、变态），采用取象类比方法，把宇宙万事万物宏观划分为五类：金类、木类、水类、火类、土类，然后按照传统文化的思维模式（辩证思维、中和思维、直觉思维），运用五行生克制化规律解释和说明宇宙间万事万物的相互关系、内在联系、运行轨迹、转化规律（随时间与空间不同而呈现出旺、相、休、囚、死的规律）。只要万事万物的内部五行平衡和谐，事物就能正常顺利地发展。一个人的出生干支五行作为一个小系统，其活动规律也是按照阴阳五行生克制化的对立与统一规律进行的，并且受宇宙大系统的影响。按这个理论，干支五行中和，尤其是日元五行中和（日元不"太过"，也无"不及"），日元五行在干支五行这个系统中处于平衡的状态，那么，日元五行的运行规律就随时间与空间的不同而出现高峰期、平行期、低谷期。为了使日元五行达到中和为贵的平衡状态，按宇宙全息原理，就可借用方位、色彩、数码、职业、地理环境、姓名等方式来调谐干支五行，尤其是日元五行。下面介绍调谐干支五行的措施。

分析判断出一个人的五行状况后，调理五行是十分关键的，那么怎样利用姓名信息调谐干支五行呢？需遵循"强者抑之，弱者扶之，缺者不利则补之"的一般原则，通过起名择取字的音、形、意或数五行进行调谐。"强者抑之"的道理，如同中医诊断某人肾水亢盛得了肾阴虚症，需先以"土"性药物克制体"水"，再让患者吃"火"性药物增强体"火"，这样才能使得水火既济，从而根治肾阴虚症。因此，日元五行金亢盛，须以火去克制，起名时选择形、意、数五行属火的字，此谓"金旺得火，方成器皿"；日元火太旺，须以水去克制，起名时应用形、意、数五行属水的字调谐，此谓"火旺得水，方成相济"；日元水旺太过，使干支五行不平衡，起名时应用形、意、数五行属土的字调谐，此谓"水旺得土，方成池沼"；日元土亢盛，使干支五行内部不平和，起名时择取形、意、数五行属木的字调谐，此谓"土旺得木，方能疏通"；日元木旺，使干支五行内部失衡，起名选择形、意、数五行属金的字调谐，此谓"木旺得金，方成栋梁"。

对日元五行虚弱者扶之，调谐方法也是这三种，一是形补法，二是意补法，三是数补法。若日元金弱，起名时就择取形、意、数五行属金或属土的字帮扶生护日元，如：钢、铁、锋、剑、秋、百、西、钊、钟、钱、锐、铄、天；日元木衰者，起名时就择取形、意、数五行属木或属水的字帮扶生护日元，如：春、东、仁、青、秀、森、林、材、茵、萃、芬、卉、花、芹、桂、根、芊、艺、芝、芸、苇、芦、芭、荣、莎、莉、叶、葆、蓓、蓉、杉、杰、栋、椿、榕、标、权、海、河、江；日元水不旺者，起名时就择取形、意、数五行属水或属金的字帮扶生护日元，如：江、海、清、河、泽、水、雨、霜、云、露、润、浩、涛、治、雪、汗、池、汪、沛、淋、沫、波、洁、洞、涓、淑、渝、淳、澳；日元火力不足者，起名时就择取形、意、数五行属火或属木的字帮扶生护日元，如：红、炎、煌、丁、炳、灿、光、炜、煜、炫、暖；日元土弱者，起名时就择取形、意、数属土或属火的字帮扶生护日元五行，如：黄、圣、坚、峰、坤、方、玉、田、坑、坪、垠、幸、城、增、境。通过对日元五行的帮助生养，增其力，壮其势，有利于个人发展。

干支五行与人的性格

人的性格的形成一方面是与生俱来的，另一方面是后天培养的。古人认为先天五行代表人最基本的个性，出生干支中某一个偏旺的五行代表个性的突出方面，而偏弱的五行反映个性薄弱的一面。

通常，五行木所代表的个性为：仁爱，正直，心胸开阔，能与人合作共事，认真，公正，慷慨大方；

五行水所代表的个性为：天生聪明，善于妥协，具有说服力，依赖性较强，有上进心，比较敏感，谦虚但不坚定；

五行火所代表的个性为：待人接物热情，彬彬有礼，富有冒险精神，进取心强，自信，果断，缺乏耐心；

五行土所代表的个性为：讲信用，重情义，稳定，保守一点，怕担风险，做事谨慎，有事业心；

五行金所代表的个性为：讲义气，坚强，果断，喜欢以自我为中心，独立性强。

第九章　起名五格意义

姓名的五格数象学说起源于日本，后传入于中国台湾、中国香港及东南亚一带。姓名五格数象起名法，就是以《易经》的象数理论和阴阳五行理论为依据，使由姓名笔画数构成的天格、地格、人格、总格、外格等五格数象关系达到理想组合的方式。五格剖象法作为一种特殊的起名方法，只是追求美好生活愿望的体现，起名时知道有这种方法即可，大可不必囿于其中。

数与五行的对应关系

为了确定1，2，3，4，5……81等姓名五格数的五行，就要先知道1~10数的五行，详见如下数字阴阳五行表。凡是姓名五格数超过10的，就按照只计个位数的法则（若个位数是0，则以10论），将其简化为1~10的数，查表便知道其阴阳五行。例如：21的个位数是1，1与五行木相对应，所以21的五行属于木。1与"阳"对应、2与"阴"对应。因此，21属于阳木。又如，25的个位数是5，5与五行土相对应，所以25的五行属于土，且是阳土。

数字阴阳五行表

数字	1	2	3	4	5	6	7	8	9	10
阴阳	阳	阴	阳	阴	阳	阴	阳	阴	阳	阴
五行	木	木	火	火	土	土	金	金	水	水

正确计算姓名用字的笔画数

姓名用字笔画数通常要按繁体字笔画计算，一般不用简体字的笔画数，此外，根据《康熙字典》部首归类，必须掌握一些具有特殊偏旁部首的汉字笔画计算方法。本身为数目的汉字可以按其数计算笔画数，如"四"以4画论（也可以按照5画），但是，"百"按6画计算，"千"按3画计算，"万"（即"萬"）按15画计算。以下偏旁笔画数也比较特殊。

"氵"旁在《康熙字典》里归"水"部，按4画计算，因为"水"字为4画，如"池"计为7画。

"月"旁按6画计算，因为"月"是"肉"演化而来。

左"阝"旁按8画计算，因为左"阝"即"阜"。

右"阝"旁按7画计算，因为右"阝"即"邑"。

"艹"旁按6画计算，因为"艹"即"艸"。

"忄"旁按4画计算，因为"忄"即"心"。

"王"旁按5画计算，因为"王"本属"玉"部。

"讠"旁按7画计算，因为"讠"即"言"。

"礻"旁按5画计算，因为"礻"即"示"。

对于以上起名所用汉字计算笔画数的特殊规则，笔者举一些例子："陈"姓笔画数，按照繁体字左"阝"旁归为"阜"部的"陳"，计为16；按照左"王"旁归为"玉"部的"琳"字笔画数为13。在《康熙字典》里，表示草木信息的"艹"字头归为"艸"部，所以"芳""萱""菲"分别按照笔画数10、15、14用于起名。而在部首含义上，"慕"字归为"心"部，不是"艹"部，表示心里向往、敬仰、思念之意，因此"慕"字用于起名按照15画论。

由于汉字的偏旁部首与字义十分复杂，所以确定姓名笔画数非常不易，比如"沈"姓、"祁"姓、"罗"姓等。

唐代林宝《元和姓纂》："周文王第十子聃食采于沈，因氏焉。今汝南平舆沈亭，即沈子国也。"《康熙字典·巳集上·水部》有"沈"作为"姓"的解释："又姓。《广韵》出吴兴。本周文王第十子聃季，食采于沈，子孙以国为氏。"据著名文献学家温廷敬《沈子簋订释》，可知"沈子簋"铭文里的沈子应该是周文王（姬昌）第四子周公旦的曾孙，而不是周文王第十子聃季，其父始封于沈，因此沈氏是姬姓的一个分支，季载不是沈氏始祖。南宋著名文学家洪迈与现代文字学家唐兰先生都表示"聃""沈"二姓氏不同。《康熙字典·巳集上·水部》中"瀋"没有被当作姓氏的解释，而其他文献典籍里也没有出现过"瀋"姓。因此作为姓氏的"沈"没有繁体字，"沈"姓起名按照"氵"旁属于"水"部，8画，19画的"瀋"不是姓氏。只有当地名时，"沈"的繁体字是"瀋"，异体字是"渖"，例如，辽宁省"沈阳"市，旧时写作"瀋陽"或"渖陽"。

《康熙字典·午集下·示部》注解"祁"："盛也，大也。又姓。"从"示"部的"祁"字的右耳旁"阝"因不通"邑"而以 2 画论，这就是"祁"字 7 画的由来。《说文解字·卷六·邑部》："祁，太原县，从邑示声。"从"邑"部的"祁"字的右耳旁"阝"以 7 画论，因为这个"阝"表示"邑"，所以"祁"字又可计为 12 画。因此，"祁"既可按照 7 画起名，又可按照 12 画起名。

"罗"的繁体字写作"羅"，《康熙字典·未集中·网部·罒》注解"羅"："《说文》以丝罟鸟。又国名。《左传·桓十二年》羅人欲伐之。《注》羅，熊姓国，在宜城县西山中，后徙。又姓。《姓氏急就篇》羅氏，颛顼后，封于羅，今房州也。子孙以为氏。"《说文解字·卷七·网部》解释"羅"："以丝罟鸟也。从网从维。古者芒氏初作羅。"以"网"部中的"罒"字头论"罗"的繁体字笔画，应当是 19 画；直接以"网"部论"罗"的繁体字笔画，则为 20 画。所以罗姓可以 19 画起名，也可以 20 画起名，笔者主张按照 19 画起名。

笔者研究了 3000 多个汉字的起名笔画数，详见本书第十章起名用字笔画数标准，便于读者直接查找起名用字及其笔画数，基本上可以解决起名时姓名笔画数计算难题了。

怎样确定姓名的五格数理

天格数理——复姓天格数理就是复姓氏的繁体字笔画数相加，单姓天格数理等于单姓氏的繁体字笔画数加上 1。

人格数理——姓尾名头数相加。姓尾即姓中的最后一个字，名头即名字中的第一个字。

地格数理——复名数相加，单名数加 1，单名即一个字的名。

总格数理——将姓与名的繁体笔画数相加。

外格数理——总格数减去人格数再加上姓名的添加数。外格只是代表一个人所拥有的外界辅助力量。

姓名五格意义全方位例解

例一：单姓双名

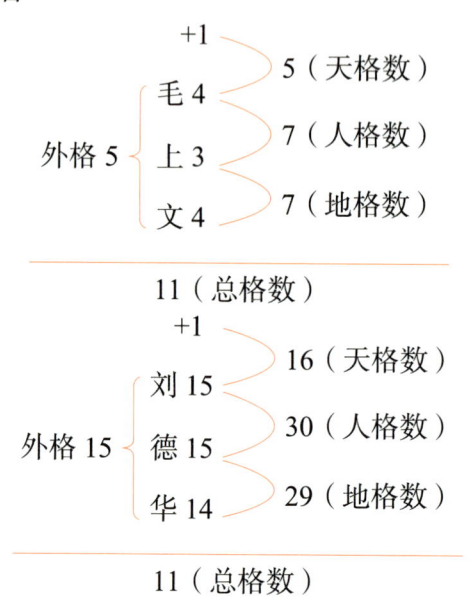

外格 5 {
　+1　　5（天格数）
　毛 4
　上 3　　7（人格数）
　文 4　　7（地格数）
}

11（总格数）

外格 15 {
　+1　　16（天格数）
　刘 15
　德 15　　30（人格数）
　华 14　　29（地格数）
}

11（总格数）

例二：复姓双名

外格 23 {
　东 8
　方 4　　12（天格数）
　文 4　　8（人格数）
　德 15　　19（地格数）
}

31（总格数）

例三：复姓单名

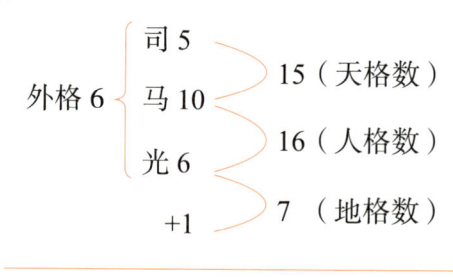

外格 6 {
　司 5
　马 10　　15（天格数）
　光 6　　16（人格数）
　+1　　7（地格数）
}

21（总格数）

例四：单姓单名

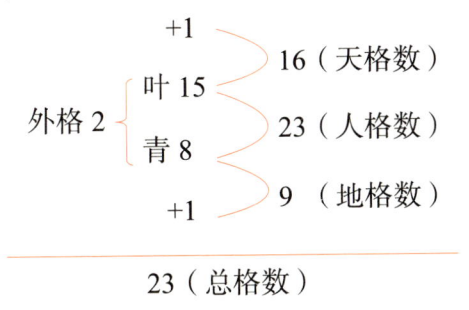

```
              +1 ┐
                 ├─ 16（天格数）
          叶 15 ┘
外格 2 ┤         ┐
          青 8  ├─ 23（人格数）
                 ┘
              +1 ┐
                 ├─ 9（地格数）
                 ┘
```

23（总格数）

天格、人格、地格三才五行关系

　　姓名三才是指天格、人格、地格，三才中最关键的"一才"是人格数，人格数对人的心理暗示作用最大，天格是祖传的。有一些书讲述过三才数象五行之间的关系，认为三才五行以相生比和为好，相克为坏。其实不然，姓名的数象五行作为一种信息与本人的先天五行是相辅相成的，因此，只要姓名的数象五行与本人的先天五行构成一个完整的金、木、水、火、土的五行系统，系统内的五行生克自然循环，这样，姓名的人格五行与地格五行相克也不会不好，有时相克反而是件好事，因为"造化之机，不可无生，亦不可无制（克）。无生，则发育无由；无制，则亢而有害"，生克互根，有生还必须有克，整个世界乃至整个宇宙方能保持动态平衡。因此，笔者对三才五行之间的关系进行了完善和纠正，以免囿于教条。也就是说，起名时应注意：按数理起名时，最好结合当事人的生辰五行状况信息，使设计出的姓名数理五行与本人出生年、月、日、时的先天五行信息相辅相成。

五格起名注意事项

　　不管起何名字，要避开数理暗示意义不积极的名字。

　　不要误解姓名天格、人格、地格三才数理五行相克的关系，三才五行喜生克有情。

　　最好结合需起名者的先天五行旺衰强弱状况起名，使起出的姓名可弥补先天五行的不足。

企业名字、店铺名字、产品名字，讲究字号总格数理好。

五格数象起名法在民间流传很久，已成为一种民俗，但是它有一定的缺陷和夸大成分，大家需要辩证地对待。

姓与名字笔画数理想组合

为方便读者起名，现将姓名笔画数合理组合列表如下，表中的笔画数均指繁体字笔画。

姓氏与双字名的笔画数合理相配表

姓氏笔画数	名字的笔画数		姓氏笔画数	名字的笔画数	
2	1	10	2	19	4
2	3	20	2	11	10
2	16	21	2	14	15
2	14	21	2	4	19
2	4	9	3	3	12
2	13	18	3	8	5
2	14	19	3	5	8
2	6	15	3	4	14
2	13	10	3	13	5
2	6	17	3	10	8
2	4	12	3	12	17
2	4	12	3	5	10
2	16	13	3	8	24
2	16	19	3	10	22
2	3	10	3	18	14
2	14	9	3	20	12
2	5	11	3	8	10

（续表）

姓氏笔画数	名字的笔画数		姓氏笔画数	名字的笔画数	
3	12	6	5	6	7
4	14	17	5	10	6
4	3	8	5	12	6
4	3	4	5	8	8
4	7	24	5	8	16
4	12	19	5	11	5
4	4	17	5	8	10
4	14	11	5	13	19
4	12	13	5	10	22
4	13	12	5	3	8
4	4	7	5	8	5
4	21	12	5	19	13
4	9	22	5	18	6
4	9	2	5	10	14
4	14	17	5	11	13
4	21	16	5	18	14
4	12	17	5	20	4
4	9	12	5	10	8
4	12	9	5	12	12
4	20	15	5	13	11
4	4	21	6	7	11
4	19	12	6	10	8
4	20	13	6	9	9
4	12	21	6	10	21
4	11	14	6	10	5
4	14	7	6	9	14
5	2	6	6	10	13
5	8	24	6	9	6
5	13	19	6	23	12
5	11	21	6	9	16

（续表）

姓氏笔画数	名字的笔画数		姓氏笔画数	名字的笔画数	
6	10	15	8	7	9
6	12	13	8	17	7
6	19	16	8	3	5
6	19	4	8	10	21
6	10	19	8	10	5
6	15	10	8	21	16
6	12	17	8	15	10
7	6	18	8	8	17
7	11	13	8	13	16
7	30	15	8	21	10
7	1	7	8	3	12
7	8	10	8	3	10
7	8	24	8	17	14
7	8	17	8	15	14
7	9	16	8	16	8
7	11	14	8	8	16
7	9	15	8	9	7
7	6	19	8	8	15
7	8	16	8	8	13
7	4	14	8	3	26
7	1	10	8	10	15
7	22	10	8	8	21
7	6	10	8	13	10
7	4	12	8	13	12
7	10	6	8	7	16
7	8	8	8	16	9
7	9	7	8	16	15
7	14	11	8	10	14
7	11	5	9	2	4
7	4	14	9	9	6

(续表)

姓氏笔画数	名字的笔画数		姓氏笔画数	名字的笔画数	
9	7	8	10	13	12
9	6	18	10	19	18
9	12	20	10	21	4
9	20	12	10	21	14
9	12	4	10	11	12
9	6	10	10	8	13
9	9	7	10	6	17
9	6	26	10	8	15
9	12	12	10	11	10
9	7	16	10	13	10
9	15	3	10	11	2
9	6	17	10	19	12
10	14	17	10	11	14
10	8	7	11	14	4
10	3	12	11	7	17
10	7	8	11	20	4
10	5	10	11	14	23
10	21	10	11	20	21
10	6	9	11	21	20
10	22	9	11	7	14
10	15	16	11	12	6
10	14	21	11	10	14
10	6	7	11	18	6
10	3	10	11	14	10
10	11	20	11	4	20
10	5	18	11	13	11
10	6	15	11	5	13
10	14	15	11	10	17
10	5	16	11	6	15
10	14	7	11	12	12

（续表）

姓氏笔画数	名字的笔画数		姓氏笔画数	名字的笔画数	
11	13	8	13	5	11
11	12	9	13	18	17
12	4	9	13	16	16
12	6	19	13	12	12
12	12	17	13	11	13
12	3	10	13	3	15
12	4	21	13	8	8
12	11	12	13	10	8
12	11	10	13	8	10
12	4	19	14	4	14
12	1	10	14	11	7
12	13	12	14	17	8
12	12	13	14	10	21
12	23	12	14	9	14
12	20	15	14	10	13
12	19	16	14	9	9
12	17	12	14	11	12
12	9	16	14	4	7
12	6	15	14	10	15
12	9	12	14	4	11
12	9	14	14	18	7
12	20	9	14	10	11
13	12	23	14	9	12
13	18	14	14	7	11
13	12	4	14	9	6
13	12	20	15	9	7
13	18	6	15	20	4
13	16	8	15	3	13
13	8	16	15	9	23
13	10	14	15	10	22

（续表）

姓氏笔画数	名字的笔画数		姓氏笔画数	名字的笔画数	
15	16	16	16	9	7
15	6	10	16	9	6
15	18	14	16	13	16
15	8	8	16	21	10
15	6	18	16	8	13
15	18	6	16	19	4
15	10	14	16	15	14
15	16	21	16	15	8
15	9	15	16	15	10
15	17	15	17	8	10
15	22	15	17	8	7
15	20	12	17	20	15
15	20	17	17	18	6
15	8	16	17	6	12
15	8	10	17	12	6
15	18	15	17	18	17
15	10	8	17	8	16
16	9	4	17	12	12
16	8	5	17	1	14
16	8	7	17	8	8
16	8	17	18	6	5
16	9	16	18	19	10
16	21	4	18	6	7
16	13	12	18	6	17
16	19	6	18	14	7
16	9	14	18	7	16
16	11	12	18	14	15
16	8	15	18	7	6
16	15	16	18	6	15
16	15	17	18	3	12

（续表）

姓氏笔画数	名字的笔画数		姓氏笔画数	名字的笔画数	
18	11	10	21	8	8
19	6	7	21	10	6
19	12	17	21	2	14
19	5	11	21	4	12
19	12	6	21	11	5
19	2	4	21	4	14
19	22	11	21	10	14
19	6	12	21	10	8
19	10	8	21	12	4
19	6	10	22	9	6
19	12	4	22	10	5
19	4	12	22	10	13
19	2	14	22	19	4
19	4	14	22	13	12
20	4	21	22	10	15
20	11	4	22	11	12
20	13	8	22	9	14
20	11	14	23	1	15
20	9	23	23	8	8
20	4	11	23	6	10
20	12	20	23	10	6
20	4	17	23	8	10
20	3	12	23	9	15
20	9	12	23	10	8
20	15	6	24	9	6
21	11	20	24	1	10
21	8	10	24	11	10

姓氏与单字名的笔画数合理相配表

姓氏笔画数	单字名笔画数	姓氏笔画数	单字名笔画数
2	14	10	23
2	23	10	14
3	10	10	22
3	20	10	17
3	12	11	24
4	17	11	22
4	12	11	4
4	20	11	12
5	10	12	20
5	20	12	12
6	10	12	4
6	23	12	17
6	15	13	20
7	24	13	12
7	22	13	22
7	4	14	10
7	14	14	17
8	24	14	7
8	23	15	20
8	15	15	10
8	16	15	22
8	17	16	15
9	4	16	5
9	23	17	15
9	20	17	12
9	24	18	15
9	15	18	17
9	14	18	6
9	22	19	10
10	15	19	22

（续表）

姓氏笔画数	单字名笔画数	姓氏笔画数	单字名笔画数
19	4	20	15
19	14	21	14
19	5	21	4
20	4	22	10
20	17		

第十章 起名用字笔画数

本章整理了起名用字笔画数。起名采用的笔画数是按照汉字的繁体字与本书第九章第二节计算起名用字笔画数的特殊规则确定的。

一画
一 乙

二画
十 卜 二 八 人 刀 力 又 了 丁

三画
才 川 凡 干 工 弓 久 口 山 上 士 千 夕 下 小 丫
也 巳 于 丈 子 大

四画
巴 卞 不 太 尺 丑 丹 方 反 夫 父 戈 公 勾 互 化
火 介 斤 今 井 亢 孔 毛 木 牛 片 欠 仇 犬 壬 仁
日 少 什 氏 殳 水 天 屯 丸 王 文 午 兮 心 牙 夭
爻 引 尤 友 予 元 曰 匀 允 仄 中 之 月

五画
白 半 包 北 本 必 弁 丙 布 代 旦 氐 叮 冬 甘 功
古 禾 乎 卉 加 甲 卡 可 叩 立 令 另 矛 卯 民 末
目 尼 皮 平 仟 巧 且 丘 仞 申 生 石 史 仕 示 世
市 司 它 全 外 未 戊 兄 玄 穴 央 由 右 幼 玉 乍
占 召 正 主 仔

六画
安 百 并 冰 充 存 而 帆 缶 伏 合 共 光 亥 好 灰
回 吉 件 匠 交 老 吏 列 米 名 牟 因 年 兵 企 犰
曲 全 任 如 色 收 守 戍 似 岁 她 汀 余 伍 行 休

州 舟 至 旨 宅 再 宇 因 亦 屹 夷 坏 衣 伊 旭 朽
吹 赤 池 呈 成 辰 车 佛 岔 权 岑 步 兵 贝 伴 伯 朱 竹

七画

攻 告 杆 改 孚 否 伽 妨 坊 杜 玎 甸 狄 但 村 伺 吧
局 究 戒 免 角 江 夹 伶 岌 宏 何 旱 罕 含 汗 谷 估
呐 牡 劭 完 妥 忙 吕 妗 良 利 李 刨 匡 扛 伭 汛 君 均
佘 劲 完 秀 杏 求 忍 形 扞 扜 岐 廷 宋 扣 伭 泡 你 男
位 完 序 妆 住 巳 吞 形 志 肖 佟 孝 见 系 佑 希 妞 汐 机 束 吴 伸
岈 灼 助 辛 址 忮 灶 皂 坏 酉 邑 杷 佐 作 吟 俀 巫 言 孜

八画

咚 东 定 岱 垂 初 杵 忭 忧 长 采 帛 秉 彼 版 板 佰
供 庚 昊 冈 呼 咐 阜 服 扶 奉 汾 汨 非 放 佝 侗
佶 汲 忽 呵 和 函 官 京 卦 固 泪 姑 咕 岫
肯 刻 岢 宓 坪 咖 玖 哎 乖 金 届 佼 岬 例 季 技
侔 泸 坡 岷 松 抒 孟 门 枚 仓 岭 林 呢 妣 牧 来 坤
妻 沓 所 析 沛 使 始 朋 甹 帊 呤 卹 两 青 沁 姆
忻 协 享 侑 受 卧 沃 崩 尚 舍 姗 奈 枨 沐 奇
岳 沅 雨 宙 武 依 佟 舍 味 委 取 昃 汪 宛
卓 抓 竺 宜 直 知 炎 灸 岩 往 昌 欣 昕
忠 枝 祁 争 轧 昂 爼 卒 盼
周 昇 儿 咋 宗
弦

九画

待 奔 促 春 差 拆 炷 柏 泊 波 炳 杯 保 拜 哀
赴 拊 甫 拂 风 扮 飞 法 沽 段 度 订 帝 柢
河 孩 哈 癸 冠 挂 牯 沾 枸 盾 革 柑 垓 负
姣 虹 姜 柬 怪 急 皇 俚 怹 孤 宫 俏 哄 绐
律 侣 柳 泠 架 计 俚 亮 拎 俊 厘 厚 炯 界 皆

起名基础篇·第十章 起名用字笔画数

奈便柔亭星弈则信
芍扁纫泗巷钇垣柄
某毗却思香怡昱柱
沫披炔帅相咿芋重
抿砒泉沭侠姚禹畤
妙怦秋姝胃洰禹治
秒盆侵首畏彦笃思
眇盼怯室韦沿笃思
面拊俏是威妍柚祉
咪洋前施芒研幽政
泌努砌牲娃炫勇贞
美拗祈甚柁泫甬柘
眉昵葡苟沱宣泳俑
玫怩屏坰拓叙映昭姿
昂南枰胥垠栅俞
冒耐品舢挺省音查芊

十画

秤纷埋恨珈栳冥剖衤视桃岘晏袁酌
埕芬耕盍家库凌破轫衤拾恬夏宴原倬
城舫芪根核洦伭珉珀剔峡芽员准
宸纺禹耗芰恪秘娉卿师疼洗训芫祝
晁畈高邢剞级珂马疲娉秦乘特奚洵峪洲
倡畋高邢剞峻洛纰窈神套息恂娱衷
柴珐罡茇珵旅砑倩碑栩盈纸
仓洱刚桂活娟玲配迁啃泰唁畜益值
财娥俯硅恢俱旁响索倭徐轶芝芮
毫峨蚨桃晃柏洌俳恰扇孙纳虚倚畛恩哲
玻峋桓晋俩纽契珊素洼修窈珍
倍砧莳罟宣净钊派恰扇孙纳虚倚畛恩哲
昀岛芙贡花津娌能气纱栓徒校窕珍
案珽俸恭笑芥起桑殊桐效烊展真祖
桉唇峰躬候豇哩纳芑洳纾庭笑洋栽祖
埃持粉耿恒兼烙宙埔容书条宵秧宰恣

十一画

挨曹聃
捌涔得
败产笛
邦常婊第
苞唱第
狈巢顶
悖晨珥
笨敕贰
毕崇钒
匾处返
彪钏从访
婊彬崔啡
舶笙烽
埠绐桴
彩埭符

海将框珞那悄绅祖悉焉蚰桄
峄坚寇略首阡涉贪欷迟悠峥做
国笱崆娄茉钎设梭浠娅涌振堆
衮寂康捃流敏乾绍眭硒浠庸侦组
规基羚聆苗启梢涑悟崖英迎着族
崮浑浚翎苗戚讼梧哑帐梓
够彗抉聃浦商苦爽伟雪茚章茁
笱晦茗觅冕票钐率唯旋寅张捉
珙凰苌涩庶望悬翌振
梗焕救啉埤苒若术婉勖翊斩珠
舸扈旎粒猛梆停许场侧昼
袼斛泾犁茂培梅雀袖异侧
岗浩近勒茅袍圈售眺停宿移苑终
副悍毫婕浪曼祥鸟蚯笙甜窕细野域堳
秆毫教峡麦鸟蚯笙甜窕祥猗尉趾
匐晗皎悝硌旎茄参堂习崦浴执

十二画

掣淡幅皓棘晶喧琉淖祁茌授棠为偕壹
超迫荻纾极精款棱喃期然剩探崴象椅
钞贷冯黄稀荆块钠栖荃甥覃晚荨轺
场傣涵惑捷控茗堡球深笋皖
策答斐酣混杰棵湎普邱稍酥蛙项雁
草措发聒惠街结钪凉棉掊晴善竦推羡
伦嵯掇诂苗恺傀媚瓶情单淞硱犀羹焱
裁淬敦辜徨喈开理媒评清僧斯统筒犀砚
博湊短辄画焦竣梨贸勤嫂丝童翕雅淹
斌淙栋钧惚椒偈塄买棚禽散舜婷晰涯桠
弼淳貂绠壶蛟掬俓钩惚楞跑钦掣顺贴惜桠
笔创惦钷闵闱菱掘稂涂抡雾乔闻税超贴惜
备桉棣缸间据垓劳援嵌茹述添迢稀循
棒程邸钙河迦啾岚掠氯迫葺暑替雯荀
耙盛迪傅贺给迥岚掠排棋绒疏梯帱须
媪趁登涪集景涞硫钯淇韧淑淘惟雄

猪渚森

喳渚森
曾崃酢
崃蛛酢
云轴尊
焰众最
越殖阻
媛智腙
寓轵棕
喻植紫
嵛帧茈
淤挣淄
釉诊滋
硬诏涿
茵掌焯
贻栈桌
诒诈椎

十三画

饰渡跟挥钶零琶琦暖睡酮坞喧犹圆邦
驰顿港诙慨睨祺稔竖艇鸣擅泗园稚
测督概幌卷炼楠脑琪塞蜓窝淑意愈雉
睬睹感惺揩琳铃睥
铂渤补睬测驰饰
鼎碇豆督渡
该赈溉概港跟
附贴滉幌卷挥
滑涣琚莒炼钶
茎珺莉楠零
雷莫钼脑琶
迷聘莆顾琦
殽陂诠琪暖
楺渠轼群睡
媳裘势稔酮
窬铈填竖坞
煷钿炜艇喧
解新绣鸣犹
堰杨裔擅圆
榆虞煜诣邦
詹湛睁预
置

煸禀钵铂渤补睬测驰饰
获殿碉鼎碇豆督顿跟
蜂莩附该溉概港挥
号郎酪滑涣琚莒炼
媾梾盟茎珺莉楠脑
湃郧媳雷迷莫钼琶
挨登新剽楠聘莆琦
椹诗钮楸陂诠暖
绥钽微榛渠轼群
豌塘猩势稔竖
碗莞惺填艇
瑰裔填
渝詹湛

十四画

庵熬榜碧碥褢宾搏菜沧察菖尝嫦畅朝对
尘称诚逞绰雌磁萃翠磋砀荽滇垫歌汇
端尔阀菲绯蚩翡砜福礉纲膏浩郓箜宽
阁沟构菇逛闺绲幅裹铪瑚赫华划貌醇
海浑郛奖菅醉鲒菁裹镜境菊聚珺颟菩疏
魁莱铭连寥廖哪纶嫩侨冻绿莘神蝽岖
萌绵铭溟瞑陌抢炝敲消裴轻箐
桤齐箕綦腔绮

| 铨裳俅菀需语种 | 绻韶肃菱绪源逐 | 权赊酸维嫣瑗铢 | 逡慎态玮鞅愿著 | 认监台闻佬造僮 | 溶狮碳溇熄舞摇榨缀 | 榕绶萄溪熙榕综 | 熔墊绵僖疑翟寨瑛 | 铷墅绨舔僖溢崭温 | 瑞硕舔鲜银绽睿 | 飒嗣通鲜荧彰 | 揉菘铜铣银郢赵 | 毡诵图限荣祯 | 莎艘途线踊溱 | 煽撒涂像制 | 绱速团榭瑜制 |

十五画

| 皑铖赋篌黎磊铝萧篇热琐葳演院驻 | 磅冲醇澈葫箭锂间辇漂葚踏苇样乐篆阅幢 | 葆醇锆沪娇璃论碾鲆糅谈纬漾阅 | 辈踔颌颍缓颔练玛驽魄锐郯妩瑶增谆 | 编赐葛巩篁进靓卖漠葡磔兴嬉亿赋枞 | 編僬猴辉嚯寮满瓯稽赏娴毅樟 | 标弹嘹刿麾驹漫慢欧苕渗缇细熠 | 饼嶝辊慧剧鳞漫盘篓茛审樟贤谊篑 | 菠蒂锅过叽课凛熳篌磐实踢签仪 | 部缔稼缉卤描赔庆穷数铤皴帜 | 漕蝶郭稷驾绘统摩喷郢趣谁莩锌渔质 | 槽缎憨汉稼绘铳描磐请驯熟霆霄影净 | 层墩汉稼绘铳缅赔庆数铤 | 婵樊滚俭醌楼墨郢趣谁莩锌渔 | 彻锋慕翦阆鲁麽劈确罂拷锈熨陟 | 郴蝠莛剑崂逯摹僻娆丛驼漩缘挚 |

十六画

| 翱澈谛抚机廊 | 莠陈靛盖积历 | 鲍谌雕钢辑燎 | 蓓澄蹀篙润霖 | 壁橙独糕缟徽陵 | 遍炽笃碜磴洁陆 | 辨瘵磴磴憬龙 | 播傣遁踱瀚憬静录 | 膊遄踱鄂蒿翱橘卢 | 潮达都县翮駱 | 苍都县翮翻骆 | 舱撺霏嘣衡裸垦悯 | 橄道箨横崩默 | 侪导奋遑筻锟磨 | 潺懂讽潢铼谋 | 氅锝辐霍赖穆 |

潜蓉昙橡颖整
钱烧坛宪赢铮
黔燃苏遐萤缜
蒲鸲颐炜颐臻
朴逎蒜熹养蓁
泼诺酥锡鸢锗
瓢揿蓢鄅璋
频磬渐谚
骈蓁树头阎螈
陣亲输潼燕鸳
澎鞘筛蹄鸭遇
铬樵撒铄浔
陪桥润陶学谕
潘嫱儒糖璇豫锥
凝墙蹂潭醒阈撞
挠锖融锬晓逾砖

起名基础篇·第十章 起名用字笔画数

十七画

担憾捡联镁嵘蔚婴总
黛撼艰隶锢趋瞳荫燥
簇韩举檑懋瞧瞳翼赚
聪蝈激摇缦锹螳怿烛
苡榖绩阑潞磴隋椰辗
嵥购矶浍蔓橘穗遥斋
禅鸽豁颗萎谦濉阳泽
骋锅玑骏隆蝼嫔璠逊谢澡
灿繁烩烯岭螺笔缩襄郓
柽队锻磺鞠莲缥锶霞营
嚓镀璜胶临膜鸢霜戏郞
擘点隍矫蓼
檗蹈锾蒋疗缪赛羲辕
遨档鸿键敛谧孺蹊隅邹
澳澹壑寨濂弥嚅邬优纵

十八画

镓聂双镇
缤拟适瞻
蕙璐缮缯
鹄檬蕤杂韫
环缭蕊芸
镐爵阙镒
馥垒瞿镱
丰滥璨曜
额济谨镕芡
戴扩躯锡
丛扩罄潍雅
闯隗翘魏转
础濠骐恭赘
珰铠泞涛职
槟鹃柠锁织

十九画

类靡谭辙
蕾泺烁赠赞
旷麓劝赞
镜橹扰镛瀣
缴垒鹊
疆昽谯萧
际咙谯萧
绘浏跷薏
荟鲮蔷遗
颠邻签薛
畴猎谱选
迟辽鄱薪
蟾帘鹏玺薄
薛栎庞薇镞
瓣呖祢镗识

二十画

缤 膑 藏 筹 党 还 瀚 怀 继 觉 警 郤 濑 蓝 黧 砾
泸 泷 鹏 聍 荠 壤 薷 潇 释 腾 咸 献 严 馨 邀 耀
邺 译 赢 窦 琼

二十一画

骠 飙 铛 踌 铎 迩 顾 鹤 颢 轰 岿 澜 藜 俪 潋 珑
砻 露 续 霹 铁 巍 艺 莺 栏 跃 饶 樱

二十二画

蔼 边 镔 巅 藩 沣 龚 蘅 骅 欢 霁 鉴 骄 籁 览 苈
跞 茏 舻 芦 峦 鸥 蕲 苏 骁 俨 懿 璎 铸

二十三画

变 兰 栾 椤 蓦 洒 显 鹰 铄 验 驿 缨

二十四画

矗 赣 观 衢 灵 艳 瓒 鹭 鑫

二十五画

灏 萝 蛮 缵 观 榄

二十六画

逦 郦 逻 镊 瞩 湾

二十七画

銮 骥 锣 骧 钻

三十画

鸾

姓名文化篇

在中国卷帙浩繁的文化典籍中,与姓名有关的古诗、对联相谐成趣、相映生辉,它们简洁精练、构思巧妙、引人入胜。姓名文化的发展历史给了我们很多启迪,也为当代华人、华侨"寻根"提供了基本的依据。

第十一章 奇趣姓名联与姓名诗

奇趣姓名联

一、姓氏联

姓名联包括姓氏联。姓氏联，在楹联百花苑中展现着多姿多彩的风貌。

据载，清代才子纪晓岚祝贺表兄牛稔文娶儿媳的贺联就是巧妙的姓氏联："绣阁团圆同望月，香闺静好对弹琴。"纪晓岚还特别注明，此联用了典故。原来此对联暗含"牛家喜婚"之意，用了"犀牛望月"和"对牛弹琴"的典故，堪称妙联。

姓氏楹联中，常用嵌字或拆字技巧显示姓名，很有幽默感。例如，对当今中国最大的姓氏——李姓，就有这样一副楹联："木荣花绽新春色，子孝孙贤美德风。"赵姓也有一副妙联："常山骄子英雄胆，松雪道人绝妙书。"此联嵌三国勇将赵子龙和元代杰出书画家赵孟頫（字子昂，号松雪道人）之姓名，机缘巧合，可谓巧思妙对。

姓氏楹联中，使用鹤顶格或凤尾格是很常见的。所谓"鹤顶格"，就是在对联的首字位上嵌上姓氏。"凤尾格"是在对联的最后一个字位上嵌上姓氏。也有用暗含的手法写姓氏联的，例如曹姓楹联：

野田黄雀行千里

芹圃红楼梦百回

这里的《野田黄雀行》是三国时魏国曹植的代表作之一，而《红楼梦》却是清代大文学家曹雪芹的杰作。此联以作品入联暗含姓氏，文采华丽，出人意料。

二、姓名联

姓名之所以能入联，是因为姓名有本义、寓意，另外，姓名指代人物的典型化也对姓名入联小有益处，大多数姓名联来自文人们对姓名的分解、演绎、组合、复制，成联后令人心服口服，亦有出人意料的效果。姓名联按对仗技巧，可分为四种：单名联、全名联、多名联、修辞名联。

1. 单名联

单名联是姓名联的一种，即将一个人的姓、名、字、号分嵌上联、下联或横联中。单名联小巧灵活，可言情怀，可表讽刺、悲愤、追忆。例如：

人自宋后羞名桧

我到坟前愧姓秦

这副单名联是清乾隆年间状元秦大士与清代文人袁枚同游杭州拜谒岳飞墓时所书。奸臣秦桧之名，为后人所不齿，秦大士深感惭愧，特书此联。

又如：

泽沛全球

东升旭日

这副对联写于1948年，以毛泽东的名字入联，用以歌颂毛主席。

2. 全名联

全名联，就是上下联全由姓名构成。例如：

孙行者

胡适之

1933年，姓名联出现在高等学府的语文试题中，当时，清华大学的陈寅恪教授在入学考试的语文试卷中出了道对对子题，以"孙行者"三字索对，这道题难倒了不少唯白话文是学的中学考生，只有极少数学生以"胡适之"应对得了满分。据传，陈教授为此事曾与人打了场笔墨官司，结果如何，暂且不论，姓名联的影响却因此陡增。

3. 多名联

多名联是将两个或两个以上的姓名嵌入联中，姓名可在联中唱主角，也可以当配角。关帝庙前有这样一副楹联：

师卧龙，友子龙，龙师龙友

弟翼德，兄玄德，德弟德兄

这副楹联，尽收蜀国主要人物：诸葛亮（字孔明，号卧龙）、赵子龙、刘备（字"玄德"）、关羽、张飞（字"翼德"），而且点明了他们的师生、兄弟深情，如此言简意赅，是汉字的神奇魅力之一。
还有一副不错的多名联：

齐白石，傅抱石，老石少石，两石画坛同凸凹
许地山，欧阳山，前山后山，双山文苑互峥嵘

清朝乾隆年间，某年科举考试取得第一名者叫刘玉树，发榜时刘玉树到礼部尚书纪晓岚府中拜老师，行门生之礼。闲谈中，纪问刘居处，刘答暂住芙蓉庵。纪听后哈哈大笑。刘玉树心中纳闷，后托人打听原因，才知纪晓岚当时突然想起一联曰：

刘玉树小住芙蓉庵
潘金莲大闹葡萄架

纪晓岚为清朝著名学者，资质聪慧，博闻强识，学贯群经，旁征百家，有出口成对之才。乾隆戊申年，工部（下设水部司）失火，乾隆批交大司空金简负责修复，有人出对论此事曰：

水部失火，金司空大兴土木

联中嵌入金、木、水、火、土五行，又有司空官名，一时无人能应对。一个新担任中书一职的人，是北方人，却常自诩为北人南相，因与纪晓岚是同乡，便将此事告知纪晓岚，要纪晓岚应对。纪晓岚略一思忖道："要对上不难，不过于公有所不便。"中书说此事无妨。纪晓岚便对曰：

北人南相，中书君什么东西

联中嵌入东、西、南、北、中五方位对应上联五行，对仗工整滑稽，众皆叹服。

这样的对联广为流传，且再看一例：

刘伶借问谁家好
李白还言此处佳

刘伶，魏晋时期竹林七贤之一，性豪饮，著有《酒德颂》；李白，唐代大诗人，有"酒仙"之称，喝酒时豪放不羁，诗文飘逸，才华横溢，被人誉为"诗仙"。此联是贴在一家酒店门前的招财联，联中刘伶、李白二人皆为酒的"代言"者，通过两个时代两位名人的一问一答，达到意想不到的宣传效果。据说这家酒店一直生意兴隆，门面一扩再扩，最后这副对联保留下来了。

4. 修辞名联

修辞名联是姓名联中的一种。撰作联的人利用借代、拆字、回文、谐音

等修辞手法，将姓名嵌入联中，最是滑稽幽默，令人叫绝。例如：

华来士来华

霍去病去霍

这例是回文联，抗战后期，美国副总统华来士来中国重庆访问。山城一报以"华来士来华"的回文上联征对，要求下联须是回文，含名人名事。不久，有一中学生应对"霍去病去霍"，此对获奖。前一"华""霍"均为姓，后一"华"指代中华、"霍"指匈奴，皆为目的地；"来"对"去"，华来士为商讨对日战事，霍去病策马西征匈奴，皆为名事、大事。此联可算对仗工整。但据传又有以"马歇尔歇马"应对者，马歇尔，美国将军。两位美国名人都有一贴切的中文译名，华来士来华商量抗战事宜，马歇尔歇马去戎，解职归田园，一正一反，可谓绝对了。例如：

两船并行，橹速不如帆快

八音齐奏，笛清难比箫和

该例是谐音姓名联。上联中的"橹速"谐音"鲁肃"，"帆快"谐音"樊哙"，上联意思是鲁肃不如樊哙，鲁肃是三国时东吴孙权的谋臣，樊哙是西汉的开国元勋、武将。下联中的"笛清"谐音"狄青"，"箫和"谐音"萧何"，下联的意思是狄青难比萧何，狄青是北宋大将军，萧何是西汉开国功臣、政治家。

姓名拆字联是通过对姓名的分解、分拆、组合而成的姓名联，此类拆字联不仅拆开姓名，而且还能蕴含姓名所指代的事物，表达作联者的见解和爱憎。清朝同治年间，四川有个叫李儒卿的贪官，贪婪成性，人皆痛恨，有人为此作拆字联如下：

本非正人，装作雷公模样，却少三分面目

惯开私卯，会打银子主意，绝无一点良心

"非正人"，即单人旁"亻"，"装作雷公"，即"雨"字；"三分面目"，就是"面"少三横的"而"字，上联隐藏"儒"字；下联惯开私"卯"即"卿"字的左半部与右半部；"良"字无一点即为"艮"字，艮为卿字的中部结构，卯与艮合为"卿"字，上下联合成"儒卿"之名，该联入木三分地刻画出李儒卿贪婪狡诈、装腔作势的贪官嘴脸。

拆字名联往往又是一则姓名谜。读者阅联常作游山玩水之戏，先是山重水复，历经艰辛，而后柳暗花明。据传，有潘、何两家联姻，女方何家但求

找个能填饱肚子的婿家,男方潘家则希望媳妇能生儿育女,传宗接代,有个文人赠联曰:

> 有水有田方有禾
> 添人添口便添丁

"水""田""禾"合成"潘"姓,"人""口""丁"组成"何"姓,一联拆拼双方姓,又明彼此希望,可算妙联。

借代名联更是妙趣横生,掩卷而韵在。且看清末一副讽刺袁世凯皇帝梦的对联:

> 起病六君子
> 送命二陈汤

"六君子"与"二陈汤"皆中药方剂名,从字面上讲,可理解为病初嘱饮六君子汤,一命呜呼在二陈汤,从医学和历史深掘下去,才知"六君子"暗指怂恿袁氏做皇帝梦的杨度、刘师培等筹安会六君子;"二陈汤"则指袁世凯亲信陈树藩、陈宦二人,他们开始时极力拥袁立帝,后见大事不妙,又反戈一击,宣布独立,过河拆桥,落井下石,成了袁世凯送命的符咒。该联之妙,令读者自然能从中获得思考。

如何嵌姓名联

嵌名联是按照修辞"镶格"手法把人名、地名、药名、植物名等特定的字嵌入对联中,使上下联相互对应,以提高对联的感染力和艺术性,嵌名联分为整嵌和分嵌两种方式。

1. 整嵌方式

整嵌是把姓名整体嵌入对联中,这样保持了姓名的完整性。例如:

> 蔺相如、司马相如,名相如,实不相如
> 魏无忌、长孙无忌,彼无忌,此亦无忌

上联是明代大文学家李梦阳出句,下联是一个与他同姓同名的穷儒生所对。据说李梦阳在江西任提学副使时,发现有一儒生与自己同名同姓,心生不快,便出对联考察这位穷儒生的水平,儒生李梦阳立即对出下联,而且对得如此绝妙,文学家李梦阳便知这位儒生并非等闲之辈。联中,嵌入四个历史人物的姓名，工整相对，且意义搭配奇巧，联尾又运用了转折的手法。这副对联上联的意思是：你我同名同姓，才能却不在一条线上，干脆改名算了吧；下联的意思是：同名同姓没什么，两位"无忌"都不在乎，你我同姓名也无妨。

2. 分嵌方式

分嵌指将一个名字分开，分别嵌入上下联的有关位置。分嵌的种类繁多，可分为首嵌、腹嵌、暗嵌、反嵌等。

①首嵌

将名字分嵌在上下联的开头叫首嵌，也称藏头联，类似律诗里的藏头诗。例如：

英名盖世三岔口
杰作惊天十字坡

这是赞誉著名京剧表演艺术家盖叫天的一副对联。张英杰是盖叫天的原姓名，盖叫天作为艺名具有"盖世无双，一鸣惊天"之意。对联嵌其原名、艺名、作品名。该联的头一个字，嵌入盖叫天的原名"英杰"；对联中还点明了盖叫天主演的戏剧作品名《三岔口》《十字坡》。为帮助读者理解该对联，在此介绍京剧表演艺术家盖叫天：盖叫天，生于1888年，卒于1971年，原名叫张英杰，号燕南，河北高阳县人。他幼年入天津隆庆和科班，习武生，8岁开始学艺，10岁登台，是南派武生李春来的高徒。张英杰出色地继承了南派武生身轻如燕、开打利索的特点，主张"武戏文唱"。张英杰原先的艺名叫"金豆子"，这个艺名对唱武戏还合适，可对"武戏文唱"的特点来说就不准确了。他13岁那年，到杭州演戏，同行们商量着为他另起艺名，改什么艺名好呢？英杰想到了当时名震艺坛的文武老生谭鑫培被慈禧太后赐艺名"小叫天"，张英杰谦逊地对戏班同行们说："谭鑫培艺名叫'小叫天'，我就叫'小小叫天'吧！"没料到这句话竟招来在座一位同行的讥笑："哼，你也配叫这名儿？"年轻气盛的张英杰当场同那位同行理论起来。英杰想，我不但要继承前辈艺术，还要盖过"小叫天"。人争一口气，他索性改艺名为"盖叫天"，暗示自己要学习和超过"小叫天"。为了实现这一目标，做到名副其实，盖叫天勇于探索，创立了盖派艺术。

再如：

鸿宾文字第一等
子晋典籍八万册

清代两广总督毛鸿宾，字寄云，道光进士，由编修逐渐升任擢御史。敢言直谏，不避权贵。胡林翼赞其"言系天下安危，二百年来第一等文字"。清同治年间，毛鸿宾升任两广总督。毛晋是明代学者，原名凤苞，字子晋，博学多识，家富图籍，遍搜古籍达八万余册，多宋元善本，自编著有《毛诗陆疏广要》《苏米志林》《毛诗名物考》《明诗纪事》等。

又如：

泽色绘成新世界
东风吹复旧山河

这是郭沫若撰写赠送毛泽东的对联，用名字题联歌颂毛主席。

②腹嵌

把名字分嵌在对联中间的方式称为腹嵌，例如施雨谷赠张怡鹤联：

陶然怡趣天仙乐
飘逸鹤姿云路飞

③尾嵌

把名字分嵌在对联句尾的方式叫尾嵌，也叫藏尾联。例如，刘振威贺黄海章教授寿联：

乐育英才，早岁声名扬四海
胸怀革命，八旬功绩在文章

④暗嵌

用拆字手法，将名字拆成独体字嵌在对联中，这种方式叫暗嵌。例如，一考生讽刺学政、主考官吴省钦营私舞弊的行为，把名字"省钦"二字拆开，以拆开之字作联如下：

少目焉能识文字
欠金安可望功名

⑤反嵌

反嵌就是把姓氏名字倒着嵌入联中，请看下联：

季子敢言高，与吾意见辄相左
藩臣徒误国，问尔经济有何曾

上联倒嵌清代名臣、湘军将领左季高即左宗棠（字季高），下联倒嵌清朝重臣、湘军统帅、理学家曾国藩（字伯涵，谥文正）。据说，曾、左二人因政见不同而心存芥蒂，有人就拟了此联，说成是他二人相互嘲讽之作。

3. 嵌名联技巧

把某些特定的字按一定的规则嵌入对联之中，符合对联格律要求。由于镶嵌位置不同，嵌名格式可分为鹤顶格、燕颔格、鸢肩格、蜂腰格、鹤膝格、雁翎格、鼎峙格、碎锦格等。

①鹤顶格

其规则是将规定的字分别嵌在上下联首字位置上，即把名字嵌入对联中第一个字的位置，例如：

韬略终须建新国

奋飞还得读良书

邹韬奋，出生于福建永安市一个没落的官宦之家，原名邹恩润，乳名荫书，家人唤他"书书"，"恩"字是他的辈谱字。"韬奋"是他的笔名。1928年11月，他在《生活》周刊"小言论"专栏发表《喂！阿二哥吃饭！》，首次署名"韬奋"。他自己说过："韬"是韬光养晦，"奋"是奋斗不懈，取这个名字的用意是要以此自勉，1933年1月，他在《东方杂志》上发表《梦想中国》一文，又署名邹韬奋，此后，笔名逐渐替代了他的原名。郭沫若用"韬奋"之名，为上海韬奋故居作了该副嵌名联，上下联开头二字正是"韬奋"。邹韬奋的一生正像其名字一样，为人民奋斗不息。

②燕颔格

其规则是把所要镶嵌的字按顺序分别放在上下联第二字位置上，例如：

清华真佛地

庄严古洞天

这副对联是安徽九华山华严祠联，联中将"华严"嵌入第二字位。

③鸢肩格

其规则是把所要镶嵌的字按顺序分别放在上下联第三字位置上，例如：

悲哉！秋之为气

惨矣！瑾其可怀

这是寄托哀思的姓名挽联，嵌入了秋瑾的姓名。秋瑾（1875—1907年），原名秋闺瑾，自费留学日本后改名秋瑾，字璇卿，别号竞雄，又号"鉴湖女侠"，近代民主革命家，妇女解放运动先驱。1907年7月，秋瑾被捕，遭到清吏逼供，她索纸写了"秋风秋雨愁煞人"七字，此七字后来被称为秋瑾的绝命词。同月，秋瑾被杀害，举国震惊。有人据"秋风秋雨愁煞人"的主题，撰书了这副嵌名联，冒险张贴于秋瑾殉难之处的绍兴轩亭两侧亭柱上。上联语出战国后期楚国辞赋家宋玉《九辩》："悲哉，秋之为气也！萧瑟兮草木摇落而变衰。"下联出自战国后期楚国大诗人屈原《怀沙》："怀瑾握瑜兮，穷不知所示。"

④蜂腰格

其规则是要求将规定的字分别嵌在上下联第四字位置上，例如：

此地之凤毛麟角
其人如仙露明珠

该联是民主革命家蔡锷题赠北京城内艺人小凤仙的。小凤仙在北京"八大胡同"的陕西巷云吉班以卖艺为生，蔡锷被袁世凯软禁在京城内，常去"八大胡同"玩，小凤仙帮助他摆脱袁世凯的监视，使他安全离京南下广东，并于1915年12月19日发起反袁护国运动。

⑤鹤膝格

其规则是要求将规定的字分别嵌在上下联第五字位，例如：

道义能担肩似铁
精神不动重如山

该联是著名作家、历史学家郭沫若撰写并赠给张肩重的。

⑥雁翎格

其规则是要求将规定的字分别嵌在上下联第六字位置上，例如：

十年幕府悲秦月
一卷唐诗补蜀风

这是成都杜甫草堂联。对联中的"秦"指陕西，"蜀"指四川。杜甫的诗多写于秦、蜀两地，此联借杜甫诗句，暗指杜甫。

⑦鼎峙格

通常所说的鼎峙格的嵌字规则是：一个字嵌入上联或者下联的中间，另两个字分别嵌入下联或上联的首位及末位。如用数字来表示位置，则是：上4

与下1和7或上1和7与下4，即：在上联第四字位与下联首字位、尾字位嵌入规定的字，或者在上联首、尾字位与下联第四字位嵌入规定的字，例如：

园静有梅独啸傲

兰幽伴竹共芬芳

联中嵌入京剧表演艺术家梅兰芳的名字，所嵌之处形成"品"字形，故又称"品字格"。

⑧碎锦格

碎锦格是一种比较自由的嵌字格式，不拘位置，只要在上下联中嵌入规定的字就行，例如：

人淡如菊

品逸于梅

1944年，当代作家、文史家郑逸梅50岁寿辰，南社诗人高吹万书写了这副对联。郑逸梅本姓鞠，"鞠"与"菊"读音相近。

姓名联实例赏析

在中国文学艺术的百花园中，嵌名对联无疑是中华楹联文化中魅力四射的一朵奇葩，它简练精湛，胜过千言万语，构思奇巧，蕴含万种风情。

【名联实例赏析之一】

三强韩赵魏

九章勾股弦

此为著名数学家华罗庚所撰之联，其中"三强"为战国时韩、赵、魏三个强国，又是科学家钱三强的名字，而"九章"为首次记载勾股定理的数学专著《九章算术》的简称，又是大气物理学家赵九章的名字，该联属首嵌鹤顶格。

【名联实例赏析之二】

泽润神州，万里山河增气色

民歌盛世，八方云水壮乾坤

此为著名书法楹联家倪进祥为江泽民同志撰写的嵌名联。此联属首嵌鹤顶格。

【名联实例赏析之三】

    李太白春夜宴桃李，桃花太红李太白

    柳如是良宵攀松柳，松荫如斯柳如是

该对联属于整嵌鹤顶格。李白，字太白，号青莲居士，唐代大诗人。柳如是，明末清初江南才女。

【名联实例赏析之四】

   云程万里，名贵九州，自湘西开辟以来，越古及今惟老贺

   青史千年，芳留百代，当锦城转战之际，骞旗斩将似生龙

此为挽贺龙元帅联。贺龙，又名云青。此联属鹤顶格和凤尾格（将名字嵌在上下联的第七字）嵌名联。

【名联实例赏析之五】

    复生不复生矣

    有为安有为哉

这是清末戊戌变法失败后，流亡国外的康有为给"戊戌六君子"之一的谭嗣同写的挽联。谭嗣同，字复生，英勇就义时年仅33岁。上下联嵌入两人的名字，联尾"复生"为复活之意义，"有为"为有作为之意。

【名联实例赏析之六】

    泽雨润千山，群山吐艳

    东风催四化，百族同心

1991年，株洲楹联学会征联纪念毛泽东主席，该联得奖。

【名联实例赏析之七】

    少志远谋一生献工运

    奇才伟略两论树党风

此为挽刘少奇主席联。

【名联实例赏析之八】

    高晓声梁晓声，操千曲乃晓新声

    许怀中徐怀中，行万里益怀域中

此对联中提到的高晓声、梁晓声、许怀中、徐怀中四人均系当代著名作家，对联属整嵌鹤顶格式，赞扬了四人在艺术上的创新追求及爱国热忱，结构和谐，富于情趣。联尾又将名字"晓声""怀中"分开，别开生面。

【名联实例赏析之九】

史笔留芳虽未成功终可法

洪恩浩荡不能报国反成仇

上联嵌入史可法的姓名，下联通过"成仇"与"承畴"谐音嵌入洪承畴姓名。明末将领史可法在扬州殉国，而洪承畴向清朝投降，此联一褒一贬，形成鲜明对照。

【名联实例赏析之十】

余见心乐余心乐

史载可法史可法

这是余心乐先生幼年时答私塾老师联。上联尾、下联尾分别嵌入余心乐、史可法的姓名。

【名联实例赏析之十一】

致君美味传千里

和我天机养寸心

【名联实例赏析之十二】

酱配龙蟠调芍药

园开鸡跖钟芙蓉

王致和臭豆腐是北京特产佳肴，创制人王致和是清朝康熙年间安徽穷秀才，他赴京考试屡次落榜，留在京城，生活无着时，操起做豆腐生计，竟歪打正着发明了臭豆腐。当时，王致和臭豆腐传入宫中，后来为慈禧太后所赏识，列为御膳小菜，清末状元孙家鼐写了上述两副藏头门对，雕刻在4块门板上，冠顶横读组成店名：致和酱园。

【名联实例赏析之十三】

巴山蜀水育方寸

金笔巨书照玉寰

此联作者是上海大学教师陈韬于20世纪90年代所作，他因景仰当代著名作家巴金而创作了这副嵌名联。

【名联实例赏析之十四】

学海双星托巨子

森空两弹耀神州

此为陈韬为科学家钱学森撰写的嵌名联。

【名联实例赏析之十五】

谢幕千层观众泪

晋风万表励国魂

此为陈韬为著名导演谢晋撰写的嵌名联。

【名联实例赏析之十六】

繁松傲雪苍天敬

森叶庇蓬哈达钦

此为陈韬为人民公仆孔繁森撰写的嵌名联。

【名联实例赏析之十七】

横额：道旁苦李

上联：士不忘丧其元

下联：公胡为改其度

清朝将领李元度，为曾国藩所器重。李在徽州一役，为太平军围追，损兵折将，惨遭败绩。曾国藩怒其守城不力，还推卸责任，请旨朝廷将其"革职拿问"，有人感于此，作联讽刺。

【名联实例赏析之十八】

楚楚大志，十年雄心争天下

九九归原，一双空手赴黄泉

中国西药业先驱黄楚九从摆地摊到创办百余家大小企业，人称"百家经理"，有人在其逝世时送此挽联。

【名联实例赏析之十九】

荣祖荣先，四季色香调羹鼎

乐山乐水，八珍美味协阴阳

此为纽约唐人街"荣乐酒馆"联。

【名联实例赏析之二十】

萃美罗珍，数不尽脆嫩甘肥，色香清雅

华筵盛会，祝一杯富强康乐，歌舞欢欣

此为北京萃华楼饭庄联。

【名联实例赏析之二十一】

万圣隆，兴万家，万家同庆

商战胜，振四海，四海云集

这是笔者为山东省海阳市万圣隆商厦开业作的一副开运对联。

姓名诗

姓名诗属于嵌字诗的一种。所谓嵌字诗，从广义上说，按照修辞格"镶嵌"手法把特定的字嵌于诗中，如姓名诗、地名诗、药名诗等都是嵌字诗。

与姓名有关的诗有两类。一类是姓氏诗，将姓氏嵌入诗句中，有姓而无名；另一类是姓名诗，将姓名嵌入诗句中，有姓又有名。前者始于南朝齐国，现存的有沈约的"和陆慧晓百姓氏"，后者始于唐代权德舆的"古人姓名"诗。

姓名诗分两种情况：一种是暗嵌姓名，而字面上却是另有所咏；另一种是明嵌姓名，直叙其事。就诗体而论，有五言律诗、七言绝句、七言律诗等。

姓名之所以能入诗，是由于姓名的音（音、韵、调）、形（字形的分合、增变）、义（美好的寓意）与诗的讲究不谋而合。姓名一经融入诗中，其本身的意蕴便"复活"了，寄托了当事人或名字拥有者一定的心绪、信仰、志向追求等。

姓名入诗的古今例子很多，现摘录如下。

奉和鲁望《寒日古人名》一绝
（唐）皮日休

北顾欢游悲沈宋，南徐陵寝叹齐梁。

水边韶景无穷柳，寒被江淹一半黄。

作者皮日休以人名贯穿全诗，起承转合，抒发了自己的情怀。诗中提到的历史名人有道学家顾欢、诗人徐陵、文人边韶、文学家江淹以及初唐以"沈宋"并称的宋之问和沈佺期。

姓名诗

（明）陆采

穆穆文孙交景运，端居乔宇抚清时，

经纶遥起山林俊，化雨重陶琰琬资。

韶乐杨廷和舜吕，溪毛澄水荐先师。

功如堕费宏谟远，寿比钱彭泽庆垂。

共说天王守仁义，万年盘石瑤图维。

"唐宋八大家"之一、宋代的王安石作了一首姓名诗如下：

老景春可惜，无花可留得；

莫嫌柳浑青，终恨李太白。

该诗嵌入唐朝两位名人姓名——柳浑、李白。诗中的柳、李既指姓又指代杨柳和李花二物，柳之浑青对李之太白，两个人名承担了传情达意的喻拟任务，表达了王安石郁郁寡欢、"无枝可依"的无奈心态：尽管春暖花开，奈何姹紫嫣红，无一为自己久留。

公元755年，李白与汪伦一起游览桃花潭，共销"万古愁"，为记知音之谊，写了首诗赠汪伦，云：

李白乘舟将欲行，忽闻岸上踏歌声。

桃花潭水深千尺，不及汪伦送我情。

将姓名拆开或重新组合或借助谐音或干脆由意象借代或辅以字号等方式作成诗，是姓名诗的一种表现手法。这种姓名诗往往蕴含一定的寓意，借此手法，表达作者的志向、追求、讽喻、幽默、难言之隐等，曹雪芹所著的《红楼梦》中有许多这样的诗。

贾宝玉梦游太虚仙境，是《红楼梦》的重头戏。曹雪芹借宝玉之手，给我们翻开了预示金陵十二钗正副册里的女性生命历程的姓名诗和姓名画。先看正册："头一页上便画着两株枯木，木上悬着一围玉带；又有一堆雪，雪下一个金簪。"这就是林黛玉和薛宝钗的姓名画，画下配了一首姓名诗为：

可叹停机德，堪怜咏絮才。

玉带林中挂，金簪雪里埋。

"玉带林"，三字倒读即"林带玉"，"带"音同"黛"，林黛玉之谓也；"金簪"，宝钗也，"雪"音同"薛"，即薛宝钗。该姓名诗预示具有乐羊子妻之贤德的薛宝钗难逃冷落、凄苦之劫，暗示出有咏絮之才的林黛玉与贾宝玉情结难解。

宝玉又拿起一本副册来，后面书云：

根并荷花一茎香，平生遭际实堪伤。

自从两地生枯木，致使香魂返故乡。

该诗是对香菱命运的判断。"根并荷花"，指菱根挨着莲根，表示香菱就是原来的英莲；"两地生枯木"，乃拆字法，两个"土（地）"字，加一个"木"字，拼合成"桂"字，寓指夏金桂。由于夏金桂的虐待，香菱"香魂返故乡"。香菱受虐而死，其"遭际实堪伤"也。

《水浒传》作者施耐庵作了一首姓名诗如下：

芦花丛里一扁舟，俊杰俄从此地游。

义士若能知此理，反躬逃难可无忧。

"芦"音同"卢"，指卢俊义。

抗日战争时期，老舍和吴祖缃为宣传抗战曾在《新蜀报》副刊上发表一组与抗战有关的姓名诗：

忆昔

也频徐仲年，火雪明田间，

大雨洗星海，长虹穆木天。

佩弦卢翼野，振铎欧阳山，

王语今空了，绀弩黄药眠。

与《忆昔》同载于《新蜀报》副刊的另一首姓名诗如下：

野望

望道郭源新，卢焚苏雪林，

烽白朗冀野，山草明霞村。

梅雨周而复，蒲风叶以群，

素园陈瘦竹，老舍谢冰心。

该诗的五、六两句："梅雨周而复，蒲风叶以群"，"梅"对"蒲"、"雨"对"风"，"周而复"对"叶以群"，甚至连虚词"而""以"都对上了。诗的三、四两句："烽白朗冀野，山草明霞村"，据另一资料把"烽"改为"绛"，变为

"绛白朗冀野，山草明霞村"更佳，改后诗中嵌入六个人名，且包含罗绛、白朗、欧阳山、草明两对夫妻作家；有绛、白两种颜色；有冀、村两地区，有山、草、霞、野四物事；还有朗、明两对形容词。该诗对仗工整、情景交融，实属不可多得的妙诗。

1942年4月，郭沫若在重庆即兴创作了一首五言姓名诗：

> 胡风沙千里，凌鹤张天翼。
> 白薇何其芳，丽尼顾而已。

诗中提到了抗日战争时期文化界的八位名人：胡风、沙千里、凌鹤、张天翼、白薇、何其芳、丽尼、顾而已。该诗前两句意境阔大，气魄宏伟，描写北风劲吹，黄沙漫天飞舞，而张开了羽翼的鹤却迎风展翅；后两句笔锋一转，仿佛从苦寒的塞外来到了风和日丽的江南，大地上春草青青，芳香逼人，直引得丽尼顾盼流连。

笔者曾经赠张秀福和陈甘燕老夫妇的姓名诗，诗中嵌入老夫妇二人的名字，诗文为：

> 秀丽青山不老松，福海蓝天白鹤行。
> 甘苦同伴共风雨，燕来春归百年情。

下面一首姓名诗嵌入李先生与其恋人燕双的名字：

> 桃李香飘绿水春，燕子双飞照海滨。
> 花木城郭映圆月，风流才子逢佳人。

第十二章 姓氏文化

民族大融合对中华姓氏的影响

中国是一个多民族的国家，历史上每次民族大融合都带来姓氏文化的融合。有些少数民族姓氏制度的形成，远远早于汉族，随着各民族相互交往，许多少数民族的姓氏也汉化了，比如，在第二次民族大融合高潮即魏晋南北朝时期，当时的俟几氏、其连氏、副吕氏、奇斤氏等古代少数民族的复音姓氏转变为现在的几、綦、副、奇等姓。同样的情况也大量发生在第三次民族融合时期，即辽、宋、夏、金、元时期，比如关于女真族系的来源，主要有东夷族、东胡族、通古斯族等多种说法，主要姓氏为乌古和完颜，这两个复音姓氏在第三次民族融合时期基本汉化，乌古氏转变为乌氏、商氏、刘氏、李氏等单音姓氏，完颜氏转变为王氏、完氏、颜氏、陈氏、阮氏等单音姓氏。

郡望、堂号与姓氏的关系

郡望，也叫地望，是某姓氏家族兴盛的地域标志，即一个地区有财有势有威望的家族居住地名称。有的郡望是以姓氏的发祥地或姓氏来源命名的；有的郡望是根据富贵家族居住地的地名起的。同一个姓氏可能有多个郡望，例如"赵钱孙李"的赵姓郡望有天水、涿郡、南阳等，又如范姓发源地是今河南范县，到汉魏时首先在南阳形成郡望，所以魏晋南北朝时的范姓名人多称南阳范氏，这以后因族人当官迁移等缘故，又形成了高平、山阳、河内、吴郡等许多郡望。郡望将同一姓氏中的豪门与寒门、世族与庶族区分开来，因此，郡望是该姓旺族的标志。

在先秦时期，姓、氏二者有明确的区别，姓用以标记血缘，而氏则用以辨别贵贱。但随着秦始皇统一天下，原来的世袭制度也就消失了，氏不再是贵族的标志，而是与姓一样成了单纯的家族标志。

随着封建制度的建立，新的制度必然要有新的表示等级的符号产生，郡望就是在这种新的历史条件下产生的标志社会地位的符号。如南北朝时期至隋唐时期，范阳卢氏、清河崔氏、太原王氏、荥阳郑氏就是当时北方的四大望族。在姓氏前面标以家族居住地，亦即郡望名，以表示其为此地的望族。郡望既然是贵贱的标志，因此也就成了封建统治者选拔人才任用官吏的依据，如唐太宗李世民虽大兴科举以打击旧的望族，但是传统望族在政治上的势力是不可低估的，从《新唐书》"宰相世系表"可以发现，唐代宰相多出自望族，如博陵崔氏任宰相的就有12人、清河崔氏有5人、范阳卢氏有8人、荥阳郑氏有9人、太原王氏有7人。

此外，郡望还是名门世族谈婚论嫁的依据。一般人婚姻讲究门当户对，如南北朝时期自立为王的侯景想娶王、谢二姓的女子为妻，请梁武帝萧衍出面说合，梁武帝说："王、谢的门第太高，与你不般配，你还是在朱、张以下的诸姓中找一个称意的吧。"可见当时名门望族壁垒之森严，连皇帝也没有办法。

堂号是中国姓氏文化的独特产物，是一个同姓家族或家族中某一支派的共同标识，其目的是维护宗族、便于同一姓氏寻根认祖。堂号最早来自祠堂。宋元以后，民间立祠成风，凡聚族而居的同姓家族，都建祠堂作为本族人的祭祀中心。如果成员太多，则建立数所，故祠堂又有总祠、支祠之分。凡是祠堂都有各自的称号即"堂号"，在有许多分支的大家族里，各支派也有本支堂号，如"四知堂"是杨姓堂号之一，出自《后汉书》记载东汉名臣杨震拒收贿赂的史实。

堂号的取名大致有以下几种方式：

根据本宗姓氏或本族姓氏的发祥地取名，如中国台湾、福建等地的庄姓堂号多用"凤田堂"，因为凤田是该族的发祥地。

根据本宗祖先所具有的美德命名，如吴姓的祖先是周朝时吴国始祖太伯，太伯有让位给兄弟的美德，故吴姓堂号又称"让德堂"。

根据祖先的官称、爵号或别号等取名的，如陶姓有"五柳堂"，因先祖陶渊明号"五柳先生"；白姓有"香山堂"，因先祖白居易号"香山居士"。

在中华儿女寻根认祖的活动中，堂号也是重要的依据。故有人称郡望是寻根的"长程"线索，堂号是寻根的"短程"线索，因其能够追溯的时间和血统范围要比郡望小得多。比如，漳州和台北都有闻名遐迩的陈氏宗祠"德星堂"，平和与台中都有林氏宗祠"培远堂"，南靖和台南都有张氏宗祠"德远堂"等。

中国复姓知多少

中国复姓主要有：百里、北门、门宫、北唐、北郭、成公、达奚、端木、第五、尔朱、高车、高堂、哥舒、公上、公山、公西、公伯、公仪、公户、公仲、贺兰、贺谷、皇甫、夹谷、库狄、老成、荔非、梁由、梁丘、梁馀、令狐、闾丘、孟孙、万俟、纳兰、东方、南门、南宫、南荣、南郭、慕荣、欧阳、濮阳、漆雕、綦毋、亓官、乞伏、壤驷、若干、沙吒、沙陀、单父、少正、上官、佘佴、申屠、叔孙、司马、司空、司徒、司寇、太史、太叔、澹台、徒单、屠羊、屠岸、陀满、拓跋、完颜、微生、闻人、乌兰、巫马、西门、西乞、夏侯、新垣、相里、斜卯、羊舌、耶律、夷羊、移刺、宇文、尉迟、乐正、宰父、臧孙、长孙、钟离、仲孙、诸葛、子服、子车、孙叔、宗政、左丘。

复姓的大量产生是在春秋时期。当时宗法制度已经确立，随着这种制度的发展，每隔几代，贵族中便会分出一些支族。比如，某国国君的儿子以国名为氏，按公族只限于国君近亲三代以内的规矩，到他的下两代就属于公族以外的另一支族了。这个支族不能再以国名为氏，就另外"命氏"。

现存的文献记载表明，复姓的成批出现，主要在春秋中期以后到战国初期这一时期，如孔子的七十二弟子中，复姓的人就有23个。

此外，复姓还有一些与单姓来历相同的途径。如司马、司徒、司空、左史等，就是以官职为氏。再如欧阳，其祖先就是越国的创建者无余的后代，越国被楚国消灭后，越王的儿子被楚君封到今浙江欧余山的南面。古人习惯将山南称阳，山北称阴，所以欧余山之南的简称是"欧阳"，其后人便以祖上的居住地名"欧阳"为氏。

再比如说"诸葛"一姓的来历，主要有三种说法：其一，夏商之际有一个葛氏姓族，原居诸邑（今山东诸城市西南），后来迁到阳都（今山东沂水县西南）。因为阳都已有土著葛氏，人们便称他们为"诸葛"，意为从诸邑迁来的葛氏，以便区分。其二，秦末农民起义时，有一位葛婴将军为推翻秦朝统治立有战功，可是却被起义首领陈胜冤杀。汉朝时为其平反，封他孙子为诸侯。其后人便以诸葛为姓。其三，古代有詹葛氏，居于齐国，齐国人詹、诸不分，后人便以诸葛为姓氏了。

中国复姓到底有多少呢？大多数复姓随着新姓氏的确立而被简化或淘汰了。如东汉《风俗通义·姓氏篇》所收 500 个姓氏中，复姓有 150 多个，而在北宋人编著的《百家姓》中仅有 60 个复姓。2010 年，我国第六次全国人口普查统计数据列出了近期我国人口数量最多的前十大姓和人口数量最多的前 300 个姓氏，其中一个复姓也没有，可见复姓人口数量不多。

当然，随着社会的不断进步、人们思想观念的改变，大姓起名越来越难，所以一些新造复姓也会出现。

从姓名演变看中国历史文化

名字不是单纯的称号，它还具有很深的社会烙印，一个时代的姓名能反映一个时代的历史与文化。

周代之前的姓名资料主要来自甲骨文，周代人的姓名像《诗经》中写的一样洋溢着一种质朴、自然之美。先秦时期的人常根据人的身体特征来进行命名，据《史记·孔子世家》记载，孔子名丘，就是依据其头像山丘一样而取的。孔子一出生，其脑袋的形状就与一般人不一样，头顶中间低凹而四周隆起，像山丘之状，因此父母为其取名叫丘。以身体特征为依据进行命名的著名例子还有晋成公，《国语·周语下》记载，晋成公出生时，他的母亲梦见神灵用墨涂抹在孩子的屁股上，并预言这孩子长大会成为晋国的君主，于是"黑臀"就成为他的名字了。

春秋时期的郑庄公名字叫寤生，意思是倒着出生的，因为孩子倒着生容易导致难产，为了纪念诞生的艰难，庄公的父母就给他取名为寤生。

《左传·桓公六年》载鲁桓公夫人文姜生了儿子，鲁桓公向申繻请教取名之法，然后按照"有类"法给儿子取名叫同，这是由于子与父的生日天干地支相同（都在丁卯日）的缘故。鲁同，史称鲁庄公，是鲁国第 16 位国君。

申繻对鲁桓公讲述的取名之法是："名有五，有信，有义，有象，有假，有类。以名生为信，以德命为义，以类命为象，取于物为假，取于父为类。"

信，是根据孩子出生的情况命名；义，是选择表示美德的字命名；象，是根据孩子身体的某些特征命名；假，是借用各种事物的名称命名；类，是根据婴儿出生时与父亲、先贤相似的方面来为其命名。以"德命为义"一直是中国人取名的重要讲究，如周文王名昌，有希望周族繁荣昌盛之寓意。

周朝人强调起名应体现被命名者的特征，侧重于名实相符，这说明周人起名较重视名字的指称功能。同时，由于周朝实行严格的分封制度，因此，其命名亦必重视名字的社会分类功能。因为周人对名字的美学内涵未加注意，所以才能体现周朝姓名淳朴天真、不加雕饰的独特风格。

西汉时期经济繁荣，国力强盛，整个社会充满雄阔、宏大、蓬勃的气象，这种向上的社会意识在人的姓名中反映出来，比如汉景帝时的大将韩安国、汉昭帝时的富豪张安世、汉宣帝时的丞相于定国，这些姓名明显反映了汉人渴求建功立业、治国安邦的崇高志趣。

当张道陵的五斗米教盛行时，上层贵族和文人又沉迷其中，所以在起名上多用"之""道"等字，甚至父子三四代的名中都用"之"字，以大书法家王羲之家族的王氏为例，可以清楚地看到这一特色，如：晏之、允之、夕之、胡之、就之、耆之、羡之、彪之、彭之、翘之、昆之、希之、玄之、微之、献之、随之、伟之、越之、望之、陋之、肇之、静之、裕之、韶之、纳之、泰之、悦之、升之、瓒之、标之、桂之、秀之、延之。魏晋六朝人名常选用"之"字，如司马让之、刘式之、孔遥之，当时士大夫对"之"字毫不避讳，可见那时用"之"字起名的社会风气之盛。

在王莽执政时期，王莽实行双名之禁，提倡单名，在人们的观念中存在对双字名的鄙视，当时人们认为起双名的人低贱。王莽政权垮台后，取单字名的习惯一直延续了300多年，因此，《后汉书》和《三国志》里面的人名很多都是单名。

南北朝时期，佛教盛行，与佛教有关的字眼得到了人们的青睐，因此，南北朝人用佛家词语命名风行一时。如：王昙首、沈昙庆、王僧达、沈僧荣、孙法宗、陆法真、段佛荣、刘昙净、沈慧休。

唐朝又流行表示排行的名字，如：张十三建军、卫十作处士、朱十二娘。

因此，杜甫的草堂诗赋中的称呼都是行第名字，而唐代的女名多用"娘"字，如：姜三娘、江十一娘、刘一娘、胡二娘、赵十娘、朱十二娘。

唐朝儒、道、佛三教兼存共荣，这一点从唐代的人名中也可以看出来，比如：李孝恭、窦建德、薛仁贵、狄仁杰、李仁实、房玄龄、崔义玄、李道宗、颜真卿、张昌宗。从以上名字中可看出：唐代人名的特点是两字名占优势，唐人取名时强调立意、以名寓志、借名表德。

宋代是个重文德轻武功的时代，对内重用文人排挤武人，对外则一味忍让媾和，导致国运日渐颓败，以至宋人不见唐代那种雄阔豪迈的气概。宋朝人喜欢以"老""叟""翁"等表示老迈的字起名，如孟元老、王老志、徐荣叟、林尧叟、文辰翁。这些"老气"的名字表现了命名者追求健康长寿的美好愿望，也与宋人在诗歌、绘画等艺术中追求枯淡、寥落、萧条之趣味相通。

元代是北方蒙古族入主中原，因此，元代人名中出现了许多由少数民族音译或意译过来的名字，如成吉思汗、窝阔台、拖雷、旭烈兀、兀良合台、耶律楚材、察罕帖木儿、石抹宜孙，成为中国姓名史上一道奇特的风景。《元史》中也有一些有趣的名字，如石抹狗狗、郭狗狗、宁猪狗、高闹儿之类，诸如此类的名字只能是属于平民的。

明代人名字用字基本和宋代人相同，他们也喜欢用一些表示美德的字取名，如孙慎行、温体仁、王直、于谦等，但明代人的名字和宋代人的名字比起来多了许多对幸福生活的追求，如高攀龙、周顺昌、李万庆、陈子龙、李成功等，表达了望子成龙、光宗耀祖的愿望。

清代是中国封建文化的最后时期，清人身置末世，已不具有标新立异的能力，只能沉湎于对灿烂文化的缅怀与眷恋。清人的怀古倾向体现在清代的金石考古之学中，清人致力于收集、玩赏和研究古玩，清人的名字如田文镜、费金吾、黄叔琳等正是这种慕古之风的真实体现。

另外，清代的"文字狱"盛行，直接导致了清人对政治时事的恐惧，因此表现在取名上追求含蓄的风格，如刘南廷、林春溥、耿继茂、魏象佐等名字，其意义往往只可意会而不可言传了。

新中国成立后，不同年代的风尚影响着人们的起名选择。

《讽刺与幽默》杂志曾罗列20世纪以来我国不同年代人们的一些名字，从中可看出命名心理与社会发展的关系。

1948年以前：贾得宝　孙发财　姚有禄

1949—1950年：郑解放　叶南下　秦建国

1951—1953年：司卫国　朱抗美　邓援朝

1954—1957年：申互助　时志方　刘建设

1958—1959年：潘胜天　王跃进　童铁汉

1960—1963年：齐抗洪　马抗洪　赵向党

1964—1965年：高学雷　方学锋　艾志农

1966—1976年：房文革　张卫兵　董要武

1977—1983年：宋跃华　彭振兴　李文明

据统计，1949年9月30日以前，我国人名常用的6个字是：英、秀、玉、珍、华、兰；1949年10月到1966年5月最常用作人名的6个字是：华、红、军、文、英、明；1976年11月至1982年6月，人名常用字排在前6位的是：华、丽、春、小、燕、红。

新中国成立初期基本上继承旧时的起名，男子常选用的字为：福、禄、寿、宝、祥、喜、庆、孝、兴、义、仁、勇、信、礼、智。女子常选用的字为：兰、淑、贤、琴、芝、敏、惠、芬、芳、丽、玲、翠、美、清。而体现时代特征的名字主要有：建国、建华、建中、建民、兴民、兴中、援朝、京生、开国、卫国、爱国、国强、国民、国兴、国富、国栋、兴华、振华、爱华、保卫、卫平、卫华、永卫、永平、志国、志平、志民、志军、志学。

改革开放以来，随着时代的进步和社会经济的发展，人们的精神文化生活也更加丰富充实。有知识的年轻一代期望给自己的子女起个雅致的或中西合璧式的名字，新时期比较风行的雅致的起名用字有：曼、蒂、颖、磊、晶、萍、傅、倩、茜、婕、珊、娜、莎、凯，这类名字还需要看个人的姓氏，如"梅丽嘉""刘露丝""赵丽莎"等，就会体现出雅致的意味来，而像王丽嘉、吴露丝、马丽娜就感觉不那么好了。新时期体现当代改革开放、和平统一、环保、高科技等特色名字有"马国放""高开发""苏新兴""张国聚""刘爱境""肖爱树"等。

前些年，取一字格的名字的人很多。单名在中国历史上曾风行一时，如：赵盾、狐偃、先轸、赵衰、屈原、白起、李斯、刘邦、项羽、陈胜、吴广、张耳、萧何、韩信、张良、刘备、曹操、孙权、董卓、吕布、关羽、张飞、赵云、黄忠、马超、郭嘉、周瑜、黄盖、袁术、袁绍、杨雄、曹丕、曹植、诸葛亮、司马懿。新时期起单名的风气重新开始盛行。十余年前，据统计，广州名叫梁妹、陈妹各有2400多个，天津名叫张力、张英各有2000多个，沈阳名叫王伟、李杰有3000多个。

此外，取中性名字的人越来越多，许多人给女孩取名，并不分性别，而使用一些中性字，从表面看不出是女性的名字。例如，"张力""张涛"等过去一般认为是男名，可是有许多女子以此为名。合父母的姓为孩子的姓名，是一种表示夫妻相亲相爱、亲密无间的取名方法。例如"唐柳"，父姓唐、母姓柳或母姓唐、父姓柳，再如"沈林""李苏"等。用"小"字取名的有很多，如：小雨、小羽、小丽、小林、小明、小峰、小军、小芳、小芬、小珍、小兵、小民。也有以"晓"代"小"的，如：晓明、晓丽、晓静、晓晨、晓华、晓旭。

因为我国人口众多，姓氏集中，加上取单名的流行，重名重姓现象日趋严重，这给户籍管理、社会治安、文化教育、侨胞寻根，以及邮电、储蓄、汇兑票据等工作带来诸多困惑和麻烦，削弱了公民对姓名独享的权利，淡化了名字在法律上的威严性和强制性。再加上随着文化层次和文明程度的普遍提高，人们的取名要求也逐渐提高，起名之道也将更讲究和追求艺术化、寓意化。为了解决上述问题，应采用一些方法：首先，人数众多的大姓尽量少用单字起名，人口极少的姓氏可用单字起名。其次，打破姓名二字格（单名）与三字格（双名）的传统，采用四字格。实际上，当代人的姓名已经有所突破传统格局，如有些人名叫"刘王立明""赵杨步伟""孙方永纯""陈思文模""朱礼才琪""王方卓识""赵孟贞宇"。这些四字结构的名字组合新颖，构思独特，设计出来意蕴深远，为解决我国重名重姓的问题不失为一个切实可行的好方法。

新中国成立后，人们的起名方式可以归纳成迥然不同的四种主要的类型：

第一种为传统式姓名，秉承传统习惯风俗，字义清晰，让人一眼看透其内涵。

第二种为标语口号式姓名，这类人名具有时代特色，紧密地和时代联系在一起。

第三种为诗意化的姓名，有的截取古文古诗中的字眼，有的采用成语，有的运用典故。

第四种为中西合璧式的姓名，其中有些为英文名音译而来。

随着时代的发展，对姓氏的选用正在打破传统习俗。实际上，在某些家庭中，男孩从父姓，女孩从母姓。也有的独生子女随母姓，这种情况，在社会上早已不罕见。

起名方式随着时代的进步而发展变化，怎样给孩子起个既脱俗又实用，并且叫起来朗朗上口的好名字呢？这是很多家长关心的一个问题。

各姓氏寻根认祖

中华姓氏有5000多年的历史，是世界上最古老的姓氏，在世界其他地区，姓氏的产生不过是近1000年前的事情。欧洲普遍使用姓氏的历史只有400年。日本在公元5世纪才出现姓氏，但当时只是贵族有特权使用，并未在平民中普及。直到明治维新时期，1875年政府颁布法令，实施户籍登记，日本人才匆匆忙忙为自己起姓，所以日本人的姓氏多以居住地名为姓氏，当时日本一下子涌现出了3万多个姓。中华姓氏以一种血缘纽带的特殊形式记录了中华民族的形成和发展，因此，姓氏成为中华儿女寻根认祖的主要依据。

姓氏渊源帮中国人寻根认祖。中国科学院遗传研究所的群体遗传学家袁义达在21岁时到山西怀仁县插队，别人用来打牌闲聊的时间，他却用来翻阅《康熙字典》。他发现在《康熙字典》姓氏部分中有很多姓是他从来没有见过的，有的甚至连字他都不认识，从此他与姓氏研究结缘。袁义达先生大学毕业分配到中国科学院遗传研究所工作，1984年，世界著名的群体遗传学家、美国斯坦福大学教授斯福扎米到遗传研究所，带来了"姓氏基因"理论，他希望能与中国的遗传学家合作，通过研究姓氏在人群中的分布，分析人群间的亲缘关系和历史上人群迁移规律等。于是，对姓氏、历史有着浓厚兴趣的袁义达先生自告奋勇开始从事姓氏研究工作。

2000年，袁义达绘出了宋、元、明、清4个朝代的100个常见姓氏的人口分布曲线，得出结论："这四条几乎吻合的曲线说明，1000年来，中国人的姓氏传递是连续和稳定的。"这是袁先生的研究成果，同时也是后面进一步研究姓氏的基础。中国姓氏有史可查且可靠的记载主要是秦汉以后的文献。

5000多年来，自上古传说中的伏羲时代开始，中国人的姓氏基本是依父系传递。袁义达先生说，尽管中国人也存在改姓的现象，但是这在整个中国人口中所占的比例很小，很大一部分在第二代时又恢复原来的姓氏，袁义达先生还举了一个姓氏与基因对照认祖的例子，从某古墓地挖掘出了一具男性尸骨，死者的姓氏得到确认，若有与之同姓的当代人想知道自己是否是死者的后代，可以把从尸骨中提取的Y染色体基因与当代人的相对照，如果一致就可断定死者是其祖先。

中国人无论身在何方都有强烈的认宗敬祖的观念，比如1988年9月21日《光明日报》报道，为回应"缅甸太原王氏宗族会"和"泰国王氏宗亲总会"王氏后人的请求，山西省组建了"太原王氏研究会"，对太原王氏的始祖、迁徙、分流等情况进行调查研究，取得了不少成果。《国语·晋语四》云："同姓则同德，同德则同心，同心则同志。"读者如果想知道您的祖先是谁、祖籍何处、祖先发祥地（郡望）在哪儿，可根据姓氏寻根一览表音序索引查看下文姓氏寻根一览表。

姓氏寻根一览表音序索引

读音	姓氏	序号	读音	姓氏	序号
Ài	艾	334	Bì	毕	076
Ài	爱	499	Bì	费	065
Ān	安	079	Biān	边	313
Áo	敖	375	Biàn	卞	086
Bā	巴	223	Bié	别	322
Bái	白	267	Bǐng	丙、邴	214
Bǎi	柏	037	Bó	薄	264
Bǎilǐ	百里	467	Bó	伯	491
Bān	班	235	Bǔ	卜	092
Bāo	包	185	Bù	步	348
Bào	鲍	062	Cài	蔡	156
Bào	暴	244	Cāng	苍、仓	287
Bèi	贝	110	Cáo	曹	026
Bēn	贲	179	Cén	岑	067

（续表）

读音	姓氏	序号	读音	姓氏	序号
Chái	柴	325	Dōngguō	东郭	468
Chāng	昌	051	Dōngmén	东门	485
Cháng	常	080	Dòu	窦	039
Chānyú	单于	426	Dū	都	349
Cháo	晁、朝	373	Dú	督	444
Cháo	巢	393	Dǔ	堵	300
Chē	车	229	Dù	杜	129
Chén	陈	010	Duàn	段	218
Chéng	成	115	Duàngān	段干	466
Chéng	程	193	Duānmù	端木	447
Chī(Xī)	郗	234	È	鄂	272
Chí	池	281	Fǎ	法	461
Chōng	充	326	Fán	樊	157
Chǔ	储	211	Fàn	范	046
Chǔ	楚	459	Fāng	方	056
Chǔ	褚	011	Fáng	房	170
Chúnyú	淳于	425	Fèi	费	065
Cóng	从、枞	271	Fēng	丰	392
Cuī	崔	189	Fēng	封	208
Dá	笪	497	Fēng	酆	061
Dài	戴	116	Féng	冯	009
Dǎng	党	291	Fèng	凤	054
Dèng	邓	180	Fú	伏	114
Dí	狄	108	Fú	扶	299
Diāo	刁	148	Fú	符	251
Dīng	丁	177	Fú	福	504
Dìwǔ	第五	502	Fù	傅	084
Dōng	东	360	Fù	富	219
Dǒng	董	127	Fú	宓	231
Dōngfāng	东方	416	Gān	甘	245

（续表）

读音	姓氏	序号	读音	姓氏	序号
Gān	干、邗	173	Guó	国	354
Gāo	高	153	Hǎ	哈	495
Gào	郜、告	261	Hǎi	海	472
Gě	盖	405	Hán	韩	015
Gē	戈	341	Háng	杭	183
Gě	葛	044	Hǎo	郝	077
Gěng	耿	350	Hé	何	021
Gōng	弓	224	Hé	和	097
Gōng	公	408	Hè	贺	070
Gōng	宫	240	Hèlián	赫连	417
Gōng	龚	192	Héng	衡	347
Gǒng	巩	370	Hóng	弘	352
Gòng	贡	294	Hóng	红	400
Gōngliáng	公良	453	Hóng	洪	184
Gōngsūn	公孙	429	Hóu	侯	230
Gōngxī	公西	449	Hòu	后、厚	480
Gōngyáng	公羊	420	Hòu	後	398
Gōngyě	公冶	422	Hú	胡	158
Gōu	勾、句	374	Hù	扈、户	314
Gōu	缑	477	Huā	花	055
Gǔ	古	338	Huà	华	028
Gǔ	谷	228	Huá	滑	196
Gù	顾	093	Huái	怀	268
Guān	关	394	Huán	桓	407
Guǎn	管	166	Huàn	宦	333
Guǎng	广	357	Huáng	黄	096
Guī	归	471	Huángfǔ	皇甫	418
Guì	桂	308	Huì	惠	204
Gǔliáng	谷梁	457	Huò	霍	160
Guō	郭	144	Hūyán	呼延	470

（续表）

读音	姓氏	序号	读音	姓氏	序号
Jī	姬	297	Kàn	阚	088
Jī	稽	194	Kāng	康	478
Jí	吉	190	Kàng	亢	164
Jí	汲	213	Kē	柯	169
Jí	籍、藉	275	Kōng	空	384
Jì	计	113	Kǒng	孔	025
Jì	纪	122	Kòu	寇	356
Jì	季	134	Kuǎi	蒯	395
Jì	蓟	263	Kuāng	匡	353
Jì	暨、既	345	Kuàng	况	479
Jì	冀	316	Kuí	夔	367
Jiā	家	207	Kuí	隗	226
Jiá	郏	317	Lài	赖	276
Jiǎ	贾	137	Lán	蓝	131
Jiágǔ	夹谷	455	Láng	郎	048
Jiǎn	简	382	Láo	劳	295
Jiāng	江	141	Léi	雷	069
Jiāng	姜	032	Lěng	冷	377
Jiǎng	蒋	013	Lí	黎	262
Jiāo	焦	222	Lǐ	李	004
Jīguān	丌官	441	Lì	厉	247
Jīn	金	029	Lì	利	364
Jīn	晋	458	Lì	郦	303
Jīn	靳	212	Lián	连	330
Jīng	经	217	Lián	廉	066
Jīng	荆	399	Liáng	梁	128
Jǐng	井	253	Liángqiū	梁丘	483
Jǐng	景	346	Liào	廖	342
Jū	居	390	Lín	林	147
Jū	鞠	380	Lìn	蔺	278

（续表）

读音	姓氏	序号	读音	姓氏	序号
Líng	凌	159	Mǐn	闵	132
Lìnghú	令狐	432	Míng	明	111
Liú	刘	252	Mò	莫	168
Liǔ	柳	060	Mò	墨	494
Lóng	龙	256	Mòqí	万俟	409
Lóng	隆	368	Móu	牟	488
Lóu	娄、楼	139	Mù	牧	225
Lú	卢	167	Mù	慕	329
Lǔ	鲁	049	Mù	穆	098
Lù	陆	198	Mùróng	慕容	436
Lù	逯	404	Nā	那	381
Lù	禄	358	Nài	佴	490
Lù	路	138	Nài	能	286
Lǚ	吕	022	Nángōng	南宫	493
Luán	栾	243	Nánmén	南门	469
Luó	罗	075	Ní	倪	071
Luò	骆	152	Nián	年	498
Lǚqiū	闾丘	438	Niè	乜	388
Má	麻	135	Niè	聂	372
Mǎ	马	052	Nìng	宁	241
Mǎn	满	351	Niú	牛	310
Máo	毛	106	Niǔ	钮	191
Máo	茅	119	Nóng	农	320
Méi	梅	145	Ōu	欧	361
Méng	蒙	280	Ōuyáng	欧阳	412
Mèng	孟	094	Pān	潘	043
Mí	糜	215	Páng	庞	120
Mǐ	米	109	Páng	逄	296
Miáo	苗	053	Péi	裴	197
Miào	缪	172	Péng	彭	047

（续表）

读音	姓氏	序号	读音	姓氏	序号
Péng	蓬	232	Rǎn	冉	301
Pí	皮	085	Rǎngsì	壤驷	452
Píng	平	095	Ráo	饶	383
Pú	蒲	269	Rèn	任	058
Pú	濮	309	Róng	戎	248
Pǔ	浦	318	Róng	荣	199
Púyáng	濮阳	424	Róng	容	336
Qī	戚	033	Róng	融	376
Qí	齐	087	Rú	茹	331
Qí	祁	105	Rǔ	汝	462
Qíguān	亓官	441	Ruǎn	阮	130
Qián	钱	002	Ruì	芮	209
Qiáng	强	136	Sāng	桑	307
Qiáo	乔、桥	282	Shā	沙	387
Qiáo	谯	496	Shàn	单	182
Qīdiāo	漆雕	450	Shān	山	227
Qīn	钦	465	Shāng	商	487
Qín	秦	018	Shǎng	赏	492
Qín	琴	482	Shàng	尚	319
Qiū	邱、丘	151	Shàngguān	上官	411
Qiū	秋	237	Sháo	韶	260
Qiú	裘	171	Shào	邵	102
Qiú	仇	242	Shé	佘	489
Qū	屈	124	Shè	厍	371
Qū	麴	206	Shēn	申	298
Qú	璩	306	Shēn	莘	290
Qú	瞿	326	Shěn	沈	014
Quán	权	403	Shèn	慎	340
Quán	全	233	Shèng	盛	146
Què	阙	359	Shēntú	申屠	428

（续表）

读音	姓氏	序号	读音	姓氏	序号
Shī	师	369	Táo	陶	031
Shī	施	023	Téng	滕	073
Shí	石	188	Tián	田	156
Shí	时	083	Tōng	通	312
Shǐ	史	063	Tóng	佟	501
Shòu	寿	311	Tóng	童	142
Shū	殳	362	Tǒu	钭	246
Shū	舒	123	Tú	涂	464
Shù	束	255	Tú	屠	279
Shuài	帅	476	Tuòbá	拓跋	454
Shuāng	双	288	Wàn	万	162
Shuǐ	水	038	Wāng	汪	104
Sī	司	259	Wáng	王	008
Sīkōng	司空	440	Wēi	危	140
Sīkòu	司寇	442	Wéi	韦	050
Sīmǎ	司马	410	Wèi	卫	012
Sītú	司徒	439	Wèi	蔚	365
Sōng	松	216	Wèi	魏	030
Sòng	宋	118	Wēishēng	微生	474
Sū	苏	042	Wēn	温	321
Sù	宿	266	Wén	文	355
Sūn	孙	003	Wén	闻	289
Suǒ	索	273	Wēng	翁	200
Tái	邰	270	Wénrén	闻人	415
Tàishū	太叔	427	Wò	沃	363
Tán	谈	117	Wū	乌	221
Tán	谭	293	Wū	邬	078
Tāng	汤	072	Wū	巫	220
Táng	唐	064	Wú	毋	386
Tāntái	澹台	421	Wú	吴	006

(续表)

读音	姓氏	序号	读音	姓氏	序号
Wǔ	伍	089	Yān	鄢、焉	463
Wǔ	武	250	Yán	闫	460
Wūmǎ	巫马	448	Yán	严	027
Xī	郤	305	Yán	言	503
Xī	奚	045	Yán	阎	327
Xí	习	332	Yán	颜	143
Xí	席	133	Yàn	晏	324
Xià	夏	154	Yān	燕	315
Xiàhóu	夏侯	413	Yáng	羊	202
Xián	咸	274	Yáng	阳	500
Xiàng	相	396	Yáng	杨	016
Xiàng	向	337	Yǎng	仰	236
Xiàng	项	125	Yǎng	养	389
Xiānyú	鲜于	437	Yángshé	羊舌	473
Xiāo	萧	099	Yáo	姚	406
Xiè	解	174	Yè	叶	257
Xiè	谢	034	Yī	伊	239
Xīmén	西门	486	Yì	易	101
Xīn	辛	379	Yì	羿	283
Xíng	邢、刑	195	Yì	益	339
Xìng	幸	258	Yīn	阴	283
Xióng	熊	121	Yīn	殷	074
Xū	须	391	Yǐn	尹	100
Xū	胥	285	Yìn	印	265
Xú	徐	150	Yīng	应	175
Xǔ	许	020	Yōng	雍	304
Xuān	宣	178	Yóu	尤	019
Xuānyuán	轩辕	431	Yóu	游	401
Xuē	薛	068	Yǒu	有	481
Xún	荀	201	Yú	于	082

（续表）

读音	姓氏	序号	读音	姓氏	序号
Yú	余	090	Zhāng	章	040
Yú	鱼	335	Zhǎng	仉	443
Yū	於	203	Zhǎngsūn	长孙	435
Yú	俞	057	Zhào	赵	001
Yú	虞	161	Zhēn	甄	205
Yǔ	禹	107	Zhèng	郑	007
Yǔ	庾	343	Zhī	支	163
Yù	郁	181	Zhōng	终	344
Yù	喻	036	Zhōng	钟	149
Yù	鬱	284	Zhòng	仲	238
Yuán	元	091	Zhōnglí	钟离	433
Yuán	袁	059	Zhòngsūn	仲孙	430
Yùchí	尉迟	419	Zhōu	周	005
Yuè	乐	081	Zhū	朱	017
Yuè	岳	475	Zhū	诸	186
Yuè	越	366	Zhūgě	诸葛	414
Yuèzhèng	乐正	451	Zhú	竺	402
Yún	云	041	Zhù	祝	126
Yǔwén	宇文	434	Zhuāng	庄	323
Zǎi	宰	302	Zhuānsūn	颛孙	446
Zǎifǔ	宰父	456	Zhuō	卓	277
Zǎn	昝	165	Zī	訾	378
Zāng	臧	112	Zǐchē	子车	445
Zēng	曾	385	Zōng	宗	176
Zhā	查	397	Zōngzhèng	宗政	423
Zhái	翟	292	Zōu	邹	035
Zhān	詹	254	Zǔ	祖	249
Zhàn	湛	103	Zuǒ	左	187
Zhāng	张	024	Zuǒqiū	左丘	484

姓氏寻根一览表

序号	姓氏	祖先和祖籍	郡望发祥地
001	赵 Zhào	源自嬴姓，上古贤士伯益的十三世孙造父被周穆王封于赵城，在今山西省洪洞县北	天水（今甘肃天水）
002	钱 Qián	源自古姬姓，周朝初期设置"钱府上士"官职掌管财政，黄帝的第八世孙彭祖的后代彭孚以先祖官职"钱"为姓氏	镐京（今陕西西安）
003	孙 Sūn	源自姬姓，春秋时，姬姓卫国人惠孙之后，以祖父字为姓氏，祖籍今河南省濮阳市	乐安（今山东高青）
004	李 Lǐ	源自嬴姓，尧、舜设置"大理"官职掌管司法，上古，被后人尊为"司法鼻祖"的皋陶担任大理，皋陶的后人以"理"为氏。到商纣王时，理氏家族中有一位叫理徵的人世袭大理，秉公执法，得罪纣王的爪牙，被处死，其妻契和氏携带幼子逃到伊侯（今河南省西部伊河流域）一带，摘取李树上的果子充饥保命，理徵之子从此改"理"姓为"李"姓	陇西（今甘肃陇西）
005	周 Zhōu	源自姬姓，祖先是周太王亶父之后，古周邑在今陕西省岐山	汝南（今河南上蔡）
006	吴 Wú	源自姬姓，始祖是吴太伯，古吴在今江苏无锡地区	延陵（今江苏常州）
007	郑 Zhèng	源自姬姓，周朝郑桓公之后，古郑国在今河南新郑市	荥阳（今河南荥阳）
008	王 Wáng	古君王后裔称王子、王孙，于是有王氏。王姓祖先有的出自姒姓大禹之后，有的出自子姓的商汤之后，有的出自姬姓的文王之后	太原（今山西太原）
009	冯 Féng	一支源自归姓，始祖为冯简子的后代。春秋时郑国大夫简子受封于冯邑（今陕西省大荔县），以封邑而得氏。另一支出自姬姓，始祖为周文王姬昌之子毕公高的后裔毕万的后人魏长卿，魏长卿一支后人受封于冯城（一说今河南省荥阳市，一说今陕西省大荔县），以冯为氏	始平（今陕西兴平）
010	陈 Chén	源自姚姓，舜的后裔胡公满之后，古陈国在今河南淮阳县	颍川（今河南禹州）

（续表）

序号	姓氏	祖先和祖籍	郡望发祥地
011	褚 Chǔ	源自古代子姓，春秋时宋恭公的公子段食采于褚（今河南省洛阳市），其德可师，号曰褚师，以"褚"为氏	河南（今河南洛阳）
012	卫 Wèi	以国名"卫"为姓，源自姬姓，始祖是周文王第八子卫康叔（姬姓，名封），卫国在今河南省鹤壁市淇滨区	河东（今山西黄河以东夏县一带）
013	蒋 Jiǎng	源自姬姓，周公姬旦之子伯龄之后，古蒋国在今湖北仙居县，一说在今河南固始县	乐安（今山东高青）
014	沈 Shěn	沈氏来源有三支：一是源自古姬姓，以国名"沈"为氏。参考出土的"沈子簋"铭文与温廷敬《沈子簋订释》，周文王姬昌第四子周公旦的孙子被封于沈丘，建沈国，周王封其"子"爵（五等爵位中的第四等），沈国君主统称为沈子，这是临泉沈氏。古沈丘在今安徽省阜阳市临泉，这里是沈姓发源地之一。二是源自古芈姓，楚庄王的公子贞（芈姓，熊氏，是春秋时期楚国的宰相）被封在沈邑，其后裔子孙以邑名"沈"为氏，是为荆门沈氏。三是出自嬴姓，少昊金天氏的后代台骀的子孙建在汾川建沈国以国名为氏，此为汾川沈氏	吴兴（今浙江吴兴）
015	韩 Hán	源自姬姓，春秋时晋国大夫韩武子之后，古韩国在今陕西韩城西南	南阳（今河南南阳）
016	杨 Yáng	周武王之子唐叔虞的次子姬杼（又名平杼），在周康王六年，食采于杨国，被封为杨侯，始以杨为姓。公元前786年，周宣王的小儿长父（后人演绎成"尚父"）被封于杨邑（今山西省临汾市洪洞县），建立杨国。此前，有另一个"姞"姓杨国，为杨侯，长存百年有余。到东周初期，周武王的裔孙晋献公（姬姓，晋氏，名诡诸）灭掉杨国，将原杨国封给其二弟伯侨，这是又一个杨国了。伯侨之孙的名字叫突，突食于羊舌邑（今山西省临汾市曲沃县羊舌村），官职为羊舌大夫，改以羊舌为氏，称为羊舌突。羊舌突的孙子羊舌肸（肸，音 xī，字叔向）因辅佐晋平公大有功绩，受封采邑扩至杨邑，其子伯石便以邑名"杨"为氏，称为杨伯石。平杼、长父、伯石都是杨姓始祖	弘农（今陕西华阴）

（续表）

序号	姓氏	祖先和祖籍	郡望发祥地
017	朱 Zhū	以国名为氏，始祖是"五帝"中的颛顼帝的玄孙陆终之子曹挟。陆终第五子名安，禹赐安姓曹。周武王封曹安的后裔曹挟在邾（今山东省邹城市一带），建立邾国，其子孙遂以国名"邾"为氏，后来去"阝"为朱姓	沛郡（今江苏沛县一带）
018	秦 Qín	以国名"秦"为氏，源自嬴姓，祖先是辅佐舜、禹的功臣伯益（又名叫大费，舜赐其姓嬴）的后裔非子。非子为周孝王养马立大功，孝王赐其秦地建秦国，并以之作为附庸国，秦国都城秦邑在今甘肃省天水市清水县	天水（今甘肃天水）
019	尤 Yóu	五代时王审知在福建称闽王，当地沈姓人为避讳闽王的名"审"，把"沈"姓去掉"氵"旁，改为"尤"姓	吴兴（今浙江湖州）
020	许 Xǔ	源自姜姓，炎帝后人有齐、吕、申、许，古许国在今河南许昌市	高阳（今河北高阳）
021	何 Hé	何姓来源有二：一是源于商代晚期的公族大夫何氏，出土的何觯、何壶都是商代晚期何氏贵族的专用青铜器具。二是源出韩姓，始祖为周武王的儿子唐叔虞的裔孙韩厘王之子，为避秦始皇追杀之难，在逃亡途中面对秦始皇派的密探盘问姓氏时，指着河流说姓氏，因"河"得姓"何"	庐江（今安徽庐江一带）
022	吕 Lǚ	神农氏炎帝因居姜水流域，就以姜为姓。后来，姜姓发展出四国——齐、许、申、吕。在虞夏之际，炎帝后裔"四岳"中的伯夷因佐禹治水有功受封于吕邑（今河南省南阳市西董吕村一带），建立吕部落方国——吕国，号曰吕侯，赐姓曰姜、赐氏曰吕，遂称吕氏。周朝早期设置异性诸侯国——吕国（今河南南阳），到春秋时，吕国被楚国所灭，原吕国贵族在今河南新蔡又新建一个吕国，史称东吕，其后子孙以吕为氏	河东（今山西黄河以东夏县一带）
023	施 Shī	源自姬姓，春秋时鲁惠公之子施父之后，古施国在今湖北恩施一带	吴兴（今浙江湖州）
024	张 Zhāng	源自姬姓，始祖是黄帝的孙子挥，古长（张）国	清河（今河北清河）

（续表）

序号	姓氏	祖先和祖籍	郡望发祥地
025	孔 Kǒng	源自子姓，周朝时宋国国君微子启的后裔孔父嘉，孔氏祖籍在今山东曲阜	鲁郡（今山东曲阜一带）
026	曹 Cáo	源自姬姓，周文王第十三子振铎之后，古曹国在今山东定陶县	谯郡（今安徽亳州谯城区）
027	严 Yán	源自芈姓，战国时楚国国君楚庄王之后	天水（今甘肃天水）
028	华 Huá	源自子姓，宋戴公之孙华督，古华邑在今陕西华阴一带	武陵（今湖南溆浦）
029	金 Jīn	汉代匈奴族休屠王金日䃅之后	彭城（今江苏徐州）
030	魏 Wèi	源自姬姓，周文王第十五子毕公高之后，古魏邑在今山西芮城县东北	钜鹿（今河北晋州）
031	陶 Táo	舜帝的后裔虞阏父担任周文王的"陶正"（专管制造陶器的官），其子孙有的就以官职名"陶"为姓	济阳（今河南兰考）
032	姜 Jiāng	神农氏炎帝成长于姜水（今甘肃陇西一带），所以炎帝以姜为姓	天水（今甘肃天水）
033	戚 Qī	春秋时卫武公的后裔孙林父的后人被封于戚邑（今河南濮阳），以封邑名"戚"为氏	东海（今山东郯城一带）
034	谢 Xiè	源自任姓，以国名"谢"为姓。谢国是夏、商时期由黄帝后裔任姓后裔建的一个部落方国	陈留（今河南开封地区）
035	邹 Zōu	源自子姓，战国时邹国（今山东邹城）人以邹为姓	范阳（今河北涿州）
036	喻 Yù	西汉谕猛之后，东晋时改谕为喻，《宋史·儒林传》记载：皇帝赐姓，谓其无所不知	江夏（今湖北云梦）
037	柏 Bǎi	远古时代有柏皇氏（亦作柏黄氏）住在柏皇山（在今河南省境内）一带，其子孙就姓柏。周朝以前就有柏国，也叫柏子国（在今河南西平柏亭一带），柏国后人以"柏"为氏	魏郡（今河北临漳西南）
038	水 Shuǐ	汉代有司求校尉水邱崇，后出水氏	吴兴（今浙江吴兴）
039	窦 Dòu	源自姒姓，夏后相失国，其妃仍氏，身孕，自窦洞（在今山东济宁东南）逃出，生子名少康，少康的裔孙以"窦"为氏	扶风（今陕西兴平）

（续表）

序号	姓氏	祖先和祖籍	郡望发祥地
040	章 Zhāng	周初齐国创始人姜尚（俗称姜太公）的一支后裔被封于鄣邑（今山东省章丘市），鄣国的后人以"鄣"为氏，鄣氏又去掉表示城邑的"阝"而成为今天的章姓	河间（今河北河间）
041	云 Yún	古代妘姓部落之后，云氏源于妘，云氏又出自缙云氏	琅玡（今山东诸城）
042	苏 Sū	源自妃姓，周朝司寇苏忿生建立苏国，古苏在今河南省焦作市温县。以国名为氏	武功（今陕西武功）
043	潘 Pān	源自芈姓，楚成王世子裔臣太师潘崇之后	荥阳（今河南荥阳）
044	葛 Gě	源自嬴姓，夏朝葛国葛伯后裔，古葛国在今河南省长葛市一带	琅玡（今山东诸城）
045	奚 Xī	源自妊姓，夏朝车正官奚仲之后	北海（今山东潍坊）
046	范 Fàn	周朝时晋国上卿士会之后，祖籍在今河南省东北部范县，是陶唐尧后	高平（今山东巨野）
047	彭 Péng	古代大彭国人以彭为氏，颛顼高阳氏后人	陇西（今甘肃陇西）
048	郎 Láng	春秋初年，鲁懿公的孙子费伯在周平王姬宜臼四十九年（公元前722年）四月出兵占有了郎城（今山东省鱼台县），作为自家的食邑，费伯的后裔子孙中有人以郎为氏，也有人以费为氏，因此古有"郎费不婚"之说。郎姓是姬姓的一个分支	中山（今河北正定）
049	鲁 Lǔ	源自姬姓，周初期的政治家、军事家周公旦（姓姬名旦）受封于鲁（今山东省曲阜市），立鲁国，其子伯禽的子孙有人以国名"鲁"为姓	扶风（今陕西兴平）
050	韦 Wéi	夏朝豕韦国人以韦为姓，古豕韦国在今河南省滑县南。西汉时萧何让韩信之子隐匿于南粤，取"韩"字右半字"韦"为氏	京兆（今陕西咸阳一带）
051	昌 Chāng	出自古太昊任姓之后，又传说是黄帝之子昌意之后	汝南（今河南上蔡）
052	马 Mǎ	源自嬴姓，战国时赵国名将赵奢之后，古马服邑在今河北省邯郸市北	扶风（今陕西兴平）
053	苗 Miáo	源自芈姓，楚国大夫伯棼之子苗贲皇之后，古苗邑在今河南省济源市西部	东阳（今浙江金华地区）

（续表）

序号	姓氏	祖先和祖籍	郡望发祥地
054	风 Fēng	风姓始祖是燧人氏和华胥氏孕育的后代伏羲氏，伏羲氏最早发现了信风，其族人便以"风"命姓。在风姓人物中，除了始祖伏羲外，还有一个举足轻重的人物——黄帝的重臣风后	平阳（今山西临汾西南）
055	花 Huā	隋唐时才出现花姓，南宋《通志·氏族略》载："花氏出《姓苑》，出自何氏。"清代《百家姓考略》："（花姓）系出华氏，古无'花'字，通作'华'。后专用'花'为花草之花，故华姓亦有改为花姓者。"花姓由何姓、华姓音变而来。史书上最早出现的花姓名人有唐代仓部员外郎花季睦、大将军花敬定等	东平（今山东东平一带）
056	方 Fāng	源自姬姓，周朝大夫方叔之后	河南（今河南洛阳）
057	俞 Yú	古代俞跗之后，相传善医，曾注释《素问》	河间（今河北河间）
058	任 Rèn	任姓来源有二：一是出自姬姓，黄帝少子禹阳受封于任（在今河北省任丘西北，后南迁到山东省济宁东南一带），故为任姓；二是出自风姓，太昊伏羲之后任（妊）奚（又称奚仲）的后代以任为姓，始祖任奚（又称奚仲）为夏朝大禹的车正	乐安（今山东高青）
059	袁、爰 Yuán	春秋时期的陈国大夫涛涂食采于阳夏（今河南太康），涛涂以祖父伯爰（又称伯辕）的字"爰"命氏，称"爰涛涂"，"爰"字和"袁""辕""榬""溒""援"同音，其后子孙就分别以这六个字为姓	乐安（今山东高青）
060	柳 Liǔ	源自姬姓，春秋时鲁孝公支孙展禽之后，古柳下在今河南省濮阳市柳下屯	河南（今河南洛阳）
061	酆 Fēng	源自姬姓，周文王第十七子酆侯之后（不同于丰），古酆邑在今陕西省户县东	京兆（今陕西咸阳一带）
062	鲍 Bào	源自姬姓，夏禹的后裔敬叔之后	上党（今山西长治北）
063	史 Shǐ	周朝太史（官名）佚的后裔	京兆（今陕西咸阳一带）

（续表）

序号	姓氏	祖先和祖籍	郡望发祥地
064	唐 Táng	源自伊祁氏，帝尧的后裔，被封于唐，此为祁姓唐国。周武王之子叔虞也被封于唐，此为姬姓唐国。唐，在今山西省临汾市乡宁县	晋阳（今山西太原）
065	费 Fèi、Bì	源自嬴姓，伯益的儿子若木之后人为费（音 fèi）氏，今山东省鱼台县西南有费亭；源自姬姓，春秋时鲁桓公第四子季友之后，呼之为费，音 bì，山东今有费（音 bì）县	琅玡（今山东诸城）
066	廉 Lián	源自高阳氏，远古颛顼帝的裔孙大廉之后	河东（今山西黄河以东）
067	岑 Cén	源自姬姓，周文王侄儿名渠，封于岑国，后为岑氏，古岑国在今陕西省韩城市	南阳（今河南南阳）
068	薛 Xuē	源自姬姓，夏代车正奚仲之后，古薛国在今山东省滕州市西南部	河东（今山西黄河以东）
069	雷 Léi	相传黄帝的臣子雷公之后，古诸侯国方雷国人以雷为姓	冯翊（今陕西大荔南）
070	贺 Hè	源自姜姓，齐桓公之后有庆封，东汉为避刘庆之名，改庆为"贺"	广平（今河北永年一带）
071	倪 Ní	源自姬姓，周朝郳国武公次子之后，古郳邑在今山东省枣庄市山亭区	千乘（今山东高青）
072	汤 Tāng	源自子姓，传说商族始祖契的十四世孙名汤	中山（今河北定州）
073	滕 Téng	周文王第十四子叔绣受封于滕，滕叔绣建立滕国（今山东省滕州市西南），其后代以"滕"为氏	南阳（今河南南阳）
074	殷 Yīn	源自子姓，商朝第十代君王盘庚迁殷，古殷邑在今河南省安阳西北小屯村	汝南（今河南上蔡）
075	罗 Luó	始祖为祝融之后人，古罗国起初在湖北省内宜城	豫章（今江西南昌）
076	毕 Bì	源自姬姓，周文王第十五子名高，封于毕，古毕国在今陕西省咸阳市北	河南（今河南洛阳）
077	郝 Hǎo	郝姓发源于郝乡（今陕西省西安市周至县），以地名命氏。商王帝乙将功臣子期封于郝乡，其后子孙以地名"郝"为氏	太原（今山西太原）

（续表）

序号	姓氏	祖先和祖籍	郡望发祥地
078	邬 Wū	源自伊祁氏，春秋时晋国公族祁盈的家臣名戚，食采于邬邑，在今山西省介休市东北	太原（今山西太原）
079	安 Ān	东汉西域学者安息王子的后人，古安息国在今乌兹别克斯坦的布哈拉一带	武陵（今湖南溆浦）
080	常 Cháng	周文王的第八子卫康叔的一个儿子受封于常邑（今山东省滕州市东南），其后裔有的以邑名为氏，姓常	平原（今山东平原）
081	乐 Lè	源自子姓，春秋时宋戴公之子取字叫乐父，宋国在今河南省商丘一带	南阳（今河南南阳）
082	于 Yú	周武王第三子邘叔受封于邘国（今河南省沁阳市于台镇），其后人以国名为氏，又去掉"邘"姓表示"邑"的旁"阝"为于姓	河南（今河南南阳）
083	时 Shí	源自子姓，春秋时，宋国公子来受封于时邑，其孙以邑为氏	陇西（今甘肃陇西）
084	傅 Fù	商王武丁的丞相傅说之后，古傅岩在今山西省平陆县东隐贤乡，周王封黄帝裔孙于傅邑	清河（今河北清河）
085	皮 Pí	始祖为鲁献公次子仲山甫的后人樊仲皮，古樊国在今河南省济源市西南	天水（今甘肃天水）
086	卞 Biàn	源自姬姓，周武王弟振铎的后人受封于卞邑，古卞邑在今山东省兖州泗水附近	济阳（今河南兰考）
087	齐 Qí	源自姜姓，周武王封姜尚于齐，建立齐国，其子孙就为齐氏，古齐国在今山东省淄博市临淄区	汝南（今河南上蔡）
088	康 Kāng	源自姬姓，周武王之弟康叔之后	京兆（今陕西咸阳一带）
089	伍 Wǔ	源自芈姓，春秋时楚国大夫伍参之后	安定（今宁夏固原）
090	余 Yú	春秋时晋国人由余之后	下邳（今江苏睢宁西北部）
091	元 Yuán	春秋时，一位叫咺的卫国大夫受封于元邑，古元邑在今河北省大名县东	河南（今河南洛阳）
092	卜 Bǔ	商、周王室都有负责占卜的人，如《周礼·春官宗伯》记载"大（太）卜""卜人"官职，后人以官职名为氏而得"卜"姓	西河（今山西与陕西交界地带）

（续表）

序号	姓氏	祖先和祖籍	郡望发祥地
093	顾 Gù	源自己姓，夏代顾国国君顾伯之后，古顾国在今河南省范县东南	武陵（今湖南溆浦）
094	孟 Mèng	春秋时鲁国孟孙氏之后	平陵（今山东历城东）
095	平 Píng	源自姬姓，战国后期韩哀侯的小儿子婼受封于平邑（今山西省临汾市）	河内（今河南武陟）
096	黄 Huáng	少昊金天氏的后代台骀善于治水，功勋卓著，颛顼帝嘉奖其土地，赐封汾川（今山西省汾河流域），被尊为汾神，其后人建立沈、姒、蓐、黄四国，分别以国名为姓氏	江夏（今湖北云梦）
097	和 Hé	尧时掌管天地之官羲和之后	汝南（今河南上蔡）
098	穆 Mù	穆为"布德执义，中情见貌"的美称，王公诸侯不少人谥号为穆，子孙以为氏	汝南（今河南上蔡）
099	萧 Xiāo	"萧"氏最早记载于《左传·定公四年》："殷民六族：条氏、徐氏、萧氏、索氏、长勺氏、尾勺氏。""萧"氏是"殷民六族"之一。公元前682年，宋国宗室乐叔（字大心，又称宋乐叔、萧大心）带兵讨伐杀害宋闵公和太宰华督的叛乱将领南宫万，拥立公子御说为君，是为宋桓公，因功受封于萧（今安徽省萧县西北），列附庸之国。乐叔为萧姓的得姓始祖	兰陵（今山东枣庄及滕州一带）
100	尹 Yǐn	少昊之子般担任弓正，受封于尹邑（今山西省隰县东北），其子孙以尹为氏。又，尹是商、周时期的官名，尹官的后代以官名为氏。夏末商初的伊尹（"伊"之名源于其生长地伊水）是贤才，虽然出身卑微，却得到商汤的重用，辅佐商汤灭掉了夏朝，他一生为五位商王当顾问，从而名扬天下。周宣王有一位擅长作诗与精通军事的秘书顾问叫兮甲（姓兮，名甲、字伯吉父），他长期担任周宣王的"尹"，世称尹吉甫。伊尹与尹吉甫的后代中有人以尹为氏，后称为尹姓	天水（今甘肃天水）
101	姚 Yáo	源自古姚姓，虞舜居于姚墟，其后有姚氏	吴兴（今浙江吴兴）

（续表）

序号	姓氏	祖先和祖籍	郡望发祥地
102	邵、召 Shào	周武王封奭于召邑（在今陕西省岐山县），其后代以"召"为氏，故奭又称为召公奭、召康公或召伯，是著名的政治家。"召与邵，春秋本一姓，后分为二"	博陵（今河北博野）
103	湛 Zhàn	源自姬姓、芈姓、嬴姓，春秋时居住在湛邑（今河南省宝丰一带）的人，有的以地名"湛"为姓	豫章（今江西南昌）
104	汪 Wāng	古代防风氏，商代汪芒国人以汪为姓	平阳（今山西临汾）
105	祁 Qí	源自姬姓，春秋时晋献侯四世孙名奚，食采于祁邑（今山西省祁县）	太原（今山西太原）
106	毛 Máo	周武王封其弟郑（早在周文王时受封于郑而得名叫郑）于毛泉（古邑名，在今陕西省丰镐遗址西北），建立毛国。毛郑在周武王与周成王朝廷中担任要职，身份及地位是"五等爵"中的"伯"爵，因此世称毛伯、毛郑、毛伯郑，又称毛叔郑，其子孙以国名"毛"为氏，后称为毛姓	西河（今山西汾阳）
107	禹 Yǔ	源自姒姓，夏禹之后，春秋时鄅国（今山东省境内）人为禹为姓	陇西（今甘肃陇西）
108	狄 Dí	源自姬姓，周成王封舅舅考伯于狄城（今山东省博兴县西南高苑镇）	天水（今甘肃天水）
109	米 Mǐ	芈为楚国祖先的族姓，后写为"米"	京兆（今陕西西安一带）
110	贝 Bèi	源自姬姓，召公奭的支孙食采于郥（今河北省巨鹿县浿水一带）	清河（今河北清河）
111	明 Míng	源自姬姓，秦国大夫百里奚之子孟明视之后	吴兴（今浙江吴兴）
112	臧 Zāng	源自姬姓，春秋时鲁孝公之子名彄（驱），食采于臧邑，在今山东省境内	东海（今山东郯城一带）
113	计 Jì	周武王封少昊之后于莒国，建都于计斤（今山东省胶州市一带），其后有计氏	京兆（今陕西咸阳一带）
114	伏 Fú	源自风姓，相传为伏羲氏之后	太原（今山西太原）
115	成 Chéng	源自姬姓，周文王第七子叔武被封于成（成国原先在陕西省周原一带，后迁于山东省鄄城。始祖成叔武	上谷（今河北怀来）

（续表）

序号	姓氏	祖先和祖籍	郡望发祥地
116	戴 Dài	源自子姓，周朝，宋戴公之后	谯郡（今安徽亳州谯城区）
117	谈 Tán	据清代学者王相《百家姓考略》，晋国大夫籍谈的后人为避楚霸王项羽（名籍，字羽）的名，改为谈氏或席氏，系出籍氏	广平（今河北永年一带）
118	宋 Sòng	源自子姓，商王帝乙长子启建宋国（今河南省商丘）	京兆（今陕西西安一带）
119	茅 Máo	茅姓出自姬姓，西周初期，周公旦第六子（旧时谬云第三子）伯盼（音 fēn）受封于茅（今山东省巨野县大谢集镇前昌邑村），建立茅国，世称茅叔，其子孙以国名为氏	东海（今山东郯城一带）
120	庞 Páng	源自姬姓，周文王支庶孙封于庞乡	始平（今陕西兴平）
121	熊 Xióng	颛顼孙陆终第六子季连以"芈"为姓，季连子附沮（一作"祖"）生穴熊，穴熊之后鬻䭷熊，为文王师，鬻䭷熊生子熊丽，以熊为氏，熊丽生狂，熊狂生熊绎	江陵（今湖北江陵）
122	纪 Jǐ	源自姜姓，周武王封炎帝后裔于纪国（今山东省寿光市）	平阳（今山西临汾西南）
123	舒 Shū	源自偃姓，周朝时，皋陶支孙受封于舒（今安徽省庐江县）	京兆（今陕西咸阳一带）
124	屈 Qū	源自芈姓，春秋时楚武王之子名瑕受封于屈邑（今湖北省秭归县）	临淮（今安徽淮河一带）
125	项 Xiàng	周代有项国，春秋时，楚国公子燕受封于项邑（今河南省项城市）	辽西（今辽宁大凌河下游以西）
126	祝 Zhù	祝姓来源通常有三种说法：①周武王在灭商建周后分封帝尧之后于祝（在今山东省长清东北祝阿），史称祝国，以示尊敬先贤，其子孙以"祝"为氏；②颛顼帝的裔孙重黎和吴回兄弟俩担任高辛氏帝喾的火正（掌管取火、用火技术的官职），因功被赐封号"祝融"。祝融的后裔以祖上的封号首字"祝"为氏，该祝氏是"祝融八姓"中的"己"姓分支；③以官职"祝"为氏，古有巫史、祝祀之官，其子孙以祝为氏。又，周代有大（太）祝、小祝官职，祝史的后代以官职"祝"为氏	太原（今山西太原）

（续表）

序号	姓氏	祖先和祖籍	郡望发祥地
127	董 Dǒng	据《左传》记载，飂国（廖国）国君飂叔安有裔子待舜帝；舜赐之姓"董"，故称董父	陇西（今甘肃陇西）
128	梁 Liáng	伯益的后裔秦仲讨伐西戎有功，周宣王封秦仲的儿子康于夏阳梁山，建立梁国，在今陕西省韩城市南	安定（今宁夏固原）
129	杜 Dù	周成王封尧的后裔于杜国（今陕西省西安市雁塔区南部），其后代遂以国名"杜"为氏	京兆（今陕西咸阳一带）
130	阮 Ruǎn	商代阮国人以国名为氏，古阮国在今甘肃省泾川县内	陈留（今河南开封地区）
131	蓝 Lán	蓝姓来源有三：①出自嬴姓，魏惠王三年（公元前367年），远古贤者伯益之后裔秦子向被封于蓝邑（今陕西蓝田），子孙以地名为氏；②中山国宰相厘诸君食采于蓝县（今河北省迁安市），世称其为"蓝诸君"，其后人于是以地名为氏；③出自芈姓，楚国大夫亶因任蓝县（今湖北省荆门市）令尹，世称蓝尹亶，后裔子孙也以居邑地名为氏，其后代以蓝为姓	汝南（今河南上蔡）
132	闵 Mǐn	源自姬姓，春秋时鲁庄公谥闵，其后有闵氏	陇西（今甘肃陇西）
133	席 Xí	春秋时晋国大夫籍谈之后，因讳楚霸王项羽之名籍，改籍为席	安定（今宁夏固原）
134	季 Jì	源自姬姓，春秋时鲁桓公小儿子、鲁庄公庶弟季友之后	渤海（今渤海湾一带）
135	麻 Má	源自芈姓，春秋时楚国有大夫食采于麻邑（今湖北省麻城市）	上谷（今河北怀来）
136	强 Qiáng	源自姜姓，春秋时齐国公族公叔强之后	天水（今甘肃天水）
137	贾 Jiǎ	源自姬姓，周武王之子唐叔虞的少子公明受封于贾邑（今山西省临汾县）	武威（今甘肃民勤东北）
138	路 Lù	炎帝的后裔被封于潞（今山西省长治一带），以潞为氏，春秋时潞子婴的后代去掉"氵"为路姓	内黄（今河南北部）
139	娄、楼 Lóu	源自姒姓，夏少康后裔东楼公之后，娄邑在今山东省诸城市	谯郡（今安徽亳州谯城区）

（续表）

序号	姓氏	祖先和祖籍	郡望发祥地
140	危 Wēi	舜帝将三苗族人由南方迁徙到西北三危山（今甘肃省敦煌东）一带居住，三苗后裔遂以危为姓	汝南（今河南上蔡）
141	江 Jiāng	源自嬴姓，周代伯益支孙建立江国（今河南省正阳县），以江为氏	济阳（今河南上蔡）
142	童 Tóng	春秋时晋国大夫胥童之后	雁门（今山西代县一带）
143	颜 Yán	源自姬姓，周公旦长子伯禽封其庶子于颜邑（今山东省境内）	鲁郡（今山东曲阜一带）
144	郭 Guō	源自姬姓，周平王封虢叔裔孙序为郭公	太原（今山西太原）
145	梅 Méi	商王太丁（亦作文丁，姓子名托）封其弟于梅（今安徽省亳州东南），授其为伯爵，世称梅伯，梅伯后世子孙以梅为氏	汝南（今河南上蔡）
146	盛 Shèng	源自姬姓，北海太守奭伟之后，为讳汉元帝齐奭之名，改奭为盛	汝南（今河南上蔡）
147	林 Lín	比干之子名坚，避难于长林山（今河南省林县），此系子姓林氏。周平王庶子林开之后，以林为氏，此谓姬姓林氏	西河（今山西与陕西交界的黄河沿岸一带）
148	刁 Diāo	春秋时齐桓公宠臣竖刁之后	弘农（今河南灵宝市北）
149	钟 Zhōng	源自嬴姓，周代有钟离国（今安徽省凤阳），钟离氏简称钟氏	颍川（今河南禹州）
150	徐 Xú	源自嬴姓，大禹封贤臣伯益的小儿子若木的后代于徐（今山东省郯城一带），建立徐国，其后以徐为氏。西周初，徐国因被周王封的爵位是"子"爵，所以徐君就称为徐子，而不是徐侯。到徐国后期，徐偃王执政时期，徐国迁都于江苏省邳州梁王城（良王城）。公元前512年，吴王夫差伐徐，徐子章羽带着王室族人逃奔了楚国，其后代以国名为氏，遂为徐姓	东海（今山东郯城一带）
151	丘、邱 Qiū	源自姜姓，姜太公受封齐国建都营丘，其后有支孙为丘氏	河南（今河南洛阳）

（续表）

序号	姓氏	祖先和祖籍	郡望发祥地
152	骆 Luò	源自姜姓，姜太公后裔有公子骆，子孙以其名为氏，遂有骆姓	内黄（今河南北部）
153	高 Gāo	源自姜姓，姜太公七世孙受封于高（今河南省禹县）	渤海（今渤海湾一带）
154	夏 Xià	源自古姒姓，大禹建立夏朝，其后以国名"夏"为姓。始祖是夏王禹	会稽（今江苏南部）
155	蔡 Cài	源自姬姓，周文王的儿子、武王的弟弟蔡叔度之后，以国名"蔡"为氏	济阳（今河南兰考）
156	田 Tián	源自姚姓，舜之裔孙胡公满支孙食采于田邑	雁门（今山西代县一带）
157	樊 Fán	出自姬姓，周太王的后裔仲山甫被封于樊邑（今河南省济源市），其后人以樊为氏	上党（今山西长治北）
158	胡 Hú	源自姚姓，舜之后裔胡公满之后	安定（今宁夏固原）
159	凌 Líng	源自姬姓，周代掌管储藏冰的官员被称为"凌人"，周文王第九子康叔的儿子为朝廷凌人，其后以官名为氏，即以凌为氏	河间（今河北河间）
160	霍 Huò	源自姬姓，周文王第六子叔处建立霍国（今山西省霍县西南）	太原（今山西太原）
161	虞 Yú	源自姬姓，夏商有虞国（今河南省虞城县）	陈留（今河南开封地区）
162	万 Wàn	源自姬姓，周朝大夫芮伯万之后	扶风（今陕西兴平）
163	支 Zhī	尧舜时有个叫支父（《庄子》作"支伯"）的贤士，其后代子孙以支为姓。另外，西域月支氏后代也有以支为氏者，发祥地在今祁连山、敦煌一带	邰阳（今陕西武功）
164	柯 Kē	源自姬姓，春秋时吴国公子柯卢之后	济阳（今河南兰考）
165	昝 Zǎn	商汤时期，昝单在朝廷担任司空官职，其后世子孙为图吉利，在"咎"的"口"中加"一"横，改成昝姓	太原（今山西太原）
166	管 Guǎn	源自姬姓，周文王第三子叔鲜受封于管（今河南省郑州市）	晋阳（今山西太原）

（续表）

序号	姓氏	祖先和祖籍	郡望发祥地
167	卢 Lú	源自姜姓，齐文公的曾孙傒为齐国正卿，食采于卢（今济南市长清区），其后人以卢为姓	范阳（今河北涿州东）
168	莫 Mò	源自芈姓，春秋时楚国设莫敖官职，莫敖之后	巨鹿（今河北平乡）
169	经 Jīng	春秋时期的周王室有个卿士被封于经邑，因此史称经侯，其后人以经为氏。汉代京姓子孙为避仇，有人改京姓为经姓	荥阳（今河南荥阳）
170	房 Fáng	尧的儿子丹朱为房邑侯，房邑为今河南省遂平县	清河（今河北清河）
171	裘 Qiú	周时设"司裘"官，管制皮革，后人以官为氏者；春秋时卫国大夫有食采于裘邑（今河南省北部），后人以裘为氏	渤海（今渤海湾一带）
172	缪 Miào	源自嬴姓，春秋时秦缪公之后	兰陵（今山东枣庄及滕州一带）
173	干 Gān	干姓来源有三：其一，以国名为姓，周代有干国（今江苏省扬州市一带），干国人便以干为氏。干仲姜（姓姜，"仲"表示排行老二）嫁给成国，是西周中期干国贵族女子。其二，出自子姓，商王太丁的次子比干的后人为避祸改为干姓。春秋时宋国有一大夫干擎，其后代子孙以干为氏。其三，复姓段干、纥干改单姓干	颖川（今河南禹州）
174	解 Xiè	源自姬姓，周武王支孙受封于解邑（今山西省解县）	平阳（今山西临汾西南）
175	应 Yīng	源自姬姓，周武王的第四子应叔受封于应，应国在今河南省平顶山市新城区滍阳镇	汝南（今河南上蔡）
176	宗 Zōng	周朝设置的宗伯是掌管宗庙祭祀的官职，其后以官职为氏，晋国开创者唐叔虞的支子受封于宗邑，以邑名为氏，出自姬姓	京兆（今陕西咸阳一带）
177	丁 Dīng	源自姜姓，姜子牙后裔齐太公生丁公伋，遂有丁氏	济阳（今河南兰考）
178	宣 Xuān	源自姬姓，周宣王之庶孙以祖父谥号宣为氏	始平（今陕西兴平）
179	贲 Bēn	源自嬴姓，秦非子之后有贲氏	宣城（今安徽宣城）
180	邓 Dèng	源自子姓，商王武丁封其叔父曼季于邓，邓国在今湘北省襄阳市西北	南阳（今河南南阳）

（续表）

序号	姓氏	祖先和祖籍	郡望发祥地
181	郁 Yù	春秋时鲁国宰相郁贡之后	黎阳（今河南浚县一带）
182	单 Shàn	源自姬姓，周成王封少子臻于单邑（在今陕西省宝鸡市眉县，后迁于今河南省孟津县）	南安（今甘肃渭水流域）
183	杭 Háng	源自姒姓，大禹的子孙建余航国，为航氏，其后去"舟"加木为"杭"	余杭（今浙江省内）
184	洪 Hóng	洪氏源自炎帝之后共工氏，共工氏之后代建立共国（在今甘肃省泾川与灵台之间），其族人以共为氏，共氏一支后人继续弘扬水德，将表示"水"的"氵"加"共"为"洪"，改为洪姓	敦煌（今甘肃河西走廊）
185	包 Bāo	春秋时楚国大夫申包胥的后人	上党（今山西长治北）
186	诸 Zhū	春秋时鲁国有大夫食采于诸邑（今山东省诸城市），以诸为氏	琅琊（今山东诸城）
187	左 Zuǒ	源自姜姓，周代齐国公族左公子的后裔	济阳（今河南兰考）
188	石 Shí	源自姬姓春秋时卫国大夫石碏之后	武威（今甘肃民勤西北）
189	崔 Cuī	齐国第二代国君齐丁公（姜姓，吕氏，名伋）嫡子吕季子食采于崔邑（今山东省章丘市黄河乡），其子孙以崔为氏，故吕季子又称崔季子	博陵（今河北蠡县南）
190	吉 Jí	黄帝直辖二十五个氏族，"姞"是其一。子孙省去"女"旁而为"吉"氏。周宣王（姬静）的贤臣尹吉甫的后人以其名字"吉"为姓	冯翊（今陕西大荔）
191	钮 Niǔ	"钮，印鼻也。"古代专职从事印钮制作的手工艺者的后人以技艺为氏，称为钮氏。钮姓始祖为吴国的将领钮宣义	吴兴（今浙江湖州）
192	龚 Gōng	共叔段的后人为避难加"龙"为龚	武陵（今湖南溆浦）
193	程 Chéng	周宣王把号称"祝融"的重黎之后人休父封于程（今河南省洛阳市东），建立程国，赐伯爵，称为程伯休父，其子孙以国名"程"为氏	安定（今宁夏固原）

(续表)

序号	姓氏	祖先和祖籍	郡望发祥地
194	嵇 Jī	夏王少康封庶子无余于会稽（今浙江省绍兴市），遂为稽氏，汉初为嵇氏	谯郡（今安徽亳州）
195	邢 Xíng	源自姬姓，周成王封周公旦四子于邢，建立邢国（今河北省邢台市）	河间（今河北河间）
196	滑 Huá	西周初期，周王分封同姓公族于滑邑，建立滑国，史称滑伯，其后以滑为氏。滑邑初期在今河南省睢县，后迁于今河南省洛阳市偃师区缑氏镇	下邳（今江苏睢宁）
197	裴 Péi	源自嬴姓，秦国先公非子的庶孙受封为裴乡侯	河东（今山西夏县北部）
198	陆 Lù	源自姚姓，齐宣王少子田通受封于陆乡（今山东省平原县内）	河南（今河南洛阳）
199	荣 Róng	周成王卿士荣伯之后，古荣邑在今河南省巩义市西	上谷（今河北怀来）
200	翁 Wēng	源自姬姓，周昭王的支庶子孙受封于翁山（今广东省翁源县东）	临川（今江西南城东南）
201	荀 Xún	源自姬姓，周文王第十七子受封于郇（今山西省临猗县），史称郇伯，其后人去"阝"加"艹"为荀氏	河南（今河南洛阳）
202	羊 Yáng	夏朝末期，夏桀的一位大臣羊莘的子孙以羊为氏。春秋时期，晋靖侯的儿子伯侨之孙突受封羊舌邑，遂以邑名"羊舌"为姓。后来，羊舌氏的子孙有的改单姓"羊"为氏	京兆（今陕西咸阳一带）
203	於 Yū	传说黄帝裔孙受封于於邑（今河南省淅川县西南）	京兆（今陕西咸阳一带）
204	惠 Huì	源自姬姓，周惠王支孙以谥为氏，遂有惠氏	扶风（今陕西兴平）
205	甄 Zhēn	甄，制陶的转轮，古代制陶工匠之后人以甄为氏	中山（今河北正定）
206	麹 Qū	周朝负责酿酒的官叫麹人，麹人后代中有人以麹为氏	汝南（今河南上蔡）
207	家 Jiā	周朝大夫家父之后，家父曾作《节南山》诗，讽刺周幽王	京兆（今陕西咸阳一带）
208	封 Fēng	夏有封国（今河南省封丘县），其民以封为氏	渤海（今渤海湾一带）
209	芮 Ruì	周朝大司徒芮伯之后	平原（今山东平原）

（续表）

序号	姓氏	祖先和祖籍	郡望发祥地
210	羿 Yì	夏代有穷国君主后羿之后	济阳（今河南兰考）
211	储 Chǔ	齐国大夫储子之后	河东（今山西黄河以东）
212	靳 Jìn	源自芈姓，春秋时楚国大夫靳尚之后	河西（今山西、陕西交界地带）
213	汲 Jí	源自姬姓，春秋时卫国宣公太子汲之后	清河（今河北清河）
214	丙、邴 Bǐng	春秋时晋国大夫邴豫之后	平阳（今山西临汾西南）
215	糜 Mí	夏代有专门负责种植豆黍之类农作物的人，种糜的人的后人以糜为氏。又，楚国有大夫受封于糜亭，其后代子孙以封地名为氏，称糜氏	汝南（今河南上蔡）
216	松 Sōng	秦始皇登泰山，在一棵松树下避雨，封此松树为"五大夫"松，居住于此松附近者，以松为姓	东莞（今山东沂水一带）
217	井 Jǐng	源自姜姓，姜子牙后裔奔虞国者，封于井邑，称井伯	扶风（今陕西兴平）
218	段 Duàn	源自姬姓，郑武公之子叔段之后（段、共一家）	京兆（今陕西咸阳一带）
219	富 Fù	源自姬姓，周襄王的大夫富辰之后人以富为氏	齐郡（今山东淄博临淄区）
220	巫 Wū	商朝巫咸之后（以巫卜为业者）	平阳（今山西临汾西南）
221	乌 Wū	东夷族少昊以乌为图腾，其中有乌鸟氏，后有乌氏	颍川（今河南禹州）
222	焦 Jiāo	源自姬姓，古焦国人以焦为氏，故址在今河南省陕县焦城	中山（今河北正定）
223	巴 Bā	伏羲氏的裔孙后照定居于巴水（今四川省东部一带），其子孙就以巴为姓。周代有巴国（今四川省东部大巴山涪陵地区），其后代以巴为氏。女真人一支以把忽岭山名首字"把"为姓，见《金史》记载人物把胡鲁、把德固、把思忠等。甘肃省永登县把家崖头、皋兰把家坡、天祝县境内等地巴姓中，绝大多数人由把姓改为巴姓。尽管"把""巴"同音，但非同姓一族	高平（今山东巨野）

（续表）

序号	姓氏	祖先和祖籍	郡望发祥地
224	弓 Gōng	黄帝的孙子挥与东夷族少昊之子般都擅长制作弓，后有"弓正"官，他们后代有人以弓为氏。弓姓另一支源自姬姓，始祖是鲁国大夫公孙婴齐的后代叔弓，其后人以弓为氏	太原（今山西太原）
225	牧 Mù	春秋时卫国康叔后裔有牧氏，管牧场之官。又传黄帝之臣力牧之后	弘农（今河南灵宝北）
226	隗 Kuí, Wěi	汤封夏桀后人建立大隗国（今湖北省秭归县）	余杭（今浙江省内）
227	山 Shān	周代掌管山林之官职叫山虞，后人以山为氏	河南（今河南洛阳）
228	谷 Gǔ	周代有谷国，被赐"伯"爵，国君称谷伯，春秋时谷伯绥之后	京兆（今陕西咸阳一带）
229	车 Chē	春秋时秦国大夫子车之后	京兆（今陕西咸阳一带）
230	侯 Hóu	源自姒姓，夏后氏之后裔，封于侯	上谷（今河北怀来）
231	宓 Fú	宓读 fú，通"伏"，传说伏羲之后有以宓为氏者	平昌（今河南中部）
232	蓬 Péng	以地名为氏	长乐（今福建闽侯）
233	全 Quán	周朝泉府为掌税收、钱币之官，其后谐音为全	京兆（今陕西咸阳一带）
234	郗 Chī, Xī	源自姬姓，周朝大夫苏岔生的后人封于郗邑（今河南省沁阳市）	山阳（今江苏淮安）
235	班 Bān	班姓出自芈姓，楚王若敖的孙子名叫子文，其幼时吃斑虎乳汁长大，其后人以"斑"为氏，后改成"班"	扶风（今陕西兴平）
236	仰 Yǎng	始祖是古代乐师仰延，他将八弦改为二十五弦	汝南（今河南上蔡）
237	秋 Qiū	春秋时鲁国大夫仲孙湫之后	天水（今甘肃天水）
238	仲 Zhòng	源自妊姓，商汤之左相仲虺之后	中山（今河北正定）
239	伊 Yī	商初名臣伊尹之后，古伊川在今河南省伊河（洛河支流之一）	陈留（今河南开封地区）
240	宫 Gōng	鲁孟僖子之子韬受封采邑于南宫，其后支子为宫氏	太原（今山西太原）

（续表）

序号	姓氏	祖先和祖籍	郡望发祥地
241	宁 Níng	源自嬴姓，春秋时秦襄公曾孙谥号为宁，后有宁氏	齐郡（今山东淄博临淄区）
242	仇 Qiú	商纣王杀九侯，九侯后裔加"亻"旁为仇	平阳（今山西临汾西南）
243	栾 Luán	源自姬姓，周文王裔孙晋靖侯的后人食采栾邑（今河北省栾城县）	西河（今山西、陕西交界地带）
244	暴 Bào	周代大夫暴辛公之后，古暴邑为今河南省郑州市以北原阳县	魏郡（今河北临漳西南）
245	甘 Gān	夏代甘邑（在今河南省洛阳市西南）人以甘为氏	渤海（今渤海湾一带）
246	钭 Tǒu	源自姜姓，钭为青铜酒器，战国齐康公之后，以器名为氏	辽西（今辽宁大凌河以西）
247	厉 Lì	古有厉国（今湖北省随州市殷店镇），是炎帝神农氏（神农生于"厉乡"，在今湖北省随州市的殷店镇）后裔建立的跟楚国友好且依附楚国的小附属国，即"楚'与国'"，后人以厉为姓。周宣王时，齐国国君无忌谥号为"厉"，史称齐厉公，其后以厉为氏	南阳（今河南南阳）
248	戎 Róng	源自子姓，周代戎国人以戎为氏，《潜夫论》云：戎氏为宋微子之后	江陵（今湖北江陵）
249	祖 Zǔ	源自子姓，商汤裔孙有祖甲、祖乙、祖丁，后有祖氏	范阳（今河北涿州）
250	武 Wǔ	源自子姓，据传为商王武丁之后，汉代武班即是	太原（今山西太原）
251	符 Fú	源自姬姓，符是古代传令凭证，为传令官职之后。鲁顷公之孙公雅，在秦国做官，掌管印玺符令，后有符氏	琅玡（今山东诸城）
252	刘 Liú	传说上古陶唐氏帝尧之后人刘累，居于刘（今河北省唐县）	彭城（今江苏徐州）
253	景 Jǐng	源自芈姓，春秋时楚国公族景翠、景鲤之后	晋阳（今山西太原）
254	詹 Zhān	周宣王的一个儿子被赐氏为詹，封为詹侯，其后有詹父为周大夫。春秋时楚国也出现过一支詹氏，楚詹尹之后有詹何	河间（今河北河间）

（续表）

序号	姓氏	祖先和祖籍	郡望发祥地
255	束 Shù	束姓源自疎姓。战国时，齐国有一族人姓疎（又讹写为"疎"或"疏"）。汉宣帝时有个叫疎广（即疏广）的人，担任太子太傅。疎广曾孙孟达为了避王莽之难，自东海兰陵（今山东省枣庄市东南）迁居沙鹿山（今河北省大名县境内），遂去"疎""疏"之左半部分，改为束姓	南阳（今河南南阳）
256	龙 Lóng	舜帝的养龙师董父因功被赐氏曰豢龙，夏王孔甲的养龙师刘累也因养龙之功被赐氏曰御龙，豢龙氏与御龙氏的后裔以龙为氏，后称龙姓	武陵（今湖南溆浦）
257	叶 Yè	春秋末楚庄王曾孙沈尹戌之子诸梁受封于叶邑（今河南省叶县）	南阳（今河南南阳）
258	幸 Xìng	幸氏起源于周王的宠臣，因引以为荣，故称幸氏	雁门（今山西代县一带）
259	司 Sī	周代设置"五官"——司寇（主管刑狱）、司马（主管军队）、司空（主管水利）、司士（主管审查）、司徒（主管政务）。又，春秋时，郑国有司成官，专职教导君主子弟。这些官员的后人以官职名为复姓，后改为司姓	顿丘（今河南浚县一带）
260	韶 Sháo	韶为古乐师之后，古有韶州（今湖南韶山）	太原（今山西太原）
261	郜、告 Gào	周文王之子受封于郜（今山东省成武县东南），建立郜国，称郜侯，其后世子孙就以国名为氏，称郜姓。"郜"为姓又写作"告"	京兆（今陕西咸阳一带）
262	黎 Lí	商、周时黎国人以黎为氏，周时，尧的后裔封于黎	京兆（今陕西咸阳一带）
263	蓟 Jì	源自姬姓，周武王灭商后封黄帝的后人于蓟邑，建蓟国（今北京市西南），其后以国名为氏，称蓟姓	内黄（今河南北部）
264	薄 Bó	相传炎帝后裔建立薄国，称薄氏	雁门（今山西代县一带）
265	印 Yìn	源自姬姓，春秋时郑穆公之子叫子印，子印的后人以印为氏	冯翊（今陕西韩城南）

（续表）

序号	姓氏	祖先和祖籍	郡望发祥地
266	宿 Sù	伏羲氏的后裔受封于宿（今山东省东平县东），建宿国，遂以国名为氏，称宿姓	东平（今山东东平一带）
267	白 Bái	源自芈姓，楚平王之孙受封于白邑，号"白公"	南阳（今河南南阳）
268	怀 Huái	源自芈姓，战国时期，楚怀王的后人以怀为氏，为楚国五大姓之一	河南（今河南洛阳）
269	蒲 Pú	夏朝，舜的后裔被封于蒲坂（今山西省永济市西蒲州），其后以邑名"蒲"为氏	河东（今山西黄河以东）
270	邰 Tái	源自姬姓，周族始祖弃的后人	平卢（今辽宁朝阳）
271	从 Cóng	源自姬姓，周平王的长子精被封于枞（今安徽省桐城市东南），其后人以从为氏	东莞（今山东沂水一带）
272	鄂 È	源自姬姓，周时，有诸侯国以鄂为氏	武昌（今湖北武汉一带）
273	索 Suǒ	源自子姓，商有徐、条、萧、索、长勺、尾勺六氏，索氏主管制绳索（今山东省曲阜市一带）	武城（今山西吉县）
274	咸 Xián	商朝贤臣巫咸之后	汝南（今河南上蔡）
275	籍 Jí	春秋时，晋大夫姬伯庸（晋襄公的孙子）担任掌管晋国的文献典籍的官职，其后人以籍为氏。古时，"籍"与"藉"相通，所以藉姓即籍姓。又有一说，源于古代齐国籍丘（在今山东省淄博市博山一带），居此地的人以籍为氏	广平（今河北永平一带）
276	赖 Lài	古有赖国，为子爵，又称为赖子国，其国君史称赖子，其后人以赖为氏。西周初，周武王在赖（今河南省息县包信镇）分封了赖国，楚国灭赖国，楚灵王将赖国遗民北迁于鄢（今河南省鄢陵县北）。赖姓家谱大多记载，赖国是周文王第十九子叔颖的封国，周武王封其弟叔颖于赖，叔颖是得姓始祖。而在今湖北省随州市殷店镇之楚国附庸"赖"应为炎帝神农氏的后裔所建的诸侯国。一般认为河南省鹿邑县太清宫镇的"赖乡"、山东省聊城与章丘之"赖"地是地名	颍川（今河南禹州）

(续表)

序号	姓氏	祖先和祖籍	郡望发祥地
277	卓 Zhuó	源自芈姓，春秋时楚威王之子公子卓之后	西河（今山西、陕西交界地带）
278	蔺 Lìn	春秋时晋国卿士韩厥玄孙韩康食采于蔺邑（今陕西省渭南市）	中山（今河北正定）
279	屠 Tú	晋代王嘉《拾遗记·高辛》："帝喾之妃，邹屠氏之女也。轩辕（即黄帝）去蚩尤之凶，迁其民善者于邹屠之地，迁恶者于有北之乡。后分为邹氏、屠氏。"华夏部落首领黄帝在涿鹿打败东夷部落首领蚩尤，把蚩尤手下表现良好的一部分人迁到邹屠之地，以地名为氏，叫邹屠氏，后分支为邹氏、屠氏。笔者考证，"邹屠之地"在今山东省东部沿海一带，"有北之乡"泛指北方偏远地区，即今甘肃省中西部一带，黄帝对蚩尤下属族人分而治之，实现天下安定大局。又，古有以家传手工技艺取得姓氏的传统习俗，以屠宰为业者的后人便以屠为姓，如春秋时晋国有屠蒯	陈留（今河南开封地区）
280	蒙 Méng	夏朝高阳氏后裔有蒙氏，族人居蒙山（今山东省沂蒙地区）	安定（今宁夏固原）
281	池 Chí	古代护城河称为池，居护城河附近的人以池为氏	河西（今山西、陕西交界地带）
282	乔、桥 Qiáo	传说为黄帝陵的守墓人之后，黄帝陵位于今陕西省黄陵县乔山	梁郡（今河南商丘一带）
283	阴 Yīn	源自姬姓，周穆王的裔孙管仲之后人赴楚，受封于阴邑	始兴（今广东连江至韶关一带）
284	蔚 Yù	古代蔚林氏之后	太原（今山西太原）
285	胥 Xū	春秋时晋国有个贵族被分封在华胥（今陕西省蓝田县），其后裔有的以先祖封邑名为氏，称华胥氏，后分衍为胥氏、华氏，如晋大夫胥臣及其儿子胥甲	琅玡（今山东诸城）
286	能 Nài	楚国君主熊绎的后代熊挚因残疾不能立为君，被封于夔（今湖北省秭归县东），称为夔子，其后代为避灾改为能姓	太原（今山西太原）

（续表）

序号	姓氏	祖先和祖籍	郡望发祥地
287	苍、仓 Cāng	传说黄帝之子苍林的后代，又传为黄帝史官仓颉之后	武陵（今湖南溆浦）
288	双 Shuāng	颛顼高阳氏之后，封于双蒙城，后有双氏	天水（今甘肃天水）
289	闻 Wén	春秋时鲁国大夫少正卯（少正是氏，卯是名）因有才华而远近闻名，被称"闻人"，其后有的人以"闻"为姓氏	吴兴（今浙江吴兴）
290	莘 Shēn	夏朝莘国人以莘为氏，传说为祝融之后	天水（今甘肃天水）
291	党 Dǎng	源自姬姓，春秋时晋国大夫受封于上党（今山西省襄垣县）	冯翊（今陕西韩城南）
292	翟 Zhái	古代翟国（今山东省、山西省、河南省交界处）人以翟为氏	南阳（今河南南阳）
293	谭 Tán	周代谭国（在今山东省章丘市西）人以谭为氏，西南六姓有谭，自称盘古之后	济阳（今河南兰考）
294	贡 Gòng	春秋时孔子门生端木子贡的后代	广平（今河北永年一带）
295	劳 Láo	祖籍在古代东海劳山（今山东省青岛市崂山）	武阳（今河北、山东交界地带）
296	逄 Páng	商朝诸侯逄伯陵之后。"逄""逢"有别，读若"庞"者，皆作"逄"	谯郡（今安徽亳州谯城区）
297	姬 Jī	黄帝成长于姬水一带，于是得姬姓	南阳（今河南南阳）
298	申 Shēn	源自姜姓，以国名为氏，始祖是炎帝的"四岳"之一伯夷的后裔申佐。夏、商之际，伯夷的后裔姜太公最小的儿子佐（姓姜，氏申，名佐）被封于申（大约在今陕西省宝鸡市一带），初期赐为"子"爵，后来爵位晋升为"伯"，史称申子、申伯	琅琊（今山东诸城）
299	扶 Fú	一位名叫嘉的巫师擅长占卜，深受汉高祖刘邦的赏识，因其有功，汉高祖刘邦赐其姓扶。扶嘉是扶姓始祖	京兆（今陕西咸阳一带）
300	堵 Dǔ	春秋时郑国一位大夫洩寇（又称堵叔、洩伯）被封于堵邑（今河南省方城县），其后代子孙就以封邑名"堵"为姓	河东（今山西黄河以东）

（续表）

序号	姓氏	祖先和祖籍	郡望发祥地
301	冉 Rǎn	周文王第十子季载受封于冉邑（今湖北省荆门市）	武陵（今湖南溆浦）
302	宰 Zǎi	源自姬姓，周代设太宰官，其后有宰氏	西河（今山西、陕西交界地带）
303	郦 Lì	古代郦戎国（今陕西省临潼县东南）以郦为氏	新蔡（今河南新蔡）
304	雍 Yōng	源自姬姓，周文王第十三子受封于雍国（今河南省沁阳市），史称雍伯	京兆（今陕西咸阳一带）
305	郤 Xì	春秋时晋国公族受封于郤邑（今山西省境内）	济阳（今河南兰考）
306	璩 Qú	璩是用美玉制作而成的耳环，有人以这种高贵之物名为氏，遂有璩姓	豫章（今江西南昌）
307	桑 Sāng	春秋时秦国大夫公孙枝，字子桑，其后有桑氏	黎阳（今河南浚县一带）
308	桂 Guì	源自姬姓，周王后裔季桢任秦国博士；秦始皇杀季桢，季桢四子改为四姓：桂、昋、灵、炔	天水（今甘肃天水）
309	濮 Pú	春秋时卫国有个大夫食采于濮邑（今河南省濮阳市东濮城），其后以邑名"濮"为姓	鲁郡（今山东曲阜一带）
310	牛 Niú	春秋时宋国大夫牛父之后人	陇西（今甘肃陇西）
311	寿 Shòu	源自姬姓，周太王的支孙名寿梦，始称吴王，其后出寿氏	京兆（今陕西咸阳一带）
312	通 Tōng	春秋时，巴国大夫食采于通川（今四川省达县），后有通氏	西河（今山西、陕西交界地带）
313	边 Biān	东周襄王大夫边伯之后	陇西（今甘肃陇西）
314	扈、户 Hù	源自姒姓，夏禹的后裔有一支封于扈（今陕西省户县）	京兆（今陕西咸阳一带）
315	燕 Yàn	黄帝之后裔伯儵建燕国，商、周有姞姓南燕国与姬姓燕国，南燕在今河南省延津县东北	范阳（今河北涿州）
316	冀 Jì	相传唐尧后代，古冀国在今山西省河津市	渤海（今渤海湾一带）
317	郏、夹 Jiā	源自姬姓，周成王姬诵定鼎于郏鄏（今河南省洛阳西）	武陵（今湖南溆浦）
318	浦 Pǔ	源自姜姓，春秋时齐国太公后裔奔于晋者，居于浦，后有浦氏	京兆（今陕西咸阳一带）

(续表)

序号	姓氏	祖先和祖籍	郡望发祥地
319	尚 Shàng	源自姜姓，姜太公号为尚父，有支孙以尚为氏	上党（今山西长治北）
320	农 Nóng	源自姜姓，相传为神农氏后裔	雁门（今山西代县一带）
321	温 Wēn	周朝唐叔虞之后人封于温邑（今河南省温县）	平原（今山东平原）
322	别 Bié	周代诸侯嫡长子以外的儿子，称"别子"，以别为氏	京兆（今陕西咸阳一带）
323	庄 Zhuāng	源自芈姓，春秋时楚庄王之后裔为庄氏	天水（今甘肃天水）
324	晏 Yàn	高阳氏苗裔晏安之后，齐景公时，晏婴有《晏子春秋》传世	齐郡（今山东淄博临淄区）
325	柴 Chái	源自姜姓，春秋时孔子弟子高柴之后	平阳（今山西临汾西南）
326	瞿 Qú	商、周有瞿氏，以地名为氏。孔子门生有商瞿，字子木，鲁国人	松阳（今浙江松阳县西）
327	阎 Yán	源自姬姓，周武王封太伯曾孙仲奕于阎乡，后人以邑名为氏	太原（今山西太原）
328	充 Chōng	周时专管饲养牲畜的官，称为充人，其后为充氏	太原（今山西太原）
329	慕 Mù	鲜卑族慕容氏之后	敦煌（今甘肃河西走廊）
330	连 Lián	源自姜姓，春秋时齐国大夫连称之后为连氏	上党（今山西长治北）
331	茹 Rú	古代居阴山一带的柔然国人以茹为姓	河内（今河南武陟）
332	习 Xí	古有鳛国，春秋时，诸侯兼并争霸，鳛国被楚国灭亡，其贵族取了"鳛"的半边"習"为姓氏，后简化为"习"姓	东阳（今浙江金华）
333	宦 Huàn	战国时赵国设置了"宦者令"官职，主管宦官内侍的头目，其后以官职名"宦"为氏，赵有宦者令缪贤	东阳（今浙江金华）
334	艾 Ài	春秋时齐景公有个宠臣名孔，封地艾陵，在今山东省栖霞市西北。又一说，艾姓为夏朝少康时的功臣女艾之后	天水（今甘肃天水）

(续表)

序号	姓氏	祖先和祖籍	郡望发祥地
335	鱼 Yú	春秋时宋桓公之子目夷，字子鱼，其后有鱼氏。源自子姓	雁门（今山西代县一带）
336	容 Róng	古代管礼乐之官称容，古有容成氏之国，二者为容氏来源	敦煌（今甘肃河西走廊）
337	向 Xiàng	帝尧的后裔受封于向（在今山东省莒县西南，或在临沂市兰陵县向城镇），建立向国，春秋初年被莒国吞并，其后人以国名为姓，称向氏。《春秋》载"莒人入向"可为证。又，向邑是春秋时期周王畿内的一个很有名的城邑，位于今河南省济源市南部，《诗经·小雅》说："作都于向。"后人以邑名为氏，也称向氏	河南（今河南洛阳）
338	古 Gǔ	出自姬姓，周太王亶父的后代子孙以古为氏。又，周代有个大夫受封于古城（在今河南省鹿邑县），其后人以讹音"古成"氏，以后去"成"姓"古"	新安（今浙江、安徽新安江流域一带）
339	易 Yì	源自姜姓，春秋时齐桓公宠臣雍巫，名易牙	太原（今山西太原）
340	慎 Shèn	源自芈姓，春秋时鲁国公族后裔封于慎邑（今安徽省颍上县），遂有慎氏	天水（今甘肃天水）
341	戈 Gē	夏朝东夷人寒浞封其子豷（yì）于戈，建立戈国，遂有戈氏	临海（今浙江象山港以南）
342	廖 Liào	源自姬姓，周文王之子伯廖之后	汝南（今河南上蔡）
343	庾 Yǔ	商朝主管粮仓之官叫庾禀，子孙世袭该官职，其后有庾氏	济阳（今河南南阳）
344	终 Zhōng	源自姬姓，夏朝太史令终古之后	南阳（今河南南阳）
345	暨、既 Jì	商朝大彭氏的裔孙受封于诸暨（今江苏省江阴市东）。暨、稽、稘同宗	渤海（今渤海湾一带）
346	居 Jū	源自姬姓，春秋时晋国大夫先且居之后人以居为氏	渤海（今渤海湾一带）
347	衡 Héng	商初贤臣伊尹，辅助商王有大功，被封尊号为"阿衡"，其后子孙以衡为氏	雁门（今山西代县一带）
348	步 Bù	晋国大夫步扬食采于步邑（今山西省临汾南）	平阳（今山西临汾西南）

（续表）

序号	姓氏	祖先和祖籍	郡望发祥地
349	都 Dū	源自姬姓，春秋时郑国大夫公孙阏，字子都，其后有都氏，子都是美男子的称号	黎阳（今河南浚县一带）
350	耿 Gěng	周王室分封同族人于耿（在今山西省河津市），建立耿国。后来晋国灭掉耿国，耿国子孙以耿为氏	高阳（今河北高阳）
351	满 Mǎn	源自姚姓，舜后裔胡公满的支孙，一支姓陈，一支姓满	河东（今山西黄河以东）
352	弘 Hóng	源自姬姓，春秋时卫国大夫弘演之后	太原（今山西太原）
353	匡 Kuāng	源自姬姓，春秋时鲁国大夫施孝叔有家臣，名句须，任匡邑宰，古匡邑在今河南省长垣县	晋阳（今山西晋阳）
354	国 Guó	春秋时齐国有位上大夫辅国有功，周天子亲自赐封其为辅国正卿，其子孙以国为氏	下邳（今江苏睢宁西北部）
355	文 Wén	源自姬姓，姬昌谥号文王，其庶孙以谥号为氏，遂出文氏	雁门（今山西代县一带）
356	寇 Kòu	源自己姓，周武王时，苏忿生官到司寇，其孙以官名为氏	上谷（今河北怀来）
357	广 Guǎng	传说为古代隐士广成子之后	丹阳（今安徽宣城）
358	禄 Lù	商纣王长子武庚，字禄父，其后有禄氏，子姓。又周朝有司禄之官，其后有禄氏	扶风（今陕西兴平）
359	阙 Què	春秋时山东鲁国有阙党邑，曲阜城内有阙里，遂有阙氏	下邳（今江苏西北地区）
360	东 Dōng	舜七友之一，东不訾之后，传说为伏羲氏后裔	平原（今山东平原）
361	欧 Ōu	夏王少康后裔受封于乌程欧余山之南（今浙江省吴兴县）	平阳（今山西临汾西南）
362	殳 Shū	舜有臣名殳斨，其后有殳氏，执殳之官，古殳仗队即后来的仪仗队。以兵器名为氏	武功（今陕西武功）
363	沃 Wò	源自子姓，商朝第六世王名沃丁，其后有沃氏	太原（今山西太原）
364	利 Lì	源自芈姓，春秋时楚国公子食采于利邑，后有利氏	河南（今河南洛阳）
365	蔚 Wèi, Yù	源自姬姓，周宣王封郑国公子翩于蔚邑（今山西省遥县，一说在今河北省西北蔚县），后有蔚氏	琅玡（今山东诸城）

（续表）

序号	姓氏	祖先和祖籍	郡望发祥地
366	越 Yuè	春秋时越国国王勾践之后	晋阳（今山西太原）
367	夔 Kuí	源自芈姓，春秋时楚国国君熊挚之后封于夔城，今湖北省秭归县，其后出夔氏	京兆（今陕西咸阳一带）
368	隆 Lóng	春秋时鲁国有隆邑，居者称隆氏	南阳（今河南南阳）
369	师 Shī	古师官，夏有师延、商有师涓、周有师尹，其后师氏	太原（今山西太原）
370	巩 Gǒng	源自姬姓，周敬王卿士简公受封于巩邑（今河南省巩义市）	山阳（今江苏淮安）
371	厍 Shè	古有守厍大夫，后人以官名命氏，为厍姓	松阳（今浙江松阳西）
372	聂 Niè	源自姜姓，春秋时齐国丁公，封其孙于聂城（今山东省在平县西）	河东（今山西黄河以东）
373	晁、朝 Cháo	周景王之子姬朝，因是王的庶长子，又称王子朝，其后人以朝为氏，称为朝姓，因"朝"与"晁"互训通用，后改为晁姓。春秋时卫国有大夫史晁，其后便以晁为姓氏	京兆（今陕西咸阳一带）
374	勾、句 Gōu	《左传》载："故有五行官，是谓五官。实列受氏姓……木正曰句芒，火正曰祝融、金正曰蓐收，水正曰玄冥，土正曰后土……少嗥氏有四叔，曰重、曰该、曰修、曰熙，实能金木及水。使重为句芒，该为蓐收，修及熙为玄冥。"《孔子家语·五帝》："句芒为木正，祝融为火正。""句芒"是"木正"之首长的尊号，负责观测天象，为民服务，重为句芒，其后代就用官名"勾"为氏，今写作"句"姓	渤海（今渤海湾一带）
375	敖 Áo	源自芈姓，传说上古颛顼帝的老师，称为太敖，为敖氏之祖。楚国尊者称"敖"，有宵敖、郏敖，其后敖氏	谯郡（今安徽亳州诸城区）
376	融 Róng	传说古火正官祝融之后	南康（今江西南康、赣县一带）
377	冷 Lěng	传说黄帝乐官令伦之后，音讹为"冷"。史记周朝康叔有孙封于冷邑（今陕西省白河县冷水镇）	京兆（今陕西咸阳一带）
378	訾 Zī	古代訾陬氏之后人	渤海（今渤海湾一带）

（续表）

序号	姓氏	祖先和祖籍	郡望发祥地
379	辛 Xīn	源自姒姓，夏王启封其子于莘（今陕西省合阳县东南），其后弃"艹"头，为辛氏	陇西（今甘肃陇西）
380	阚 Kàn	春秋时齐国大夫止受封于阚邑（今山东省汶上县西南），后有阚氏，源自姜姓。一说为南燕伯之后，封于阚邑，源自姞姓	天水（今甘肃天水）
381	那 Nā	源自子姓，春秋时楚国武王把权国贵族迁往那处（今湖北省荆门市），后有那氏，古权国遗民的始祖是商王武丁	天水（今甘肃天水）
382	简 Jiǎn	春秋时晋国大夫狐鞫居，谥号简伯，其后以号为氏，始有简氏。"简"与"间"是不同的两个姓氏	范阳（今河北涿州）
383	饶 Ráo	赵悼襄王封长安君于饶（今河北省饶阳县），其后代以饶为氏	平阳（今山西临汾西南）
384	空 Kōng	源自子姓，商朝有空桐国（在今甘肃省平凉市有空同山），空姓为商祖契之后人	顿丘（今河南浚县一带）
385	曾 Zēng	夏禹的后代夏王少康封其子曲烈于鄫（今山东省临沂市兰陵县向城镇西北鄫城前村与鄫城后村之间，《左传》作"鄫"，《国语》作"缯"），建鄫国，历经夏、商、周三代，其后去"鄫"字右边表示"邑"的"阝"，以"曾"为氏，源自姒姓。据出土铜器铭文，周成王分封了一个以今随州市为政治中心的诸侯国——曾国，始封国君曾侯为南宫括之子。南宫括辅佐了周文王与周武王，由于其功绩显赫，因而受到周成王的分封。曾国延续了700多年，是西周王朝经营南方大策略的重要部分，实现了周王朝对江汉地区的有效控制。曾侯的后代子孙以曾为氏，源自姬姓。在史籍里，曾国从无记载，而随国却有记载。史料记载的随国是周王朝分封的同姓诸侯国，也姓姬。2014年，由"曾国考古发现与研究"学术研讨会专家论证组确认：曾国和随国是一国二名。出土铜器铭文之"曾"为姬姓的一个分支，传世文献记载之"缯"或"鄫"为姒姓的一个分支，二者姓氏不同，不是同一国名，始祖也不同	天水（今甘肃天水）

（续表）

序号	姓氏	祖先和祖籍	郡望发祥地
386	毋 Wú	春秋末齐宣王田辟疆封其弟于毋丘	巨鹿（今河北邢台中部）
387	沙 Shā	商纣王庶兄微子启的后人	汝南（今河南上蔡）
388	乜 Niè	春秋时卫国大夫食采于乜（今河南省濮阳市一带）	晋昌（今陕西洋县东龙亭镇）
389	养 Yǎng	源自姬姓，春秋时楚王将养邑（今河南省沈丘县东）封给吴国公子掩余作采邑	山阳（今江苏淮安）
390	鞠 Jū	源自姬姓，周族始祖后稷的支孙，名鞠陶，又因东汉鞠谭之子鞠閟，为避难改鞠为麴，故麴、鞠二姓同宗	汝南（今河南上蔡）
391	须 Xū	源自姞姓，商代诸侯密须国（今甘肃省灵台县西）以须为氏	琅玡（今山东诸城）
392	丰 Fēng	郑穆公的儿子丰（豊）之后。古"丰""豊"为不同姓氏	松阳（今浙江松阳西）
393	巢 Cháo	古巢国之后，今安徽巢湘一带。上古有巢氏的后人以巢为氏	彭城（今江苏徐州）
394	关 Guān	夏代有龙逄氏被封于关邑（今河北省石家庄市栾城区）	陇西（今甘肃陇西）
395	蒯 Kuǎi	春秋时晋国大夫姬得受封于蒯邑（今河南省洛阳蒯乡），世称蒯得，其后以邑名"蒯"为氏	襄阳（今湖北襄阳）
396	相 Xiàng, Xiāng	源自于姓，商王河亶甲都于相，其宗族后人以相为氏	西河（今山西、陕西交界地带）
397	查、楂 Zhā	源自姜姓，春秋时齐顷公之子食采于楂邑，后有查氏	齐郡（今山东淄博临淄区）
398	後 Hòu	古代东夷族太昊后裔有後照，其后有後氏，古"后""後"有别	东海（今山东郯城一带）
399	荆 Jīng	源自芈姓，西周南方江汉流域有荆国（今湖北省南漳县），后人以国为氏	广陵（今江苏扬州）
400	红 Hóng	源自芈姓，春秋时楚国公族熊渠次子熊挚，字红，后有红氏	平昌（今山东安丘）
401	游 Yóu	春秋时郑穆公之子名偃，字游，后有游氏	广平（今河北永年一带）

（续表）

序号	姓氏	祖先和祖籍	郡望发祥地
402	竺 Zhú	古印度为天竺国，汉代佛经传入中国，学经之人始称竺氏	东海（今山东郯城一带）
403	权 Quán	源自子姓，古权国为楚所灭，遗族迁居今湖北省荆门市，其子孙遂为权氏或那氏	天水（今甘肃天水）
404	逯 Lù	源自嬴姓，春秋时秦国大夫封于逯邑（今陕西省境内）	广平（今河北永年一带）
405	盖 Gě	源自姜姓，春秋时齐国大夫受封于盖邑（今山东省沂水县西北）	汝南（今河南上蔡）
406	益 Yì	源自嬴姓，上古贤人伯益之后	冯翊（今陕西韩城南）
407	桓 Huán	源自姜姓，春秋时齐桓公之后人以谥号桓为氏	谯郡（今安徽亳州谯城区）
408	公 Gōng	源自姬姓，周朝贵族称"公"者甚多，其后以公为氏	松阳（今浙江松阳西）
409	万俟 Mòqí	出自鲜卑族拓跋氏之后，北魏献文帝（拓跋弘）的后裔	兰陵（今山东枣庄及滕州一带）
410	司马 Sīmǎ	周朝设置掌管军事的"司马"官职，周宣王时，程伯休父（程氏，伯爵，字休父，又作休甫）任司马一职，立下大功，其后有人以官职名为氏，遂称司马姓	河内（今河南武陟）
411	上官 Shàngguān	春秋时楚庄王之子名子兰，官职上官大夫，其后为上官氏	天水（今甘肃天水）
412	欧阳 Ōuyáng	夏王少康后裔越王无疆之孙受封于欧余山之阳（今浙江省湖州市吴兴区），后为欧阳氏	渤海（今渤海湾一带）
413	夏侯 Xiàhóu	夏禹后裔，孙杞国杞简公因被楚灭国，杞简公之弟佗奔鲁国，因杞代为夏后氏之后人，故以夏侯为姓	谯郡（今安徽亳州谯城区）
414	诸葛 Zhūgě	古有葛国，在今山东省诸城市，其后人以诸葛为氏	琅琊（今山东诸城）
415	闻人 Wénrén	春秋时鲁国名人少正卯之后	河南（今河南洛阳）
416	东方 Dōngfāng	汉代东方朔的后代	平原（今山东平原）

（续表）

序号	姓氏	祖先和祖籍	郡望发祥地
417	赫连 Hèlián	东晋时匈奴族人勃勃在公元407年建国，自号大夏大王，始称赫连氏	渤海（今渤海湾一带）
418	皇甫 Huángfǔ	源自子姓，春秋时宋戴公之子名充若，字皇父，后来皇父演变为皇甫	京兆（今陕西咸阳一带）
419	尉迟 Yùchí	北魏时孝文帝以族号命氏，始有尉迟	太原（今山西太原）
420	公羊 Gōngyáng	春秋时鲁国有公孙羊孺，颇具才学，其后以"公羊"为氏	顿丘（今河南浚县一带）
421	澹台 Tántái	春秋时孔子有个名叫灭明（字子羽）的弟子，居于澹台山（今山东省嘉祥县南），其后代子孙遂以澹台为氏	太原（今山西太原）
422	公冶 Gōngyě	春秋时鲁国仲尼弟子公冶长之后	鲁郡（今山东曲阜一带）
423	宗政 Zōngzhèng	春秋至秦汉，掌管王族事务官叫宗正，子孙以官名为宗正氏，后改作"宗政"	彭城（今江苏徐州）
424	濮阳 Púyáng	春秋时郑国有人居濮水之阳（今河南省濮阳市），后称濮阳氏	博陵（今河北蠡县南）
425	淳于 Chúnyú	古淳于国（今山东省安丘市北）人以淳于为氏	河内（今河南武陟）
426	单于 Chányú	匈奴王之后裔，"撑犁"意为天，"孤涂"意为子，单于"撑犁孤涂单于"就是天子单于	千乘（今山东高青）
427	太叔 Tàishū	春秋时郑庄公之子名段，食采于京城，世称京城太叔，其庶孙以"太叔"为氏	东平（今山东东平一带）
428	申屠 Shēntú	夏朝有贤人申徒狄，其后为申屠氏	京兆（今陕西咸阳一带）
429	公孙 Gōngsūn	春秋时诸侯后裔，国君的孙子称公孙	高阳（今河北高阳）
430	仲孙 Zhòngsūn	源自姬姓，春秋时鲁桓公子庆父，字共（恭）仲，其孙为孟孙氏，又称"仲孙"氏	高阳（今河北高阳）
431	轩辕 Xuānyuán	源自姬姓，黄帝号轩辕氏、古轩辕在今河南省新郑市西北部	邰阳（今陕西武功）

（续表）

序号	姓氏	祖先和祖籍	郡望发祥地
432	令狐 Lìnghú	春秋时晋国大夫魏颗，受封于令狐（今山西省临猗县西）	太原（今山西太原）
433	钟离 Zhōnglí	春秋时有钟离国（今安徽省凤阳县一带），其后人称钟离氏	会稽（今江苏南部）
434	宇文 Yǔwén	鲜卑族酋长姓氏，"宇"为天，"文"为君长，族居辽东	赵郡（今河北赵县、邯郸一带）
435	长孙 Zhǎngsūn	源于鲜卑族拓跋氏，南北朝时，北魏昭成帝拓跋什翼犍赐其将领拓跋嵩姓长孙	济阳（今河南兰考）
436	慕容 Mùróng	三国时鲜卑首领莫护跋，自称"慕天地之德，继三光之容"，其后称慕容氏	敦煌（今甘肃河西走廊）
437	鲜于 Xiānyú	周武王封箕子（商纣王的叔父）于朝鲜，其孙为鲜于氏	渔阳（今北京、天津一带）
438	闾丘 Lǘqiū	春秋时齐国大夫婴居于闾丘（今山东省邹城市）	顿丘（今河南浚县一带）
439	司徒 Sītú	周代设有司徒，金文为司土，是掌管土地与教化人民，为六卿之一，世袭任其职者，遂以司徒为氏	赵郡（今河北赵县、邯郸一带）
440	司空 Sīkōng	司空，古代管工程建筑的官，金文为司工，六卿之一，出自春秋时晋国	顿丘（今河南浚县一带）
441	亓官 Qíguān	周代礼制中掌管"笄"的官职称"笄官"或"亓官"，笄是插住挽起头发或帽子的簪子。世袭该官职的人以"亓官"为氏	《百家姓》未注郡望
442	司寇 Sīkòu	周武王时掌刑狱之官叫司寇，以官名为氏	平昌（今河南中部）
443	仉、掌 Zhǎng	孟子母仉氏，鲁大夫有党氏，谐音为"掌"	鲁郡（今山东曲阜一带）
444	督 Dū	周代宋国大夫华督之后	巴郡（今重庆至南充地区）
445	子车 Zǐchē	周代秦国大夫子车氏之后	天水（今甘肃天水）

（续表）

序号	姓氏	祖先和祖籍	郡望发祥地
446	颛孙 Zhuānsūn	春秋时陈国公子颛孙在鲁国做官，其后人以"颛孙"为氏	山阳（今江苏淮安）
447	端木 Duānmù	春秋时卫国人端木赐（字子贡）的后裔	鲁郡（今山东曲阜一带）
448	巫马 Wūmǎ	周代专为马治病的兽医官，春秋时鲁国有巫马施（孔子弟子）	鲁郡（今山东曲阜一带）
449	公西 Gōngxī	春秋时鲁国公族，孔子有弟子公西赤	顿丘（今河南浚县一带）
450	漆雕 Qīdiāo	春秋时鲁国有漆雕氏，孔子门生	蔡县（今河南新蔡）
451	乐正 Yuèzhèng	周朝管理乐队的官职叫"乐正"，以官职名为氏	天水（今甘肃天水）
452	壤驷 Rǎngsì	春秋时鲁国孔子门生壤驷赤之后	秦郡（今江苏南京六合区北）
453	公良 Gōngliáng	春秋时陈国公子良之后，孔子有弟子公良孺	陈留（今河南开封地区）
454	拓跋 Tuòbá	鲜卑族姓氏，相传为黄帝后裔的一支	颍川（今河南禹州市）
455	夹谷 Jiāgǔ	金国女真姓氏，女真族加古部，又写为"夹谷"	抚宁（今河北张北一带）
456	宰父 Zǎifù	古代宰父为掌法令的天官，孔子门生宰父黑之后	鲁郡（今山东曲阜一带）
457	谷梁 Gǔliáng	春秋时鲁国谷梁氏之后	下邳（今江苏西北部）
458	晋 Jìn	周武王之孙燮父封为晋侯，遂有晋国，三家分晋后，沦为平民，遂出晋氏	平阳（今山西临汾西南）
459	楚 Chǔ	公元前223年，楚亡于秦，楚王的后人为楚氏，楚为颛顼帝高阳氏的后裔	江陵（今湖北江陵）
460	闫 Yán	闫姓与阎姓不同，闫姓属天水郡，阎姓属太原郡	天水（今甘肃天水）
461	法 Fǎ	齐襄王原名田法章，其后人因避难以法为氏	扶风（今陕西兴平）

（续表）

序号	姓氏	祖先和祖籍	郡望发祥地
462	汝、女 Rǔ	周平王的小儿子受封于汝邑（今河南省汝州市），其后以汝为氏	天水（今甘肃天水）
463	鄢 Yān	古代鄢国（今河南省鄢陵县西北部）人以鄢为氏	太原（今山西太原）
464	涂 Tú	古有涂水（今江苏南京六合区长江支流），以水名为氏	豫章（今江西南昌）
465	钦 Qīn	汉朝统治者派御史到北方的乌桓族各部落访问监察，并置乌桓校尉，使之不与匈奴交往，钦差御史的后代以钦为氏。乌桓人朝贡于汉朝，其名号姓氏皆尊效汉人，乌桓族后来汉化的姓氏有钦氏、郝氏、审氏、鲁氏、桓氏、王氏、库氏、管氏、官氏、魏氏、曹氏、吕氏、乌氏、渐氏、薄氏、乌丸氏、乌桓氏、薄奚氏、展氏、辗迟氏、库傉官氏、库褥管氏等，皆世代相传	河间（今河北河间）
466	段干 Duàngān	春秋时老子的孙子名宗，为魏将，封于段干，其后以段干为氏	西河（今山西、陕西交界地带）
467	百里 Bǎilǐ	周太王的后裔百里奚的后人	新蔡（今河南新蔡一带）
468	东郭 Dōngguō	东郭，本义是都城东边的外城。居住在齐国国都临淄（今山东省淄博市临淄区）东边外城一带的齐桓公后代子孙以东郭为氏	济南（今山东淄博市临淄区）
469	南门 Nánmén	古代生活在城邑南门的人以南门为氏	河内（今河南武陟）
470	呼延 Hūyán	由汉代匈奴呼衍氏转化而来	太原（今山西太原）
471	归 Guī	古归子国（今安徽省阜阳市）以归为氏	京兆（今陕西咸阳一带）
472	海 Hǎi	春秋时卫灵公的大臣海春，后有海氏	薛郡（今山东大汶河下游）
473	羊舌 Yángshé	源自姬姓，春秋时晋靖侯的儿子、伯侨的孙子突被封在羊舌邑，其后遂以邑名"羊舌"为姓	京兆（今陕西咸阳一带）
474	微生 Wēishēng	春秋时鲁国公族微生氏后人	鲁郡（今山东曲阜一带）
475	岳 Yuè	源自姜姓，上古担任"四岳"官职者的后代	山阳（今江苏淮安）

(续表)

序号	姓氏	祖先和祖籍	郡望发祥地
476	帅 Shuài	古有师氏，为避晋景帝司马师之讳，改为帅氏	太原（今山西太原）
477	缑 Gōu	周朝有卿士食采于缑邑（今河南省洛阳市偃师区），其后有缑氏	太原（今山西太原）
478	亢 Kàng	亢姓为伉氏所改，春秋时卫国大夫三伉之后	太原（今山西太原）
479	况 Kuàng	在周朝初年，舜帝的后人被封于况（今山东省境内），其后代子孙以封地名"况"作为姓氏，后来改为况氏	庐江（今安徽庐江一带）
480	后 Hòu	春秋时鲁孝公八世孙成叔为郈大夫，去"郈"之"阝"有后氏，相传为共工之子后土的传人	东海（今山东郯城一带）
481	有 Yǒu	春秋时鲁国人有若（孔子门生），称为"有子"，后人以有为氏	东海（今山东郯城一带）
482	琴 Qín	春秋时孔子门生有琴牢，后有琴氏	天水（今甘肃天水）
483	梁丘 Liángqiū	春秋时齐国一位大夫受封于梁丘（今山东省菏泽市成武县东北），其后人以梁丘为氏	冯翊（今陕西韩城南）
484	左丘 Zuǒqiū	春秋时齐国有地名左丘，在今山东省淄博市临淄区，左丘明曾任鲁国太史，作《世本》	齐郡（今山东淄博临淄区）
485	东门 Dōngmén	春秋时鲁庄公的儿子遂，字襄仲，因居住于东门，其后遂为东门氏	济阳（今河南兰考）
486	西门 Xīmén	春秋时郑国有大夫居住在都城西门，其后有西门氏	梁郡（今河南商丘一带）
487	商 Shāng	源自子姓，先祖为高辛氏帝喾的儿子契，商汤灭夏建商，其后有商氏	汝南（今河南上蔡）
488	牟 Móu	春秋时有牟国，在今山东省济南市钢城区牟国故城遗址	平阳（今山西临汾西南）
489	佘 Shé	佘姓来源有二：一是由余氏音变后转化而来；二是古时居住在佘山（今上海市青浦县东南）一带的人以山名为姓氏，称为佘氏。唐开元年间有太学士佘钦	新郑（今河南新郑）
490	佴 Nài	公元3世纪（晋代）已有佴氏，出处不详	滇国（今云南昆明一带）
491	伯 Bó	舜、禹二帝的贤臣伯夷的后人有的以"伯"为氏，后称伯姓。"伯"者，大也，霸也，古人常用来尊称古代部落酋长、诸侯首领	河东（今山西黄河以东）

（续表）

序号	姓氏	祖先和祖籍	郡望发祥地
492	赏 Shǎng	春秋时吴中八姓中有赏氏	吴郡（今江苏苏州）
493	南宫 NánGōng	鲁有南宫阅，居南宫，因以为氏	鲁郡（今河南商丘一带）
494	墨 Mò	商代孤竹国（今河北省卢龙县南）的国君墨台氏（也写作"墨胎氏"）的后代，以墨为氏，遂有墨姓	梁郡（今河南商丘一带）
495	哈 Hǎ	起源于中亚布哈拉王族	长葛（今河南中部）
496	谯 Qiáo	周大夫食采于谯邑（今安徽省亳州市），后有谯氏	京兆（今陕西咸阳一带）
497	笪 Dá	宋代有笪氏，"笪深举进士，建安人"，出处无考	建安（今福建建瓯一带）
498	年 Nián	《明史·年富传》云"年氏本严氏"，因方言讹传为"年"	怀远（今宁夏银川东）
499	爱 Ài	唐初回纥人爱邪勿归唐，唐武宗李炎赐姓爱氏	西河（今山西、陕西交界地带）
500	阳 Yáng	周景王封其少子于阳樊（今河南省济源市），其后人以原封邑名"阳"为氏	陇西（今甘肃陇西）
501	佟 Tóng	原姓佟佳氏，世居东北牡丹江	辽东（今辽宁大凌河以东）
502	第五 DiWǔ	以序数"第五"为姓氏。汉高祖刘邦建立了汉朝，为了消灭原六国贵族的残余势力，就下令将齐、赵、楚、魏、燕、韩旧贵族后裔数万人迁徙到房陵（今陕西省咸阳市东北）定居，其中，齐国田姓因族大人多，便按照第一、第二、第三、第四、第五、第六、第七、第八重新命氏登记户口。后来，"第五"姓氏出了不少名人，东汉光武帝时出过一个清官名臣第五伦（字伯鱼），唐朝有一个"财政专家"叫第五琦	陇西（今甘肃陇西）
503	言 Yán	春秋时吴国有言偃，字子游，为孔子门生，其后有言氏	汝南（今河南上蔡）
504	福 Fú	春秋时齐国大夫福子丹之后	百济（今朝鲜半岛西南部）

古代《百家姓》

古代《百家姓》是一部关于中华姓氏的书，成书于北宋初，原收集姓氏411个，后增补到504个，其中单姓444个，复姓60个，现列举如下。

赵钱孙李	周吴郑王	冯陈褚卫	蒋沈韩杨
朱秦尤许	何吕施张	孔曹严华	金魏陶姜
戚谢邹喻	柏水窦章	云苏潘葛	奚范彭郎
鲁韦昌马	苗凤花方	俞任袁柳	酆鲍史唐
费廉岑薛	雷贺倪汤	滕殷罗毕	郝邬安常
乐于时傅	皮卞齐康	伍余元卜	顾孟平黄
和穆萧尹	计伏成戴	谈宋茅庞	熊纪舒屈
项祝董梁	杜阮蓝闵	席季麻强	贾路娄危
江童颜郭	梅盛林刁	钟徐邱骆	高夏蔡田
樊胡凌霍	虞万支柯	昝管卢莫	经房裘缪
干解应宗	丁宣贲邓	郁单杭洪	包诸左石
崔吉钮龚	程嵇邢滑	裴陆荣翁	荀羊於惠
甄麴家封	芮羿储靳	汲邴糜松	井段富巫
乌焦巴弓	牧隗山谷	车侯宓蓬	全郗班仰
秋仲伊宫	宁仇栾暴	甘钭厉戎	祖武符刘
景詹束龙	叶幸司韶	郜黎蓟薄	印宿白怀
蒲邰从鄂	索咸籍赖	卓蔺屠蒙	池乔阴鬱
胥能苍双	闻莘党翟	谭贡劳逄	姬申扶堵
冉宰郦雍	郤璩桑桂	濮牛寿通	边扈燕冀
郏浦尚农	温别庄晏	柴瞿阎充	慕连茹习
宦艾鱼容	向古易慎	戈廖庾终	暨居衡步
都耿满弘	匡国文寇	广禄阙东	欧殳沃利
蔚越夔隆	师巩厍聂	晁勾敖融	冷訾辛阚
那简饶空	曾毋沙乜	养鞠须丰	巢关蒯相
查後荆红	游竺权逯	盖益桓公	万俟司马
上官欧阳	夏侯诸葛	闻人东方	赫连皇甫

尉迟公羊	澹台公冶	宗政濮阳	淳于单于
太叔申屠	公孙仲孙	轩辕令狐	钟离宇文
长孙慕容	鲜于闾丘	司徒司空	亓官司寇
仉督子车	颛孙端木	巫马公西	漆雕乐正
壤驷公良	拓跋夹谷	宰父谷梁	晋楚闫法
汝鄢涂钦	段干百里	东郭南门	呼延归海
羊舌微生	岳帅缑亢	况后有琴	梁丘左丘
东门西门	商牟余佴	伯赏南宫	墨哈谯笪
年爱阳佟	第五言福		

当前中国"大姓"新排名

古代《百家姓》姓氏次序不是按姓氏人口数量多少排列的。"赵钱孙李"成为前四姓是因为百家姓形成于宋朝的吴越塘地区,故而宋朝皇帝的赵氏、吴越国王钱氏、吴越国王之妻孙氏及南唐君主李氏排在前四位。

当前"大姓"数量排名是怎样的呢? 2010 年,我国第六次全国人口普查数据,列出了当前中国人口数量最多的前十大姓和人口数量最多的前 300 个姓氏。

中国人口数量最多的前十大姓:

李姓:占全中国汉族人口的 7.94%,约 95 300 000 人。

王姓:占全中国汉族人口的 7.41%,约 88 900 000 人。

张姓:占全中国汉族人口的 7.07%,约 84 800 000 人。

刘姓:占全中国汉族人口的 5.38%,约 64 600 000 人。

陈姓:占全中国汉族人口的 4.53%,约 54 400 000 人。

杨姓:占全中国汉族人口的 3.08%,约 37 000 000 人。

赵姓:占全中国汉族人口的 2.29%,约 27 500 000 人。

黄姓:占全中国汉族人口的 2.23%,约 26 800 000 人。

周姓:占全中国汉族人口的 2.12%,约 25 400 000 人。

吴姓:占全中国汉族人口的 2.05%,约 24 600 000 人。

中国人口数量最多的前100个姓氏：

01 李	02 王	03 张	04 刘	05 陈	06 杨	07 赵	08 黄	09 周	10 吴
11 徐	12 孙	13 胡	14 朱	15 高	16 林	17 何	18 郭	19 马	20 罗
21 梁	22 宋	23 郑	24 谢	25 韩	26 唐	27 冯	28 于	29 董	30 萧
31 程	32 曹	33 袁	34 邓	35 许	36 傅	37 沈	38 曾	39 彭	40 吕
41 苏	42 卢	43 蒋	44 蔡	45 贾	46 丁	47 魏	48 薛	49 叶	50 阎
51 余	52 潘	53 杜	54 戴	55 夏	56 钟	57 汪	58 田	59 任	60 姜
61 范	62 方	63 石	64 姚	65 谭	66 廖	67 邹	68 熊	69 金	70 陆
71 郝	72 孔	73 白	74 崔	75 康	76 毛	77 邱	78 秦	79 江	80 史
81 顾	82 侯	83 邵	84 孟	85 龙	86 万	87 段	88 漕	89 钱	90 汤
91 尹	92 黎	93 易	94 常	95 武	96 乔	97 贺	98 赖	99 龚	100 文

璧联姓

璧联姓是近年来中华姓氏的新产物，它与传统的复姓有一定的区别。传统的复姓是指那些到了唐宋时期已基本定型并且被载入姓氏文献的复姓，如"欧阳""司马"等。近年来产生的璧联姓是由两个单姓组成的，例如"黄杨""邓张""陈刘"这类姓氏。

璧联姓产生主要是由于父母给孩子取名时希望把双方的姓氏都用上，这种现象反映了男女平等意识的增强。

第十三章　漫谈姓名的避讳

五花八门的避讳

避讳，是中国古代文化史上的一种现象。对于帝王、圣人、长官及所尊者的名字，人们说话、作文不能随便乱写乱用，平时用到这类人物名字相同的字必须设法避开或改写，此谓避讳。在封建社会，帝王、长辈的名字是神圣的，随便使用是一种亵渎行为，避讳是一般臣民不可不知的学问。

自西周以来，统治者一方面为自己的安全，不让自己随便被臣民"诅咒"，另一方面又为了突出自己至高无上的地位，用森严的等级制度表示自己神圣不可侵犯，便强迫全天下的臣民避用他们的名字，此为国讳。为避秦始皇嬴政的"政"名，正月被改称端月，或改"正"字的读音，于是"正月"的"正"改读 zhēng，直到现在，民间仍有这样的读法。为避讳唐太宗李世民的名字，用"代"替换"世"，诗人王维诗句"汉家李将军，三代将门子"，正是避讳的体现。因康熙皇帝名炫烨，清廷便规定书写"炫"时要缺笔为"玄"，或者用"元"代替，我们现在仍可以从清代的书籍中看到，当时把汉代学者郑玄写作"郑元"，西汉学者扬雄著作《太玄》印成《太元》，原因亦如此。

不但要避用帝王的名，而且对帝王手下大臣的名字有时也要避，宋仁宗曾赐蔡襄字君谟，后来考生中也有以君谟为名的，于是仁宗大怒："近臣之字，卿何得名之？"据说，南宋初年有个官员与客人谈话时，一不留意，提到了北宋宰相蔡京的名字，立即自己打自己的嘴巴。现在看来真可笑，但对当时广大百姓而言，只能把皇帝及大臣的名看得极为神秘又神圣，对其敬而远之，唯恐给自己带来灾祸。

出于同样的原因，一家人中也要避用自己长辈之名，此称家讳。司马迁写《史记》因其父名谈，所以《史记》把赵谈改为赵同，把李谈改为李同；《后汉书》作者范晔，因其父名泰，便把《后汉书》中的郭泰改为郭太，该书卷七十，郑太字公业，"太"也实为"泰"。宋代苏轼的祖父名序，因此苏轼每次作序时不是把"序"写成"叙"，就是把"序"改为"引"。《红楼梦》中黛玉母亲叫贾敏，黛玉念到"敏"字都改念作"密"，写"敏"字时就少写一笔。

改读或缺笔是解决名讳的有效方法。中国文字有阴、阳、上、去四声，如讳平声，而其余三声都可照念。缺笔是对所避字最后一笔不写。为避汉景帝刘启名讳，刘安在他的《淮南子》中改"启"作"惊"。东晋人为避晋文帝司马昭名讳，硬要把生活在其两百多年前的王昭君的名字改写为"王明君"，把汉人所作《昭君曲》改为《明君曲》。唐人因避唐高祖之祖父李虎之讳，把成语"画虎不成反类犬"改为"画龙不成反成狗"，把"不入虎穴，焉得虎子"改为"不入兽穴，焉得兽子"，简直不知所云。杨延昭是大家熟悉的杨家将中的名将，本名延朗，因避赵匡胤始祖玄朗之讳，改名延昭。

避讳下的血与泪

避讳制度在我国延续了两千多年，避讳的故事难以枚举，其中有的滑稽可笑，有的却渗透着血与泪。

慈禧太后掌握清朝政权四十多年，使清朝走向灭亡，使中华封建帝国沦为半封建半殖民地国家，慈禧对避讳出奇地讲究。"慈禧"并非名而是封号，但慈禧却讨厌臣民叫"禧"字，当时满朝官员得知后，凡名带"禧"字者纷纷易名。慈禧爱听戏，戏班里人知道慈禧恶其他人用"禧"字，因此凡戏名中带"禧"字一律改为其他字，如《红鸾禧》改成《秀才讨饭》，《喜崇台》改为《登台笑客》，并愈演愈烈，将《断后》改为《遇后》，《打龙袍》改为《太后还朝》，《斩黄袍》改为《陈桥兵变》等，真是不一而足，贻笑天下。清同治、光绪二帝都讲究避讳，因此还引起了民间的一些附会，例如同治皇帝名载淳，讳"淳"字，所以只要遇"淳"字，便将"淳"字的"子"去掉，补上"日"字，成为"湻"字，因此民间就有了"去子而无子，所以'同治无后'"的传说。光绪帝名载湉，避"湉"字时就将其最后一笔去掉，于是民间便有了"光绪年间之所以发洪水，是因为'湉'字开了口"的传说。

历史上也有许多因避讳不及而遭杀身之祸的，北齐皇帝高欢，父名树生，有一次大臣辛子炎和高欢议论政事，不留心把"署"字读成"树"音，高欢大怒，喝令杖责，把辛子炎打得皮开肉绽，所幸没送掉性命。乾隆年间，江西有个举人叫王锡侯，因献《字贯》一书，触犯了康熙玄烨、雍正胤禛和乾隆弘历之名讳，乾隆怒不可遏，认为罪不容赦，竟因此惩罚了许多无辜的人。

避讳的成因

古人言语或书写时遇与祖先之名相同或同音的字要避开，为了避免灾祸降临，人们极力隐讳自己的真名，采用种种保密措施，禁止他人对自己直呼其名。《左传·桓公六年》记载过周人取名六忌：不以国、不以官、不以山川、不以隐疾、不以畜牲、不以器币命名。此六避，很可能与名字保密、避免灾难有关。理由很简单，国名、官名是人们常常提到的名称，山川、畜牲是人们祭祀的场所、祭品，器币更是人们生活中频繁接触的必需品，以疾病取名本身即寓意不祥。总之，这些名称是人们经常提及的，不容易保密。

为什么对逝者的名字要避讳

避讳不仅对活人，对逝去的人也不例外。阴讳习俗遍及世界各地，古代高加索地区的阿尔巴尼亚人严格奉行不说逝者名字的习俗；澳大利亚中部一些部落，在逝者刚死去、亲友悼念时，任何人不得说出逝者的名字，如果不得不说时，也只能小声说，唯恐惊扰逝者在附近徘徊的幽灵。我国古人也有阴讳。《礼记·曲礼》说亲人去世要哭丧，以示惜别。哭丧之后，逝者就成为鬼了，就不能再称他的名字。《礼记·檀弓》载有这样一则事例：一个叫子蒲的人死了，有人在哭他的时候直接呼喊其名，孔子的学生子皋讥讽说这是粗野无礼的行为。在原始社会，人们认为人名与其生命和灵魂休戚相关。郑振铎先生在《汤祷篇·释讳》中指出，远古的人将自己的名字视为很神秘的东西，他们相信自己的名字和他们的生命不可分离。名生则命生，名亡则命亡。呼唤逝者的名字等于招呼他，逝者以为凡人在向他表示亲近，或以为亲人们哀悼他不够尽心，否则就不该随便提起他的名字打扰他。

第十四章 姓、名、字、号简说

由"弓长张"所想——说姓

"张"是一个象形字，由左"弓"和右"长（音 zhǎng）"相合而成，正如《说文解字》所言"从弓，长声"。张姓人在向别人介绍自己的姓氏时，都说成"弓长张"，这跟张姓来源"弓""长"有关。中国历史上，谁制作发明了弓呢？古代典籍对制弓人记载不一。《世本·作篇》曰："夷牟作矢，挥作弓。"先秦百工技艺之书《考工记》云："古传黄帝臣挥作弓。"《荀子·解蔽篇》记："倕作弓。"《墨子·非儒下》则称："古者羿作弓。"在夏代之前，古东夷族有穷氏的首领叫羿，《左传》又称其为"夷羿""后羿"。《山海经·海内经》曰："少皞生般，般是始为弓矢。"《说文解字》言："古者挥作弓。"笔者通过研究与《荀子》同时代的其他文献，发现只有《荀子》说倕制作弓，其他文献均未见到这样的记述，这说明倕只是古时制作弓的一位能工巧匠，他与挥、般、羿不是同时代的制弓人。

根据笔者考证，不管般还是羿，他们都是东夷族少昊部落的后代一员或者首领，而挥是黄帝部落的后代一员且是首领，因此挥与般不是同一人，而是大约同时期的两个不同氏族的后人。换句话说，挥与般是生活在中国原始社会后期父系氏族社会里的两位制作弓的领导者，只不过是那时还没有文字记载，更没有专利申请，谁先谁后不容易搞清楚，但是基本上可以说是在同一个时期，正如伟大的哲学家、马克思主义的创始人卡尔·马克思在1848年2月22日演讲时所说的那样："历史上常有惊人的相似之处。"

弄清楚挥与般不是同一人，再根据史籍和谱牒记载，我们考证出黄帝的后代挥是张姓的始祖，少昊的后代般是尹姓的始祖。般因被封于名叫尹（今山西省隰县东北一带）的地方而得尹姓，尹姓的另一支源自生于夏末并帮助商族首领汤建商国的贤相伊尹。南宋学者罗泌在《路史·国名记·小昊后国》中说："尹，般之封，今汾州。郑樵说故尹地，及周，为尹氏采。"意思是：

古汾州的尹（地名）是般的封地，到周时，尹氏子孙的采邑封地一直在此地。南宋郑樵《通志·氏族略》曰："少昊之子封于尹城，因以为氏。子孙世为周卿士，食采于尹，今汾州为尹吉甫墓，即其地。"

古人因搞不清楚挥与般的血统、所属氏族，误以为般与挥是同一个人，结果撰写出了历史上张冠李戴的张姓宗谱，比如明朝嘉靖年间张浚等人纂修的《张氏会修统宗世谱·本源记》就说："张氏出自姬姓，黄帝子少昊青阳氏第五子挥为弓正，始制弓矢，子孙赐姓张氏。"张浚、张士镐等人召集各省本姓氏的高官与儒士149人纂修该宗谱，但是最终结果还是把挥与少昊误认为同一族人。对于"挥为张姓始祖"，历代史学家与全国各地保存的张姓家谱认识都一致，只是这些记载在细枝末节上有区别。东汉应劭《风俗通义》曰："张氏，黄帝第五子挥造弦，实张网罗，世掌其职，后因氏焉。"这是我们能看到的较早的文献。北宋韵书《广韵》言："张姓，本自轩辕黄帝之第五子挥，始造弓矢，实张网罗，世掌其职，后因氏焉。"北宋《新唐书·宰相世系表》云："张氏出自姬姓。黄帝子少昊青阳氏第五子挥，为弓正，始制弓矢，子孙赐姓张氏。"北宋末南宋初学者邓名世撰《古今姓氏书辩证》："张氏出自姬姓。黄帝子少昊青阳氏第五子挥，为弓正，始制弓矢，实张罗以取禽鸟，主祀弧星，世掌其职，赐姓张氏。"

根据诸多文献记述，张姓的由来或曰赐姓，或曰以官职命姓，或曰以国名为氏，但是笔者认为这些未必是张姓的真正由来，盖因先秦史料缺失与早先未出土器物铭文，后世儒生学者茫然追溯所致。比较可信的说法是：挥制作了弓，为黄帝部落立下了大功，因而被封于"长"这个地方，其后裔世袭专门制造弓的职务"弓正"（古时官职名），在担任"弓正"的人中，有的人以封地名"长"为氏，还有的人以"弓"为氏，也有的人以"弓正"为氏。到春秋时期，以"长"为姓氏的人开始在姓前加"弓"字，"弓""长"合为"张"姓。"长"既是古地名，又是姓氏，在商、周、春秋战国的青铜器上已经出现"长由""长子口""长朱""长武"等作为姓名的铭文了。秦朝以前，"长"与"张"互训通用，如金文"长朱"即"张朱"，而自西汉之后的古籍文献涉及"长国""封于长"都统一写作"张国""封于张"，例如，清代王仁俊的《姓氏考略》云："黄帝子挥，始造弓矢，受封于张，其后遂为弓氏和张氏。"

笔者研究认为，张姓正式形成时间应该是黄帝的孙子颛顼当部落首领的时期，因为挥与颛顼都是黄帝的孙子，挥的父亲青阳是黄帝与其妻方雷氏生育的儿子，这位青阳不是黄帝跟西陵氏嫘祖所生之子玄嚣青阳，挥父青阳姓己，己姓后来写为纪姓。

张姓源流应是：姬姓（黄帝）→己姓（黄帝与妻子方雷氏所生之子青阳为己姓，己姓就是后来的纪姓）→长姓（黄帝之孙挥以长为姓）→张姓（挥的子孙以张为姓）。从祖先血缘上讲，张姓源自挥的祖父黄帝姬姓。

中国人的姓氏来源历史悠久，源远流长，出处多样，大部分是几千年来世代相传下来的，这在世界各国中较为少见。唐代柳芳曾把姓氏来源归为8类，宋代郑樵又将姓氏来源细分为32类。为了便于人们寻根认祖，我们把中国姓氏来源分为16类：

1. 以母系氏族社会部落符号为姓氏

例如姬、姜、姒、姚、嬴等姓，这些姓是中国最古老的姓。

2. 以国名为姓氏

此类姓氏起源很早，夏朝实行分封制，因而以封国为氏的现象也随之产生，由此产生的姓氏流传至今，例如鲁姓就是周公（姓姬名旦）之子伯禽的后人的姓。周成王命伯禽建立鲁国，所以其后人便以鲁为氏。战国时的纵横家鲁仲连、三国时的吴国名臣鲁肃都是伯禽的后代。又如，现在的曹姓人是周武王之弟振铎的后人，振铎被分封于曹（今山东省菏泽市定陶区附近），其后人以曹为氏。再如陈姓人是舜的后代，据《史记》记载，周武王灭商后将舜的后代胡公满封于陈（今河南省周口市淮阳区），建立陈国，这就是陈姓的来源。以国为氏的还有管、卫、韩、祝、吕、杞、雷、薛、杨、魏、秦、楚、宋、郑等姓氏。

3. 以官爵名为姓氏

爵位是古代社会地位的象征，周朝的爵位分为公、侯、伯、子、男五个级别，周朝的礼仪制度对每个爵位所占有的土地、奴隶、车马、乐舞规模乃至服饰花样等都有明确的规定。由于爵位是世袭的，此种世世代代相传的爵位就成为姓氏的依据。西周设置五种官职，司徒掌管教化，司马掌管军事，司空掌管工程，司士掌管爵禄，司寇掌管刑狱，古代不仅爵位是世袭的，官职也可以世袭，即一种官职由一个家族世代相传，这五官的后代有的便以其官名为姓氏。

中国姓氏中源出于爵名的主要有公、侯两姓。侯姓与含有"侯"字的复姓多与爵名有关，据《姓谱》及郑樵《通志·氏族略》的记载，夏侯姓的先祖是姒姓人。周武王灭商，封夏禹后裔东楼公于杞（今河南省杞县），到杞简公这一代，杞国被楚国所灭。杞简公的弟弟名叫佗，逃到了鲁国，鲁悼公封给他一片田地，命其爵号为夏侯，其后人于是以"夏侯"为姓，夏姓由夏侯姓简化而来。下面说说公姓的渊源，《左传》等史书中记录许多以"公"开头的复姓，如公子、公孙、公父、公孟、公仲、公叔、公西、公夏、公明、公玉、公乘、公若、公山、公冉、公石、公干等。"公"是其先人的爵位名。这些复姓一般都简化为"公"。公姓的先人有春秋时的鲁定公（鲁定公姓姬名宋）。

据《通志·氏族略》统计，源于官职的姓氏约有100个，如司马、司徒、司空、尉、行、上官、籍、山、充、羊、钱、仆、乐、云、史、席、师、宰等。这里略举几例，述其渊源。

司马姓的来源：《周礼·夏官》中有"司马"一职。"司马"原本是主管马匹的官职。由于古代马匹主要用于军事，因此，司马实际上是军官官职名。《周礼》中记载了司马的主要职责掌管一国军政与军赋等。周宣王时，颛顼帝的后裔程伯休父担任司马职务，后来其子孙即以司马为姓氏。春秋时期，宋国、卫国的贵族子弟亦有担任司马职务的，其后人也以司马为氏。司马姓中名人辈出。如西汉伟大的史学家、《史记》的作者司马迁，西汉著名作家司马相如，宋代史学家、《资治通鉴》的作者司马光等。

司徒姓氏的来源：司徒负责掌管国家土地和教化百姓，"徒"即指徒众、人口。据《帝王世纪》记载，尧任命舜担任司徒，司徒之官并不始于周代，春秋时各诸侯国以及后世朝代亦设此官。担任此官的后代就有以司徒为氏的，如春秋时的卫国大夫夏戊之子任司徒，其后人即姓司徒氏。司徒这一姓氏至今尚存。

司空姓氏的来源：所谓"司空"就是主管国家的土木工程、水利事业的官职。据《尚书·尧典》记载，舜任命大禹担任司空一职，主管水利工程，禹的裔孙就以司空为姓氏。司空姓氏的另一支出自春秋时的晋国大夫。周宣王无故处死杜伯，杜伯的儿子逃到晋国，其孙子担任晋国的司空职务，于是他的后人以司空为姓氏。

尉姓的来源："尉"原为古代掌管刑罚、监狱的司法官。尉姓一支即源于尉官。

4. 以封地邑名为姓氏

邑，又叫采邑，是一国之君分封给大臣的田地。这些贵族大臣的后代有的便以邑名为姓氏。例如，周代统治者虽然姓姬，但周文王之子季载受封采邑名叫冉，因此季载的后人以冉为姓氏。周昭王之子的采邑在翁这个地方，因此其后人以翁为姓氏。梁文王之子在卜梁这块采邑之地生产、生活，后代便以卜梁为姓氏。楚武王之子食采于屈邑，因此就以屈为姓氏，诗人屈原即其后裔。晋国有一个奇怪的姓叫羊舌，姓羊舌的人是晋靖侯的后代，因其封于羊舌，因此羊舌就成了他们的姓氏。

5. 以居住地名为姓氏

以居住地名为姓氏不同于以封地、采邑名为姓氏。封地、采邑皆为主人的领地，表明主人对领地的占有权，而以居住地名为姓氏只是用家族居住的地名作为家族姓氏的标志而已。春秋时齐国贵族有姓东郭、南郭、西郭、北郭的，就分别以其居住地的地名为姓氏。"郭"原指城的外墙，因此，东郭、南郭等姓就分别表示这些家族原先居住在城邑的东边城外、南边城外等地。成语"滥竽充数"反映了南郭先生不懂装懂的故事，南郭先生是南郭氏的后代。郑国有东门、西门两个姓氏，是因为他们住在城的东门和西门而得此姓。

6. 以职业、技艺为姓氏

在古代，不仅贵族的官爵可以世袭，一般平民及奴隶的职业、技艺也是世袭的。职业、技艺的世袭主要是为了传授技艺，使之不至于失传，并使技艺水平不断提高，古代世袭的技艺都是一些相当复杂的手工艺，即所谓的手艺。职业、技艺因世袭而演变成家族姓氏的标志。比如陶姓，陶姓的来源与古老的制陶技术有关，掌握制陶技术的家族有两支，一支源于帝尧，据说帝尧原本从事陶器制造，因此其以陶唐氏为称号，这正像今天人们称善捏泥人的张氏人家为"泥人张"，后来唐尧氏的后人就改以陶为姓氏。陶姓的另一支源于舜帝，舜帝也善于制陶技术，史书有"舜陶于河滨"的记载。舜的后代在周朝仍制作陶器，其后人便以陶为姓氏。尧、舜的后人都以高超的制陶技术著称且都以陶为其族的姓氏称号。由此可见，姓氏作为人类族群的文化密码，蕴含着丰富的历史文化信息。再如梓姓，梓人即木匠，而且是专门制作乐器支架，由于木器在古代社会生活中应用广泛，梓人的后代便以梓为姓氏。

庖姓，《庄子·养生主》中描述了一个擅长烹饪、屠宰技术非常高超的人，名叫庖丁。庖，原指厨房，"庖丁"正是因其职业或手艺而得姓。不过，"丁"

可能不是他的专名，因为"丁"字在汉语中有人口的含义。

卜姓起源于占卜的技艺。"卜"字的本义指占卜，即预测的意思。由于占卜是一系列复杂的决策过程，并非一般人所能承担，因此商、周两朝都有专人负责占卜，世袭占卜职业的人因此就以卜为姓了。据《鲁史》记载，晋国卜偃、秦国卜徒父、鲁国卜楚丘都是从事卜筮的人。

甄、盎、优、徒、巫等姓氏也是以职业为姓氏。古代以职业、技艺为姓的人多是平民，而不是世族豪门，这是因为平民百姓是社会的劳动阶层，其社会职能就是从事手工劳动，以其劳动成果养活高级贵族，即所谓的"劳力者治于人"。平民阶层既然以劳动为生，因此，劳动者的职业、技艺就成为其姓氏命名的主要依据。

7. 以远古时代的图腾为姓氏

所谓图腾，就是一个部族的标志。有的姓氏源于图腾，这一点在中国古史中可以得到证明。

黄帝与炎帝的姓氏都与动物图腾有关，据史书记载，炎帝姓姜，"姜"字一般被解释为是由"羊"字和"女"字两部分构成的会意字。因为炎帝崇拜的图腾是女身羊头像。姜子牙就是炎帝的后裔。再说黄帝，黄帝是中华人文始祖，《史记·五帝本纪》记载："黄帝者，少典之子，姓公孙，名曰轩辕。"实际上，《国语》记载，黄帝因成长于姬水而得姬姓，不姓"公孙"。黄帝的国号叫有熊，史称有熊氏，《史记正义》说："黄帝有熊国君，乃少典国君之次子，号曰有熊氏。"因为黄帝以熊为其图腾。

8. 以祖先的字或名号为姓氏

为了表示对祖先的尊敬，也有以祖先的名、字、号为姓氏的。

白姓的一支先祖是秦国名将白乙丙。春秋时虞国人百里奚到秦国做宰相，百里奚生一子叫孟明视，孟明视生一子叫白乙丙，其中"丙"是名，"白乙"是字，白乙丙为秦国立下赫赫战功，其后人因此就以白为姓氏。白姓的另一支先祖是楚人熊胜，楚平王夺儿子熊建的未婚妻为己妻，并将熊建赶到郑国，熊建被郑人杀害，其子熊胜逃亡到吴国，投奔了伍子胥。后来，熊胜被楚惠王召回楚国，并封之于白邑这个地方，号叫白公，其后人就以白为姓氏。

春秋时齐文公有子名叫高。后来，高的孙子当上了齐国的卿相，他平定齐国内乱后迎立小白为齐国国君，史称齐桓公。齐桓公为答谢他的功勋，就赐他以祖父名"高"为姓氏。

游姓的始祖是春秋时郑国的公子偃。公子偃是郑穆公的儿子，字子游。子游的后代就以其字为姓氏。

文姓的源头可直接追溯到周文王姬昌，"文"是姬昌的谥号，这就是文姓的来源。

桓姓来源于齐桓公的谥号。春秋五霸之一齐桓公本姓姜，名叫小白，"桓"为其谥号，后人以桓为氏。

惠姓来源于周惠王的谥号。

丁姓来源于姜太公儿子齐丁公的谥号"丁"。

9. 以数字为姓

同姓一家，有的按兄弟排列顺序取姓，如老大称伯或孟、老二称仲、老三称叔、老四称季，其各自后代便以这些次第为姓氏。

10. 以文人七雅事——琴、棋、书、画、诗、酒、花为姓氏

据报道，有一名女子从小就因为姓"酒"而不断遭遇尴尬。酒女士说，由于家庭背景单纯，她很少有喝酒的机会，不知道自己酒量好不好。然而一般人听到她姓酒，就会引发一连串的疑问，例如："你一定很会喝酒吧？""你最会喝哪一种酒？"酒女士说她父亲姓酒，母亲姓蔡，在她小时候，亲友到了她家里，总是不忘吆喝"上酒上菜"。她说，父亲是北京人，曾告诉她，他祖先以前为王室酿酒，因此姓酒。

11. 以天子、皇帝所赐的姓作为自己的姓氏

赐姓也是姓氏的一个主要来源。唐朝时，中外文化交流频繁，不少异族人仰慕大唐的繁荣昌盛，一心归顺唐王朝，由于其异族色彩的姓氏与汉族姓氏不同，他们往往改为汉姓，而唐朝皇帝也大开方便之门，为一些投奔归顺的异族首领赐姓李氏。宋代皇帝在赐姓方面也十分慷慨。宋神宗时，西藩木征投靠宋朝，神宗赐其本人及其弟皆姓赵，并分别赐名为思忠、继忠、济忠、绍忠、存忠等。明太祖朱元璋把朱姓作为"无形资产"用于"收买人心"。古代赐姓大多是"国姓"即皇帝的姓。也有的皇帝赐人他姓，比如，明成祖时，蒙古族人把都帖木儿归降朝廷，明成祖赐其姓为吴，赐名允诚。

由于赐姓导致家族姓氏发生变化，使后人的姓不同于先人的姓，这是在根据姓氏寻根认祖时必须注意的。

12. 因避讳改姓氏

在古代，原来的姓氏如遇到当朝天子的名讳，就要改作他姓。汉明帝名刘庄，当时姓"庄"的人都避讳改为"严"，因"庄"与"严"字意相近，为此，庄子陵改为严子陵。唐玄宗名李隆基，"基"与"姬"同音，一些姬姓人因避讳而改为周氏。

13. 因避祸改姓氏

孔子的得意门生端木赐，字子贡，其后代为避仇人，改为木氏，又改为沐氏。

14. 因民族融合改姓氏

南北朝时期民族大融合也带来了姓氏的融合。鲜卑人有的改从汉姓，北魏孝文帝拓跋宏，曾下令改鲜卑复姓为汉字单姓。他率先将自己的"拓跋"氏改姓"元"，自称元宏。

15. 因读音错讹改姓氏

"何"姓本为"韩"姓，秦灭六国后，韩国的韩厥的子孙散居各地，其中一支流落在江淮一带，按当地人的口音，"韩"字在方言里被读作"何"，又被误写成"何"，于是沿袭下来便成"何"姓了。

16. 因故自行改姓氏

汉武帝时的丞相田千秋，因年老体迈，皇帝特准他乘小车出入宫殿，当时人们称其为"车丞相"，其后世子孙便以"车"为姓了。

说名

名是人的基本称谓，是一个人的"品牌"。

名可以分为乳名、学名、笔名、艺名、法名。

乳名又叫小名、幼名、奶名。乳名就是小时候或哺乳期的名字，一直用到学前。乳名有许多特点，比如，一般只称名没有姓，比较简单，体现长辈的关爱，北京人喜欢在小名中使用"小"字，后加"子"或"子"的儿化音，像小虎子、小豆子。北方人有的喜欢用叠字起小名，叠字通常表达一种喜爱的信息。南方人喜欢用"阿"字开头起小名，比如"阿强""阿珍""阿丽"，湖南人则喜欢用"伢子"给男孩起小名。

学名又叫大名，一般是上学或走上社会后使用的名字。

笔名一般是文人、学者发表作品时的署名，这种名字有的与学名有一定的联系，有的则与本人的情感寄托、社会背景联系在一起，例如，沈雁冰的笔名是茅盾，周树人的笔名是鲁迅，谢婉莹的笔名是冰心。

艺名是演艺工作者所使用的名字。许多著名的表演艺术家都有艺名，而且艺名的知名度超过了真名。现在许多演员都使用艺名，比如成龙原名陈港生。笔者就曾为香港某电影公司的武打明星李子强起艺名为李道龙，李子强是少林寺禅宗第30代方丈素喜的弟子，他在少林寺跟师父修炼八年，取法名释德强。从起艺名的思路来看，艺名一般有姓名式和非姓名式两种。姓名式艺名如关家慧的艺名关之琳，非姓名式艺名如奚重仪的艺名乐蒂。

法名是和尚或道士出家后所另起的名字，是法号和道号的统称。起法名要遵守一系列的仪式，佛门称为"剃度"，包括净发、受度牒、摩顶、受戒等。起法名的仪式目的是使一个人从世俗世界过渡到佛法世界，也是为了佛门登记造册。佛教徒法名还有辈分制，佛门中的辈分不是按出生的早晚而论，而是按入佛门的先后论，先入佛门者辈行高。《西游记》讲述了花果山上的孙猴子拜师学艺，他拜菩提祖师为师，祖师要为他取个法名，书中写道：

祖师道："我门中有十二个字，分派取名，到你乃第十辈之小徒矣。"猴王道："哪十二个字？"祖师道："乃广、大、智、慧、真、如、性、海、颖、悟、圆、觉十二字。排到你，正当'悟'字。与你起个法名叫作'孙悟空'，好么？"猴王笑道："好！好！好！自今就叫作孙悟空也！"

值得一提的是，世俗的名字有男女性别之分，一般情况下一闻其名，便知其性别，但法名却没有男女区别。

说字

我们现在说的"名字"，是指一个人的名，而在古代，"名字"包括名和字，字往往是名的解释和补充，与名的含义相近或相辅，例如，诸葛亮字孔明，岳飞字鹏举，"亮"与"孔明"、"飞"与"鹏举"意思分别相近。

也有字和名的含义关联性不大的，例如：老子，姓李，名耳，字伯阳，亦叫李聃，春秋末期楚国（今河南省鹿邑县）人，是著名的思想家、哲学家，道家学派的创始人，著有《道德经》。医圣张仲景（公元150—219年），名机，字仲景，南阳郡涅阳（今河南省南阳市）人，是东汉末年著名的医学家，被后人尊称为"医圣"。

中国的名、字"双轨制"形成于周，据说是周公制定的，《周礼》中对名与字的不同功能就有明确的规定："幼名冠字，五十以伯仲。死谥，周道也。"也就是说，人幼年称名，到20岁行冠礼即成年礼时再取字，此后即称字，50岁之后则以伯、仲相称，死后只能称其谥号。

在古代，名与字是同一个人在不同年龄段的称呼，比如李白少时的伙伴呼他李白，但李白成年出入官场、结交诗友酒伴时，别人就不能再以李白称呼他了，而要称其为"太白"，"太白"是李白的字。

为明确起见，现将名与字的不同用法列举如下。

（1）称名的情况

①尊长称卑幼者之名。

②尊长自称可以称名。

③面对君、父、师，自己称名。

④对朋友自称称名。历史上也有对朋友自称称字的情况，不过很少见。

（2）称字的情况

①平辈及朋友之间相称称字。

②尊长称卑幼者之字，以示器重。

③卑幼者称尊长，则称字。

说号

弘一法师俗姓李，名文涛，字叔同，法名演音，法号弘一，晚年有两个别号："晚晴老人""二一老人"。李叔同在未出家之前，是中国早期话剧活动家、艺术教育家。1905—1910年，李叔同到日本留学，用五年时间学习西洋绘画和音乐，回国后，他在浙江、南京师范学校从事绘画、音乐教育。李叔同擅长书画、篆刻、诗词，作《春游》《早秋》等歌曲，并采用外国歌曲配制新词作教材，如《送别》《西湖》等，对中国早期的艺术教育做出了贡献。出人意料的是，1918年8月19日，才华横溢的李叔同竟然到杭州虎跑寺出家为僧，取法号"弘一"，后人尊称为弘一法师。李叔同从1898年结婚到1918年出家这20年间，经历了由翩翩公子、风流才子到文艺大家的人生过程，可谓"绚烂之极"。这样一个名震一时的人，在他39岁之时，舍妻别子，离开敬重他的学生们，带着他潜修多年的艺术才华和几件衣服出家了。

号是除名、字外的又一种对人的称谓，早在周朝时，人们就已经开始取号了，对此，《周礼》解释说："号为尊其名更为美称焉。"意思是：号是对人的美称。起号的人早期多为圣贤、隐士、文人，例如"迂叟"是司马光的号。

历史名人姓名、字、号

朝代	姓名	字	号
西周	吕尚	子牙	姜太公
战国	赵胜		平原君
三国	诸葛亮	孔明	武乡侯、卧龙先生、忠武
唐	颜真卿	清臣	颜鲁公
唐	李白	太白	青莲居士
宋	杨业		无敌
宋	文天祥	履善	文山
宋	王安石	介甫	半山
明	李时珍	东壁	濒湖
清	黄宗羲	太冲	南雷

号可分为自号、封号、谥号、庙号。在封建社会，帝王死后，其继承者立庙奉祀，尊称为"某祖""某宗"的名号即庙号。每个朝代的第一个皇帝被称为"祖"，如唐高祖，之后的嗣君称为"宗"，如唐太宗、高宗、中宗、世宗都是对继承皇位的人的称呼。有的号是人活着的时候被封的，如诸葛亮号为武乡侯，张良号为留侯。也有的号是人死后被追封的，称为谥号，如诸葛亮的谥号为忠武，欧阳修的谥号为文忠。据记载，西周开始有谥号，秦始皇时废除，西汉又恢复，谥号是用一些固定的字起的。谥号大致分为三类：一类是表示赞扬的，常用"文""武""景""惠""烈""昭""英""成""康"等字；一类是表示贬低的，常用"炀""厉""幽"等字；一类是表示哀悼怀念的，常用"哀""怀""愍"等字。

第十五章　神奇的汉字

汉字与《易经》相通

中国社会科学院哲学研究所研究员、北京国际汉字研究会副会长李敏生《汉字哲学初探》一书指出："统治中国语文界近百年的流行观点——'汉字是记录语言的符号'论抹杀了汉字对语言的超越这一重要的历史事实。"汉字哲学说明的要点在于不能把汉字仅仅作为记录语言的符号，汉字最深刻的意义在于思想和逻辑。汉字不是脱离现实事物的纯主观的东西，而是具有记录人的思想、创造、反映现实的一切概念的能动的力量……汉字是能动的，它对语言、人的思维具有改造的能力，即升华、提高、精练、概括等能动作用。

汉字是遵循《易经》的原理组成的，研究汉字的学者萧启宏先生根据汉字通《易经》的理论模型对上万个汉字进行了解说。下面列举萧先生讲解汉字的实例，表明汉字不是一个死记硬背的抽象符号，而是一幅美丽的画、一首优美的诗，具有启迪人类智慧的灵性威力。

比如"天"字，人的生命肯定跟宇宙有联系，"天"字由"二"与"人"组成，"二"即"上"的意思，在人头顶上。人和天紧密相连，人命关天也是这个道理。

"命"字从人、从口、从节（同"劫"），中国古人认为，人生就是度过无数劫难的过程。

"仁"字，字音上通"人"，人以仁义为本，孔子说："仁者爱人。"

"儒"字，在字形上，从人、从需，讲的是人的需要。需要什么？一需要食物，二需要教育。营养食物从母乳得，教育从孺子起，所以，"儒"字由"亻"和"需"组成，与"乳"同音。

"步"字，从二止（趾）相承，表示行走，作为量词，举足两次为步，即今两步。

"休"字，从人倚在木旁，会意为休息。

"暴"字，从日、从出、从收、从米，把它们的字义合起来，就是以手持米在太阳下晒。

"男"字，在字形上从田、从力，意思是男人用力于耕田，所以，"男"会意为男人。

再说"羞耻"二字，"羞"字从羊、从人、从丑，此事做得差（羊），看起来不好（从丑）。"耻"字从耳、从止，意思是：耳朵还没听到吗？快停止你的行为吧！

"存在"二字，"存"是"有"和"子"的重合，有子即存，延续生命。"存"音通"寸"，"有"和"土"的重合，有土即在，这个字是指空间的，土即乡土。"在"字的音通"载"，人和所有生命共载在一艘船上向着目标前进，这里有高深的问题：我来自哪里，到哪里去？这就是"存在"二字带给人们的无限遐思。

"道"字，"首"是头，"之"是脚，既指人看得见的道路，又指"道可道，非常道"的道，具有形而下和形而上的双重意思。

"京"字是"示"字中有个"口"，"示"的上两横"二"有"上"和"天"的意思，下面的"川"是日、月、星三光，"示"字是上天显示日、月、星光的意思。"口"表示君王在传达上天的意思，君王说话的地方自然是京了，且"君"音似"京"。

每个汉字都是一个象，每个象都藏着理，并且"同形同宗，同音意通"。比如"公"字，公是由"厶"（"私"字去掉"禾"仍为"私"）组成的，"八""厶"为公，八个人就组成了一个公共团体。汉字"公"早就告诉人类一个道理：只考虑公、不考虑私是不对的，公和私是你中有我、我中有你。再说"颂"字，颂与公联系在一起，"页"指脑，是思考的意思，一个自私自利的人无论如何也得不到称颂，一个为公众即大多数人着想的人，在任何时代都是大家歌颂的榜样。按照《易经》中的阴阳对立统一的道理，"颂"字的对立面是"贬"字，"贬"字从贝，贝指钱财，"贝"字当头的"贬"与公字当头的"颂"恰恰相反……汉字就是这样互相联系来阐明世理的。

人们总是说文化，就"化"字本身就有话可说，"化"字由"亻"和"匕"

组成。"七"是什么？是人之七窍，七窍通了就是化，才能文而化之。

"宇宙"一词，"宇"指的是空间，"宙"指的是时间。宇，"宀"字头，"于"字身。于，往往作为介词，用在地点或时间上，如某某人的著作写于某地某时，这个"于"就是把空间和时间限制在"宀"头的六合（上下、左右、前后）之内。"宇"音又通"羽"，似乎告诉人们这是一个循环飞翔的宇宙，它在围绕着一个更大的宇宙飞翔。"宙"指时间，"宀"头（空间）下的"由"字说明一种生命的本体从田中升起，或从天降到田地，"宙"是指生命和时间的由来。"宙"音同"昼"，时间一天又一天过去，永远流逝。

有一个研究生问萧启宏先生：中国历代重农轻商，不懂贸易，现在美国人"时间就是金钱"的观念传进来，您怎么看呢？萧启宏先生当即在黑板上写了一个"贸"字，说："卯"为时间，"贝"为金钱。"贸"音同"冒"，贸有风险，卯时是早上5—7时，挣钱之事赶早不赶晚，不能错过时机。时间就是金钱的思想，在"贸"字中早已包含。

每个字都有来历，每个字都有说头，比如蚂蚁的"蚂"字，整个蚂蚁家族就一个母亲，母亲是女王，控制生育，"蚂"是由"妈"字演化而来……"蚁"字好理解，右半边是"仁义"的"义"，蚂蚁一般不主动挑起战争，一旦发生战争，没有一个后退的，战死为止，好似仁义之师。

汉字特别能显示文化，比如"教"字，从孝、从文，教育孝为先，一个人只有先孝顺父母，才能明事理，教化天下。再说"冤枉"的"枉"，一个君王被绑在木桩上，而不是一个士兵被绑在木桩上，身处尊位的人所遭受的打击可想而知。汉字总是以一情一事的最大极限表现人性的世界。接着讲"艺"（藝）字，那是有人在云的高度上表演，如履平川，"艹"字头代表轻巧，中间"执"为表演，底层是"云"。又如"奋"（奮）字，由"大""隹""田"组成，"大"有"太"象，"太"指太空、天空；"隹"是什么？是候鸟，它底下是"田"，"田"代表鸟的栖息地，只有振作起来，飞翔展翅，才能完成南北迁徙。最后谈谈"众"字，繁体字的"衆"是一滴血之下的三个人，三个人代表不同的人种，但是又来自同一个根，意思是所有人都来自一个血源，与现代遗传学所揭示的基因遗传规律完全相同。

萧启宏先生倡导汉字全息高效教学法，让孩子们体会到学习汉字的乐趣，同时还可学到天文、地理等百科知识。2000年，萧启宏先生被北京一所小学的校长聘请为驻校指导老师。该小学一位青年女教师感叹道："学生们过去学汉字就是把汉字看成一个死记硬背的符号，既不理解，也很难记住。现在用萧老师的教学方法，令我和孩子们在不知不觉中感受到了中华文化的博大精深，从机械地死记硬背每个汉字及其笔画转向主动地去了解每个汉字后面的美丽故事，这个变化令索然无味的识字变得丰富多彩起来。孩子们的兴趣也在鼓舞着我。学生们的家长更加认同这种汉字教法。"

汉字是"好医生"

当你感到心烦意乱时，念这样一串词语或许有利于调节情绪：叮叮、丹丹、林林、参参、星星、云云、切切、花花、心心。多念几遍，有助于恢复平静。

汉字的养生功能在中医古籍中已有介绍，在此给读者重点介绍"六字养生诀"：嘘、呵、呼、呬（xì）、吹、嘻。"六字养生诀"就是通过默念这六个字，用其字之气来影响相应脏腑，促进气血疏通调和，从而达到强身健体功效的。念字循行经脉路线如下。

"嘘"字功：念"嘘"字时，肝经之脉气由足大趾外侧大敦穴起，沿下肢内侧中线上行，经小腹入肝络胆，上喉，入眼，到头顶百会穴。

"呵"字功：念"呵"字时，由脾经的隐白穴领起（足大趾内侧）循腿内前缘上行入腹，与冲脉相会脾络胃，然后从腋下第六肋间隙处，转入心经的极泉穴（腋窝内），沿手臂内侧后缘至手小指少冲穴。

"呼"字功：念"呼"字时，与"呵"字功经脉循行路线相同。

"呬"字功：念"呬"字时，从足大趾肝经之络上行入肺，转至肺经的中府穴（胸前的外上方），沿手臂内侧前缘到大指端少商穴。

"吹"字功：念"吹"字时，由肾经的涌泉穴起（足心），经内踝沿腿内侧后缘起上行，穿至锁骨下俞府穴，转入心包经天地穴（乳头外），沿手臂中线至手中指冲穴。

"嘻"字功：念"嘻"字时，从足趾端窍阴穴胆经起，逆行而上，沿腿侧中线上升，经腹，过肋，沿胸侧上行于肩，转入三焦经，沿手臂外侧中线直抵手无名指端关冲穴，然后引焦经折回下行又回到足趾之窍阴穴。

汉字是"好老师"

中国文化与西方文化在追求至真、至善、至美的方向上是一致的，在具体内容上又有很大的不同。中国文化主张"天人合一""自强不息"，开发人的潜能，而不是与大自然对立、征服大自然。中国文化中有宏大高远的理想，岁月流转到现代，人类的精神需求仍旧没有超出中国传统文化所包容的范围。

汉字不仅是记录汉语的文字符号，而且是承载着科学知识和文化观念的全息标志，其本身所蕴藏的大量文化能量信息常被人忽略。

《汉书》把中国文化归纳为三教九流，所谓三教者，即儒教、佛教、道教；九流者，即儒家、道家、阴阳家、法家、名家、墨家、纵横家、杂家、农家。后来，"三教九流"也泛指各种流派。"三教九流"的思想均依赖汉字传播，并且与汉字本身所蕴藏的信息紧密相连，其经典的用字不是随便的，一个字往往要经过数位贤人长时间的推敲才能确定，并且改动不得，因为一改，意思就变了。举例说，"佛"字从人、从弗，只要拂去私心杂念，扶危救难，萌发本来的无所不知的大智慧，功德圆满，人人皆可成佛。又如"法"字，从水、从去，表现变化，水是变化之物，它的变化很有规律，规律就是法则，法是客观的，相对法则和绝对法则都有不可违反的意思。"法"音似"罚"，法网天下，非法罪行，言审刑罚，犯了法，轻则要被处罚，重则要受刑罚。

汉字是一套《易经》符号，一分阴阳，形音象理，阳形藏理，音为阴，阴音通意，形为阳，理为阴，推象敲理；二分四象，四象者即应、相、音、影，形分象形、相理；音分呼应、影子。字形一分为二：一是象、象形，即每个汉字都是一个具体的象，象以明理；二是相、相理。字音又一分为二：一是应，音相应，一呼即应；一是影，音相临，带影子。

比如"相"字，可解释为："目测木象，相其模样。物尽其用，人尽其长。'相'音通'象'，象著宰相。"

又如"君"字，可解释为："举贤用能，万人之上。手持权杖，只需口讲，德高望重，群众首长。'君'音通'均'，心正均分。口示情理，治国安邦。"

再如"富"字，可解释为："住有宅屋，吃有田土，精神守一，此乃真富。'富'音通'福',福须防腐,谨口惜田,富能长久。""富"字的"宀"头代表住有宅屋,"宀"下有个"一"字代表精神守一,"口""田"代表吃有田土。这样的人什么也不缺,是真正的富有。"富"音通"福","福"字由"示""一""口""田"构成,表示日子过得富有,这是一种福分。但福与祸相依,家富要防腐败,才能长富不衰,要谨口、惜田,因为病从口入、祸从口出,田地是人类赖以生存的物质基础。

再看"王"字:三横一竖,三才通王。"王"字的三横表示天、地、人,一竖表示通晓贯通,如果一个人上通天文、下知地理、中晓人事,那么这样的人就可以称王(即首屈一指的)。德高望重的人可以称"王",在各行各业取得第一的人也可以称"王"。

最后讲"怕"字,可解释为:"从心从白,脸变白色,心跳肾恐,失魂落魄,怕白操心,懦夫本色。"因怕而脸变白色,这是怎么回事呢?脸色变白是由人的心理和生理活动引起的,人感到恐惧或受到惊吓,心跳加快,压力太大,肾脏收缩,元气紧锁,脸色变白。

第十六章　名人姓名故事

叶圣陶改名立志"陶钧万物"

叶圣陶原名叶绍钧，字秉臣，江苏苏州人，是我国著名的教育家、作家、出版家、语言学家。

叶圣陶出生于江苏苏州一个平民家庭，父亲在地主家做账房，家境清苦。1906年，叶圣陶进苏州公立高等小学读书，后来进入苏州草桥中学读书。中学期间，他与好友王伯祥、顾颉刚等组织诗社，写诗抒发忧国忧民的思想感情。

1911年，辛亥革命第一枪打响，武昌起义消息迅速传来，叶圣陶欣喜若狂。革命烈火传到苏州的第二天，他就急切地找到章伯寅先生说："清廷已覆没，皇帝被打倒了，我不能再作臣了，请先生为我改一个字。"先生听了，很为他的革命热情感动，笑了笑说："你名绍钧，有诗曰'圣人陶钧万物'，就取'圣陶'为字吧。"

叶圣陶姓名从姓名意象、形象、音象上分析：

叶——姓氏，左右结构，读音为 Yè。

圣——圣人，上下结构，读音为 shèng。

陶——陶钧，常用来比喻造就、培养，左右结构，读音为 táo。

陶钧，制陶器所用的转轮。《史记·鲁仲邹阳列传》中说："圣王制世御俗，独化于陶钧之上。"陶，冶；钧，范也。陶钧，比喻造就、培养。"叶圣陶"三个字好读、响亮，形美、新颖。

从秉臣到圣陶，体现了时代的变化，也体现了思想的解放。后来，叶圣陶索性用"圣陶"作为自己的名字。

人如其名，在文化教育领域，叶圣陶像一名辛勤的制陶器的工匠，使一代又一代青年学生受到陶冶。1912年，叶圣陶中学毕业后开始在苏州小学任教，1914年，他被排挤出学校，闲居期间作文言小说发表在杂志上。1915年，他到上海商务印书馆附属的尚公学校教国文，并为商务印书馆编小学语文课本。"五四"运动时期，他积极参加新文化运动，竭力提倡白话文，一边用白话文创作文学作品，先后写出《稻草人》《倪焕之》等大量作品；一边大力提倡在语文教学中以白话文为主，率先编出多套语文教材，使语文教科书的面目为之一新。1921年，叶圣陶与著名作家茅盾、郑振铎等人组织文学研究会。1923年起，他从事编辑出版工作，主编《小说月报》《中学生》等杂志，同时还在大学执教。他主编的《中学生》杂志，是最受青年学生欢迎的读物，不少中学生从中汲取知识力量，走上社会后成为栋梁之材。他编写的中小学教材，在教育界产生深远的影响。

"九一八"事变后，叶圣陶积极投身抗日救亡活动，发表爱国文章。抗战胜利后，他参加反对国民党政府压制民主、争取出版自由的斗争。1949年初，他应中共中央的邀请，由上海经香港到达北平，担任华北人民政府的教科书编委会主任，9月出席了中国人民政治协商会议第一届会议。新中国成立后，他先后出任教育部副部长、人民教育出版社社长、中国人民政治协商会议第六届全国委员会副主席、中国民主促进会中央委员会名誉主席等职。

叶圣陶作为一位语言学家，在给自己的儿女取名时独具匠心。1918年，大儿子出生后，叶圣陶为他取名"至善"。叶至善曾任中国少年儿童出版社社长，是第六、第七、第八届全国政协常委。叶圣陶的第二个孩子是女儿，他为女儿取名"至美"。后来，叶至美以美的心灵和才华，走进中国国际广播电台英语组做通联工作。叶圣陶的第三个孩子是男孩，本该起名叫至真，可叶圣陶一反顺向思维，偏偏为老三起名叫"至诚"，令世人疑惑不解。几十年过去，直至叶圣陶生命的最后岁月，他才告诉至诚："正因为大家都认为老三叫至真是天经地义，所以我才偏偏不给你起这个名字，来个出其不意。"叶至诚曾任江苏剧团编剧、《雨花》编辑部主编。至善、至美、至诚，是叶圣陶先生一生的追求，而这种崇高的追求又通过名字延续到他的儿女这一代。叶至善与叶至诚，还继承了父亲叶圣陶的文才，父子三人同为中国作家协会会员。

苏步青数学天地"平步青云"

1902年，苏步青出生于浙江省平阳县一个世代务农的家庭。父亲苏祖善没上过学，知道没有文化的苦处，望子成龙心切，给大儿子起名苏步皋，意即"步步高升"；等二儿子出世后，又给他取名叫苏步青，希望他"平步青云，光宗耀祖"。这个名字也成为苏步青人生前进的目标，激励着他为名实相符而奋斗不懈。

苏步青小时候家庭生活贫困，在穷乡僻壤之地连所小学都没有，他拜一位书生为师，10岁才进县城念高小。13岁那年，苏步青考入温州市一所省立中学。他勤于思考，喜欢数学，一次，他用20多种方法证明了一条几何定理，显露出自己的数学才华，受到老师和同学们的赞扬。四年中，他做了上万道数学题，成绩名列全班第一。苏步青的数学才华受到校长器重，校长说："这个孩子，将来是要让他留学的。"1919年，苏步青中学毕业时，已调往当时北京教育部的那个校长竟寄来200元资助款，帮助苏步青赴日本留学，并告诉苏步青："天下兴亡，匹夫有责。要为中华富强而奋发！"后来，苏步青考上日本一所大学数学系，这所名牌大学要求很高，在90名报考的学生中只招9名，苏步青不仅考上了，而且成绩第一，他的微积分和解析几何成绩均为100分。

苏步青不断攀登数学高峰，终于实现了父亲为他起名时的期望——在数学领域"平步青云"。1931年，29岁的苏步青获理学博士学位。他把毕生精力献给了数学事业，写出了《射影曲线概论》《微分几何学》《射影共轭网概论》等一系列数学专著，成为国际著名的数学家。

何香凝自号"双清楼主"

何香凝，原名谏，又名瑞谏，自号双清楼主，广东南海人。

1897年，何香凝与廖仲恺结婚，由于还在读书，经济上没有独立，只好寄居在廖仲恺的哥哥家。起初住在楼下一间房子里，后来搬到楼顶平台上的楼梯间居住。生活虽然很清苦，可是由于夫妻两人志趣相同，每日读书学习，议论时事，情投意合，感情非常好。一年中秋节，皓月当空，只见月清人清楼也清，大有"人月双清"的感觉。何香凝触景生情，写下了"愿年年此夜，人月双清"的诗句。从此，这间小楼就被他们称为"双清楼"。为了纪念这段岁月，何香凝每迁居住处，都习惯将其称作"双清楼"，并自号"双清楼主"。

后来，为了寻求救国救民的道路，何香凝毅然变卖嫁妆，与丈夫一起东渡日本学习。不久，他们结识了孙中山先生，并先后加入同盟会，从此投身革命活动。

"劝君莫惜头颅贵，留取中华史上名。"是何香凝送丈夫回国参加革命时写的送别诗。

1922年，廖仲恺被叛军拘禁，何香凝写了"人生最重是精神，精神日新德日新"的诀别诗。

1925年8月20日，廖仲恺被国民党右派暗杀。何香凝悲痛欲绝，但她没有被痛苦所打倒，继续为了中国的解放事业而奋斗不息。

新中国成立后，何香凝先后出任中华全国妇女联合会名誉主席、全国人大常委会副委员长、全国政协副主席等职。

何香凝一生喜爱绘画，其所作的画均以"双清楼主"为号，以纪念那段难以忘怀的岁月。

张恨水改名要"惜时如金"

张恨水本名张心远，是我国现代著名社会小说家，他的小说《春明外史》《啼笑因缘》等曾名噪一时。他17岁第一次投稿时开始用"恨水"笔名，是因为他特别喜欢唐后主李煜的词《相见欢》："林花谢了春红，太匆匆。无奈朝来寒雨晚来风。胭脂泪，相留醉，几时重。自是人生长恨水长东。"他反复吟诵，从中悟到时光宝贵，于是截取了"恨水"两字为自己的名字，意思是不要让时光像流水一样白白流逝。张恨水自己曾说："许多人对于我的笔名，有种种的揣测，尤其是根据《红楼梦》'女人是水做的'这一说揣测的最多，其实不是那回事。"

张恨水姓名分析：

从姓名意象、形象、音象识别上看，张恨水的名字是由诗词提炼出来的，寓意新颖，字形组合美观，音韵搭配得当，读之上口，听之响亮。

时光如流水，稍纵即逝，张恨水用名字时刻激励自己珍惜时间。抗日战争时期，他除了编《新民报》，还写作了《八十一梦》《夜深沉》等长篇小说约20部，写作散文约150万字。张恨水风趣地把自己的稿子称为"榨出来的油"。他一生伏案疾书，手不停笔，共创作出长篇小说 120 余部，如果不挤时间，是不能如此高产的。

"自是人生长恨水长东"，时光在流逝，岁月不饶人。人的一生在时间的长河里，不过几十个春秋，异常短促，面对如水流光，只感叹岁月之虚掷是无济于事的，重要的是要珍惜现在的每一天，学会管理时间，这便是张恨水取笔名给我们的启示。

徐悲鸿改名自励

徐悲鸿，原名徐寿康，江苏宜兴人，我国著名的画家、美术教育家，新中国成立后任中央美术学院院长。他为什么改名徐悲鸿呢？说起来还有一段悲痛的经历。

徐悲鸿从小喜爱绘画，一心想进学堂学习绘画，可是家境贫寒，其父亲拿不出钱来交学费，他曾向人借钱，可谁也不愿借给这个穷小子。常做苦工的他，有一天漫步街头，想起心中抱负难以施展，深感世态炎凉，情不自禁地悲痛起来，觉得自己犹如鸿雁哀鸣。于是，他把名字"寿康"改为"悲鸿"，以哀鸿自励，从此发愤自学绘画。

徐悲鸿姓名从 NISS 名字识别成功系统看：

徐——姓氏，左右结构，属弱型字，读音为 Xú。

悲——意为悲伤难过，上下结构，属弱型字，读音为 bēi。

鸿——鸿雁，左右结构，属强型字，读音为 hóng。

"徐悲鸿"寓意为以哀鸿自励，名字的字义是像鸿雁孤独地悲鸣。这充分反映了他早期的贫苦艰辛。姓名字形搭配得当，具有结构上的形体美，恰如其分地反映出徐悲鸿的艺术才华。姓名的读音信息低调，正如这位艺术大师的性格一生都很柔和、内向，自尊心极强，富有同情心。

后来，徐悲鸿终得以留学法国，他系统地学习了西方绘画艺术，洋为中用，擅长油画、中国画，尤精素描。对中国画，他主张："古法之佳者守之，垂绝者继之，不佳者改之，未足者增之，西方绘画可采入者融之。"他在绘画技法上自成一家，所画花鸟、风景、走兽，简练明快，富有生机，尤以画马驰誉中外。徐悲鸿以自身经历痛感美术教育的重要性，因而培养了大批美术人才，可谓"德泽四方"。为了弘扬这位艺术大师的卓越成就，北京市新街口附近专门建有徐悲鸿纪念馆。

国画大师张大千有"大千世界"

张大千，四川内江人，原名张正权，小名叫季，字为季爰，著名国画大师。

张大千出身于一个充满文化艺术气息的富商家庭，母亲擅长绘画，张大千从小跟母亲学画画。少年时，他随哥哥去日本京都学习绘画和印染工艺。1919年回国后，在上海师从李瑞清、曾熙学习诗文书画。

1919年，张大千回国后听到未婚妻去世的消息，伤心到极点，曾到松江禅定寺出家为僧，逸琳法师取《长阿舍经》所说"三千大千世界"为他起法号"大千"。后来，他还俗了，因深爱其法号，便以"大千"为名字。

张大千姓名分析：

从NISS名字识别成功系统看，"大千"的含义是"三千大千世界"，简称"大千世界"，指广大无边的世界。张大千从法师为自己取的法号悟出大道，纷纭复杂的大千世界可包含在一个人精诚专一、锲而不舍的一念之间。张大千只当了5个月的僧人，还俗后他便以法号"大千"为名字，别号"大千居士"。

大千世界是张大千学画的广阔天地。他起初临摹学习清初四大高僧朱耷（八大山人）、原济（石涛）、万溪、弘仁（渐江学人）的画。抗战期间，他走遍名山大川，"搜尽奇峰打草稿"，后去敦煌石窟揣摩三年，其眼光超越隋、唐、宋、明、清，在兼收并蓄中逐渐创出自己的艺术风格。对于他的画风，有专家说，张大千一生画风有"三变"：30岁前"以古为师"，求其"清新俊逸"；后"以自然为师"；50岁左右进而"瑰丽雄伟""以心为师"；60岁以后达到"苍浑渊穆"的境地。他将中西绘画技法融会贯通，善于继承，又敢于创新，把国画的技法向前推进了一步。20世纪50年代，张大千栖身海外，定居巴西八德园，1978年移居中国台湾台中双溪摩耶精舍，他曾先后在巴黎、纽约、东京、新德里和中国香港等地举办画展，驰誉国际艺坛。1957年，美国纽约世界美术家协会推举他为当代第一大画家。他曾和国际著名画家毕加索结交，互表钦慕，人称"东张西毕"。

徐志摩得名于和尚摩骨

徐志摩，原名徐章垿，字槱森，小名叫又申，现代著名诗人。1897年1月15日，徐志摩出生在浙江海宁县硖石镇一个富商家庭。少年时，有一位名叫志恢的和尚为徐志摩摸骨算命说："此人将来必成大器。"其父亲喜在心里，望子成龙，为此特意为儿子改名"志摩"，意思是被志恢和尚摸（摩）过。后来，徐志摩成为中国现代著名诗人，"应验"了志恢和尚的预言。

1915年，徐志摩中学毕业，考入北京大学。1918年赴美留学。1920年10月，为追随著名哲学家罗素抵达英国伦敦，在剑桥大学攻读博士学位。1924年，任北京大学教授，陪同来中国访问的印度文学家泰戈尔赴日本东京访问。1930年秋，应胡适的邀请再到北京大学任教。1931年11月19日，因所乘飞机出事，徐志摩不幸遇难。

华罗庚因出生时进箩筐"消灾"而得名

中国现代著名数学家华罗庚，出生于江苏省金坛市。华罗庚出生那年，他的父亲华瑞栋已经40岁了，为了使这个宝贝儿子能够"生根"，华瑞栋按当地的民俗，将刚生下来的宝贝儿子轻轻地放到一个箩筐里，上面又扣了一个箩筐，寓意是消灾避难，以求吉利，说："进箩筐避邪，同庚百岁，就叫'罗庚'吧。"

"箩"字去掉"⺮"字头为"罗"，"箩"与"罗"同音，"庚"指年庚，表示年龄。华罗庚的名字包含着父亲对他的美好祝愿。

华罗庚姓名从NISS名字识别成功系统分析：

华——姓氏，上下结构，读音为Huà。

罗庚——寓意为消灾避难，平安健康。字形搭配好看，读音为Luógēng。

华罗庚姓名字义新颖，意义吉祥，读音响亮，易记、易写，卓尔不群，可谓佳名。

为进一步了解华罗庚的个人成才历程，现将其人生中一个至关重要的片段介绍如下。

1930年，上海的《科学》杂志刊登了一篇数学文章，作者是著名数学教授苏家驹。文章主要是讲代数五次方程的解法，文章很长，许多人花了很多心血来研究苏家驹教授的文章。

当时，江苏一所中学的一个小事务员拿过杂志，也认真看起这篇文章来。虽然文章很长，但他很快就掌握了文章的中心：十二组行列式可以用来解五次方程式。同时，他也发现了问题。他经过认真运算，得出结果完全相反。这位小事务员认真地写了一篇很犀利的文章寄给《科学》杂志社。当这家杂志的编辑看到《苏家驹之代数的五次方程式解不能成立的理由》这篇文章时，首先为作者的胆略喝彩，细看之后，更为论文的缜密逻辑拍案叫绝。

名不见经传的小人物，向大名鼎鼎的数学家挑战了！华罗庚别具一格的数学论文第一次公之于世！他的勇气和他的智慧终于在他生命旅途中第一次闪现出夺目的光华。

熊庆来，清华大学数学系主任。一天，他坐在办公室里，随手翻看《科学》杂志，突然，一篇数学论文引起他的兴趣，读完之后，他很欣赏作者的数学才华，可是，作者的名字太陌生了。熊教授忍不住问周围的人："这个华罗庚是在哪国留学的？"

没有人知道。

他又问："他在哪所大学任教？"

没有人能回答出来。

这时，有个江苏籍的老师接过那本杂志看了看："我想起来了，我弟弟有个同学叫华罗庚。他哪里教过什么大学！只念过初中，听说在金坛学校当事务员。"

"这个年轻人真不容易，应该请他来清华。"熊庆来一锤定音。

第二年春天，华罗庚踏进了清华大学，在这所名牌大学里开始了和一代数学大师熊庆来的友谊，这是他一生至关重要的机遇。后来，华罗庚调到中国科学院数学研究所工作，这里人才济济，中国数学界的精英云集。

后来，华罗庚又将改进自己论文《堆垒素数论》的陈景润先生培育成当代数学家，可谓德高望重。

三毛笔名由来

三毛，本名陈平，笔名三毛，台湾女性小说家、散文家，出生于四川一个律师家庭。

她取笔名三毛是因为她小时候很喜欢看张乐平绘制的连环漫画书《三毛流浪记》和《三毛从军记》，书中的主角三毛是一个可怜的孤儿，她很同情这个孩子。她曾说："最初写小说的时候，一直不喜欢一个文绉绉的笔名，因为自己就是一个很通俗的人物，我想了一会儿，就想到这个名字——三毛，也就表示就是口袋里只有三毛钱的小人物。"

三毛笔名分析：

从名字意象、形象、音象上讲，"三毛"这两个字的笔画特别简练，易书写，叫起来上口，易被传播，便于扩大知名度，这两个字的字形搭配很美，符合人们的视觉美感需求。

三毛在短暂的人生中，足迹遍及全世界，作品以描写撒哈拉沙漠的风土人情而风靡海内外，出版有《撒哈拉沙漠》《哭泣的骆驼》《雨季不再来》《温柔的夜》等。1989年，三毛专程到上海拜见已80岁的老画家张乐平，她亲切地称张乐平为"爸爸"。因为正是张乐平用漫画塑造了三毛这一家喻户晓的艺术形象，她才能读到《三毛流浪记》，才得以用"三毛"为笔名。三毛在"上海爸爸"家住了四天，这一度成为海峡两岸新闻的热门话题。两个三毛，一个是曾在旧中国的土地上流浪、饱尝人世间辛酸的孤儿；一个是闯荡世界、走遍万水千山、探索人生奥秘、追寻理想的当代女作家。两者不尽相同但也有着共同之处，那就是都勇往直前地流浪，都有一颗善良的同情心。

文学家冰心"以心鉴人"

冰心，本名谢婉莹，1900年出生于福建省福州市，我国著名散文家、儿童文学家、诗人、小说家、翻译家。冰心从小酷爱文学，《三国演义》《红楼梦》等小说一读起就着迷，爱不释手。

1919年，"五四"运动的号角吹响，唤起青年学生的爱国之心，此时在北京协和女子大学理科班读书的谢婉莹开始在《晨报》上发表文章，追随革命激流，此时她用的是学名谢婉莹。后来，她写出了一篇短篇小说《两个家庭》，那时她有些胆怯，怕被人笑话，不敢署真名，于是从"莹"字的蕴义中，取用了"冰心"这个笔名，"莹"是光亮透明的意思，"冰心"正体现了"莹"的内涵。几天后在《晨报》上发表的署名为"冰心"的小说引起了文坛的瞩目。第一篇小说公开发表后，冰心喜出望外，接着又发表了《斯人独憔悴》等短篇小说，之后她又以"冰心"之名发表了许多诗歌、散文。一时间，"冰心"之名享誉文坛。1921年，冰心加入文学研究会。

冰心后来谈到取笔名的缘由："一来是因为'冰心'二字笔画简单好写，而且含有'莹'的意义。二来是我胆子小，怕人家笑话批评，而冰心对她们来说却是陌生的，人家看到时也不会和谢婉莹联系到一起。"

除用"冰心"笔名外，她还用"男士"为笔名，发表过许多文章，这也许同她小时候喜欢打扮成男孩子有关。11岁之前，她喜欢女扮男装。1940年在重庆她就曾用"男士"写了《关于女人》。

冰心始终挂念着广大小读者，曾发表过《寄小读者》《再寄小读者》《三寄小读者》，内心充满对儿童的关爱之情。

新中国成立后，冰心曾任中国作协书记处书记、中国文联副主席、全国政协常委等职。

鲁迅并不姓"鲁"

鲁迅，原名周树人，小名叫阿樟（或阿张），大名叫樟寿，"鲁迅"是其最有名的笔名。他是古往今来中外作家中用笔名最多的作家。据高信《鲁迅笔名探索》一书考证，鲁迅用过的笔名达130个之多。鲁迅不但笔名多，而且名字也多次变更，他的名字、笔名的变更也反映了他的人生历程。

1881年9月25日，鲁迅出生于浙江绍兴一个封建家庭。那时，他祖父周介孚是一个翰林学士，正在京城做官。那天，祖父接到鲁迅出生的家信时，正好内阁学士张之洞来访。祖父便用张之洞的姓为鲁迅取小名叫阿张，后又用与"张"同音异义的字为鲁迅取大名"樟寿"，号豫山。

因为鲁迅是周家的长子，他父亲周伯宜怕不好养活，便带小阿张到长寿寺去拜一个和尚为师，得法名"长庚"。鲁迅在他晚年写的《我的第一个师父》一文中谈到这件事。"长庚"这个法名，还常被鲁迅用作笔名。

鲁迅7岁时进私塾，学堂就在周家聚族而居的新台门内，启蒙老师是远房叔祖"玉田老人"。小阿樟在私塾上学时以"豫山"为名，但因"豫山"与绍兴话"雨伞"谐音，同学们常戏呼他"雨伞"。小阿樟不喜欢这名，央求祖父为他改名，于是周介孚把"豫山"的"山"字换掉，改叫"豫才"。

在鲁迅13岁那年，家中发生了一件不幸的大事，祖父因科场事件被关进清朝政府的牢狱，不久父亲又病倒了。从此，周家从小康堕入了困顿之中。父亲死后，家境更艰。少年鲁迅再也没回"三味书屋"去读书了。由于付不起学费，鲁迅只好"走异路"，进入无须缴学费的水师学堂。当时一般人都认为读书应试才是"正路"，进"洋学堂"是不光彩的。周家本族长辈认为进水师学堂学水兵，有失周家名门望族之雅，便叫鲁迅改名为周树人，取"十年树木、百年树人"之意，这年鲁迅正好18岁。

1918年5月，周树人应友人邀请，在《新青年》杂志第四卷第五号上发表白话小说《狂人日记》，第一次署笔名"鲁迅"。此后，他参加了《新青年》杂志的编辑工作，并常以"鲁迅"为名发表小说与杂文，积极投身到新文化运动中。随着鲁迅作品影响力扩大，"鲁迅"这一笔名逐渐替代了他的原名。

鲁迅的好友许寿裳，当时在南昌读到了《狂人日记》，被深深地吸引和打动了。他发现，这篇文章内容深刻、笔法冷峻老练，很像友人周树人写的，但一看名，却是从来未曾见到过的鲁迅，于是他写信问周树人，鲁迅回信如实地告诉许寿裳《狂人日记》就是自己写的。

1920年底，许寿裳回到北京后，就当面向鲁迅问及笔名缘由："你用这个笔名可有什么讲究？"鲁迅当时对许寿裳说："因为《新青年》编辑者不愿意有别号一般的署名，我从前用'迅行'别号是你所知道的，所以临时命名如此。理由是：一，母亲姓鲁；二，周、鲁是同姓之国；三，取愚鲁而迅速之意。"

鲁迅认为自己比较笨拙，无论做学问或者干事情，效率比不上天分好的人，在这种情况下，只有更加勤勉，才能在一定时间内取得和别人一样的成绩。

鲁迅发表的《狂人日记》被称为"中国新文学运动奠基之作"，以文学为武器，向"吃人"的封建制度发起猛烈攻击。从此，鲁迅作为中国现代文学奠基人的名字而被载入史册。

鲁迅曾在《辱骂和恐吓决不是战斗》中说："一个作者自取的别名，自然可以窥见他的思想。"在署用笔名上，他主张文章与署名要风格一致，珠联璧合。为此，鲁迅所署的笔名，大多是经过深思熟虑，蕴藏着一定含义的，反映鲁迅执着的追求与战斗精神。这正如鲁迅的夫人许广平在1952年略谈鲁迅先生的笔名时所介绍的："实在是他的每一个笔名，都经过细细的时间在想。每每写完短评之后，靠在藤躺椅休息的时候，就在那里考量。想妥了，自己觉得有点满意，就会对就近的人谈一下，普通一些，写出来也就算了。"

杨公骥三更其名

杨公骥，1921年1月16日午时出生，河北省正定县人，著名社会科学家、文学史家，他撰写的《自传》记述了自己三次改名的故事。

杨公骥祖父是清末秀才，喜爱博览古籍，终日手不释卷，因孙儿杨公骥是午时生的，便给孙儿起名正午，名以纪时，本无深意。

到公骥上小学时，校长是清末留学生，却很是迷信，认为"正午"这名字属于"破头话"，不吉祥，于是擅自将"正午"改为"振华"，当时公骥的祖父很不高兴，说"振华"之名太俗，不过既然新学名已登入学籍，只好由他去。

1933年，祖父病故，公骥转到长沙上中学，这时他阅读了大量鲁迅著作，喜欢新文学。由于受进步思想的启蒙，他开始对自己的名字感到不满意。16岁那年，他索性给自己起了"最不吉利"的名字，叫"杨公忌"。此名取旧时皇历中的"杨公忌日"而来。据老皇历，每月有一天是"杨公忌日"，十凶大败，诸事不宜，百事禁忌。

为什么起"杨公忌"这么一个"凶险"的名字呢？他当时起该名的寓意有二：一是为了反抗万恶的旧社会，为了人民的解放事业，他表示宁愿家破身亡，也在所不惜；二是"公忌"兼有易卜生"国民公敌"之意，即鲁迅所说的"横眉冷对千夫指"，以示自己不怕流俗忌恨，敢于抗争，这一名字也反映他少年时愤世嫉俗的心态。1937年，他从武昌中华大学毕业。1938年，他以"杨公忌"之名参加革命，奔赴延安，先后在陕北公学、鲁迅艺术学院学习，做过青年工作，当过文化教员。

抗战胜利后，1945年冬，杨公忌到晋察冀地区，在宣化新华炼钢厂分管工会工作。老工人大都熟悉皇历，常用"杨公忌日"同他开玩笑，有的"工头"背后议论说："听杨公忌这名字，就知道是个刺儿头，不是好惹的。"

1946年，中央调干部充实东北解放区，杨公忌奉命调赴东北，临行前他与挚友吴波告别，吴波对他说："你已经长大，别再调皮了，改个名字吧，到东北别再叫'公忌'这可怕的名字吓唬东北老乡了。鲁迅诗'横眉冷对千夫指'固然是好的，但更重要的是要'俯首甘为孺子牛'。一个革命者应甘心做一头为人民服务的老黄牛。不过你性格与牛不太相似，那就做一匹为人民服务的马吧！"

于是，吴波根据"公忌"的谐音，为其改名"公骥"，骥，是指千里马。吴波嘱咐道："古人云：'骥，称其力，称其德也。'希望你今后在德上多下功夫。"从此，杨公忌改名杨公骥，以甘做人民之马自励。

1946年，杨公骥在东北大学执教。1949年以后，他历任东北师范大学中文系、历史系教授，还曾兼任吉林省社会科学院副院长、吉林省作家协会副主席，撰写了《中国文学史论》等专著。几十年中，他埋头于教学与研究工作，正如他的名字一样，甘心做人民的公骥。

作者与读者沟通联系方式及调查问卷

您看到我们的书，对您和我们都是一个很重要的机遇！为了提高我们的服务水平，请把您的建议和要求告诉我们。

作者联系方式：手机：（0）13013576514

QQ：729469335

E-mail：729469335@qq.com

1. 您是怎么知道本书的？

   A. 书店浏览　　　　　　　　B. 图书馆借阅

   C. 上网检索　　　　　　　　D. 亲朋好友介绍

2. 您购买本书的原因是什么？

   A. 作者知名度高　　　　　　B. 书的内容好

   C. 对此类书感兴趣

3. 您对本书的封面设计、内文排版及图书开本大小满意吗？

   A. 满意　　　　　　　　　　B. 比较满意

   C. 不满意

4. 您希望本书增加或减少哪些方面的内容？

   A. 增加_____　　　　　　B. 减少_____

5. 您对本书的评价如何？

   A. 最喜欢第_____页的内容

   B. 最不喜欢第_____页的内容

   C. 与同类书相比，本书更值得阅读

6. 您觉得这本书的定价高吗？

   A. 不高　　　　　　　　　　B. 有点高

   C. 能接受现在的书价

7. 除本书外，作者还著有《起名万年历》《起名技巧一点通》《陈姓起名通典》《杨姓起名通典》《刘姓起名通典》《赵姓起名通典》等书，您对此感兴趣吗？